公務員試験 地方初級・国家一般職（高卒者）

第4版

国語・文章理解

Japanese language & Literal realization

TAC出版編集部編

問題集

はじめに

公務員試験が難しいとされる理由のひとつに，「高い教養と優れた人間性の両方が求められる」ということが挙げられます。また，地方初級・国家一般職（高卒者）試験では，１次試験で課される教養試験の合格者のみが面接を中心とした２次試験に進むことができるとされています。つまり，高い志を持って公務員を目指しても，教養試験をクリアすることができなければ，その職に対する熱い思いや憧れ，自分自身の考えを相手に伝えることができません。厳しいことをいうようですが，公務員試験における１次試験は「ゴール」ではなく「スタート」にすぎないのです。だからこそ，何としてもここを突破して，自ら道を切り開いていかなければなりません。

そのためには，効率よくかつ着実に勉強を進めていく必要があります。「なるべく楽に」と考えるのは人間の性（さが）ですが，日々努力を続け，一歩ずつ歩（ほ）を進めた方が確実に合格に近づくことができます。その方法ですが，基礎を学んだ後，問題に数多くあたり応用力を身につけることがよいでしょう。

公務員試験は出題内容に一定の偏りがあり，そこを重点的に勉強するのはセオリーではあります。しかし，まったく同じ問題が出題されるわけではありません。類似した問題を多く解くことで応用力を培い，同一分野の問題を落とさないようにすることができれば，１次試験合格は決して難しいことではありません。

本シリーズは，地方初級・国家一般職（高卒者）試験用の科目別問題集です。基礎的な問題から少し難易度の高い問題まで取りそろえました。似たような問題であっても，重要だと思われるものは，繰り返し学習できるように掲載してあります。最初はまったく解くことができない問題もあるかもしれません。ですが，それでいいのです。学習を進めていって，最終的に解くことができるようになれば，合格はもう目の前です。

「千里の道も一歩から」

これこそが，目標達成のための極意といえるでしょう。

この本を手にした皆さんが，念願の職に就けることを心から願っております。

2024年１月　ＴＡＣ出版編集部

本シリーズの特長

① 科目別の６分冊

地方初級・国家一般職（高卒者）の教養試験で問われる学習範囲を，分野ごとに編集し，「数学・数的推理」「判断推理・資料解釈」「国語・文章理解」「社会科学」「人文科学」「自然科学」の６冊にまとめました。

※国家公務員試験は，平成24年度から新試験制度により実施されています。新試験制度では，「数的推理」は「数的処理」に，「判断推理」「空間把握」は「課題処理」に，それぞれ名称が変更されています。しかしながら，これはあくまで名称上の変更にすぎず（名称は変更となっていますが，試験内容には変更はありません），本シリーズでは受験生の方が理解しやすいように，これまでどおりの科目名で取り扱っています。

② 本試験レベルに近い問題構成

本シリーズは，本試験で出題されるレベルの問題を中心に，比較的平易な問題からやや応用的な問題までをバランスよく掲載しています。これらの問題を繰り返し学習することで，本試験へ向けた問題演習をしっかりと行うことができます。

③ 解答・解説は別冊構成

学習の便を考慮し，解答・解説が取りはずせる別冊構成となっていますので，よりスムーズに問題と解答を確認することができます。

④ 基本事項の確認のために

問題演習を進める中で，分からない事項が出てきた際には，本書のシリーズ『地方初級・国家一般職（高卒者）テキスト』（全６冊）をお使いいただくことによって，基本事項の整理やより深い学習を進めていただくことができます。

●またＴＡＣ出版では，国家一般職（高卒者）試験の対策として，以下の書籍を刊行しております。本シリーズとあわせてご活用いただければ，より合格が確実なものとなることでしょう。

『ポイントマスター』（全６冊）

～本試験問題も含め，もっと多くの問題を解いて学習を進めたい方に

『適性試験のトレーニング』

～適性試験対策にも力を入れたいという方に

国語の出題状況

■国家一般職（高卒者）

例年２題出題。漢字，四字熟語，慣用句，ことわざから２題出題されることが多い。

■地方初級

全国型	１～２題出題。一般常識程度だが，尊敬語と謙譲語や文法問題なども出題される。
東京23区	選択問題で２題出題。漢字，四字熟語，慣用句，ことわざから２題。

＜対策について＞

まれに少々凝った出題があるが，基本的には一般常識の範囲内である。難易度は高くないので，ケアレスミスに気をつけ，ことわざ，四字熟語，慣用句は意味まで含めてしっかりと覚えておく。

文章理解（国語）の出題状況

■国家一般職（高卒者）

長文読解３題，空欄補充・文章整序のうちどちらか１題の計４題出題。（他の国家公務員試験では長文２題，空欄・整序各１題の時もある。）内容は，随筆やエッセーが多い。

■地方初級

全国型	計４～６題出題。長文数問と空欄・整序が１題ずつ，もしくは空欄・整序のどちらか１題のパターンが多い。
東京23区	例年長文読解２題，空欄補充２題，文章整序２題の計６題。

＜対策について＞

問題文は近年に書かれているものが多く，ひねった言い回しや難しい言葉などは少ない。比較的素直な文章が多いため，難易度そのものは高くない。しかし，試験時間内で解答を導くためには，一読でおおよその内容が把握できるだけの読解力が求められる。普段から文章に親しむ姿勢を身につけておきたい。

文章理解（古文・漢文）の出題状況

■国家一般職（高卒者）

古文・漢文のうちいずれか１題。古文は10行程度の内容把握。漢文は訓読して内容把握の問題が多い。

■地方初級

全国型	出題されるところで１題出題。出題がないところもある。
東京23区	選択問題で１題。文中の下線部の現代語訳を問う問題が多い。漢文が出題されたこともあるが，数は少ない。

<対策について>

出典は有名な書物が多い。古文は現代語訳が，漢文は訓読して書き下し文にすることができなければ，解答することは難しい。文法的には容易な問題が多いので，基本的な単語の意味や文法は，必ず学習しておく。

文章理解（英文）の出題状況

■国家一般職(高卒者)

長文読解が２題，単文の問題が２題の計４題出題。長文読解は内容把握，単文問題はカッコ抜きが多く，和訳問題，文法問題も出題される。

■地方初級

全国型　基本は長文読解問題で３～４題。単文問題の出題もあるが，その場合は長文読解が１題少ないので，全体数は変わらない。

東京23区　全部で３題。内容は長文読解１～２題と，カッコ抜き，英文整序，和訳問題と様々な形態で出題される。

<対策について>

難易度は決して高くなく，高校１～２年生程度の英語力があれば，十分に対応できる。最低限必要な単・熟語，文法を覚え，大まかな和訳ができるように学習しておく。

「国語・文章理解」 目次

第1編　文章理解(国語)

第2編　文章理解(英文)

第１編

文章理解（国語）

第1章 現代文の内容把握

No.1

（解答▸P.1）

「画家は模写という事をよくやる。大画家にとっても，模写は大変自然な大事な仕事になっている。なぜ彼にとっては，いわば自覚した子供に立ち還ることが大変自然な，また大事なことなのか。これはよく理解されていない。画家は自然を模写しない。画を模写する。しかも何かの意味で自分より優れていると信ずる先人の画を写すのである。信頼し尊重する人の思想をよく理解したいと思うと画家はおのずから模写という行動に誘われる。全的な人間理解を得ようとすると，おのずから模倣という行為が現われざるをえないのである。模倣するとは信頼する事だ。美術史は模倣の歴史である。美しい画の系列が黙々たる信頼感によってうち続く有様には驚くべきものがある。美術史をどんなにさかのぼってみても独力で自然から描いた画家に出会うことはできない。初めに人真似があったのである。手本に頼るな，自然から描け，個性を重んぜよという，いわゆる自然画教育の主張は正しいように見えるが，よく見ると一種の思いつきにすぎない。画家はよく知っているが，そういう思いつきは画家の実際の仕事には少しも合わないのである。画家は実際に仕事を始めれば，個性というような空漠たる概念をどう扱っていいか知らないし，自然という対象さえ無償で与えられているものではない事を知らされる。」

上文の主旨として最も妥当なものはどれか。

① 画家が自覚した子供に立ち還ることは，芸術の世界での個性の重要性を認識し，信頼し尊重する先人の子供時代の画を模倣することである。

② 画家が自覚した子供に立ち還ることは，画家の仕事が子供の学習と同じであることを認識し，優れた先人のきびしい指導を子供時代から受けることである。

③ 画家が自覚した子供に立ち還ることは，美術史が信頼感の歴史であることを認識し，信頼し尊重する先人から子供としての信頼を得ることである。

④ 画家が自覚した子供に立ち還ることは，自然を描くことの重要性を認識し，子供と同じように先人に拘束されることなく自由に自然を描くことである。

⑤ 画家が自覚した子供に立ち還ることは，信頼し尊重する先人を理解するために，彼の画を子供のように無私になって模倣することである。

No.2

（解答 ▸ P.1）

次の文の内容と合致するものとして，最も妥当なものはどれか。

イギリスの詩人ワーズワースは，「詩は静謐の間に回想された情緒なり」と述べ，表現の形を変えないうちに情緒そのものに推敲を加えるべきことを暗示した。

推敲には，また，ある時間的経過が必要らしいこともこの詩人のことばは示唆している。なまの情緒をそのまま表現することが詩になりにくいと同じように，できた作品をその場ですぐ推敲するよりも，しばらくたってからの方がよい。推敲は，時間の軸において作者自らの行う添削にほかならない。初案に対して推敲の結果得られる表現は異本の性格をもっている。

一方，作者以外の手による異本形成のもっともはげしい形式が添削である。推敲は時間の軸における異本であるが，添削は空間的な横の関係における異本化の作用である。できたばかりの作品をその場で添削しても，決して早すぎることはない。ただ，添削者は作者からある程度心理的に離れた立場にあることが望ましいであろう。近いものは近いものに影響を与えることができないからである。

① 推敲は時間軸において内容を検討し整理することが中心である。
② 添削も推敲も，よりよい表現のために必要なものであり，自身を離れて見直すことが大事である。
③ 生の情緒を忘れずに生かすために，できた作品はできる限り早く推敲する方がよい。
④ 添削にも推敲にもある程度の時間をかけて沢山の人の目にふれた方が表現はよくなるものだ。
⑤ ワーズワースの言葉は，詩の表現には添削よりも推敲を加える方がよいと指摘している。

No.3

（解答 ▸ P.1）

次の文の内容と合致しないものはどれか。

芭蕉は生涯に五度も旅に出ました。その最後の旅は，東北から北陸地方を訪ねる行程六百里，六ヶ月にもわたる長い旅でした。芭蕉はその折りの紀行文と発句をまとめて『奥の細道』と名付けました。彼はこの作品を愛し，誇りに思い，幾度も幾度も，繰り返し推敲しました。世に発表して名声を博そうとか，お金をもうけようなどという気の全くない彼は，手元に置いたまま，心ゆくまで書き改めるのでした。（『奥の細道』が出版されたのは，彼の死後です。）

詩人がそんなに心魂かたむけて作り上げた『奥の細道』は，だから，たるみもくもりもなく，ぴいんと張りつめて鳴り響くような硬い美しさを持っています。漢文まじりで簡潔に力強く，しかも和んだ温かみをたたえ，不思議な魅力のある文章です。また，ふんだんにちりばめられた，冴えた一句一句が，文章と匂いうつり，響き交わし，照り映えあって魅力を高めています。『源氏物語』『枕草子』といった女流の文学とは，全く異質の男性の文章の流れを芭蕉はつくり出したのでした。

① 筆者は推敲を重ねられた『奥の細道』に，芭蕉の作品に対する愛情や誇りを感じ取っている。
② 『奥の細道』には『源氏物語』『枕草子』といった女流文学の流れとは異質なものを目指した芭蕉の志向が読み取れる。
③ 筆者は『奥の細道』の発表は芭蕉の本意ではなかったと考えている。
④ 『奥の細道』は東北から北陸地方を訪ねる行程六百里の長い旅の紀行文である。
⑤ 筆者は芭蕉の文章を高く評価し，その魅力に強く惹かれている。

No.4

（解答▶P.1）

次の文の内容と合致しないものはどれか。

もし日本座敷を一つの墨絵に喩えるなら，障子は墨色の最も淡い部分であり，床の間は最も濃い部分である。私は数寄を凝らした日本座敷の床の間を見る毎に，いかに日本人が陰翳の秘密を理解し，光りと蔭との使い分けに巧妙であるかに感嘆する。なぜなら，そこにはこれと云う特別なしつらえがあるのではない。要するにたゞ清楚な木材と清楚な壁とを以て一つの凹んだ空間を仕切り，そこへ引き入れられた光線が凹みの此処彼処へ朦朧たる隈を生むようにする。にも拘わらず，われらは落懸のうしろや，花活の周囲や，違い棚の下などを塡めている闇を眺めて，それが何でもない蔭であることを知りながらも，そこの空気だけがシーンと沈み切っているような，永劫不変の閑寂がその暗がりを領しているような感銘を受ける。思うに西洋人の云う「東洋の神秘」とはかくの如き暗がりが持つ不気味な静かさを指すのであろう。われらといえども少年の頃は，日の目の届かぬ茶の間や書院の床の間の奥を視つめると，云い知れぬ怖れと寒けを覚えたものである。しかもその神秘の鍵は何処にあるのか。種明かしをすれば，畢竟それは陰翳の魔法であって，もし隅々に作られている蔭を追い除けてしまったら，忽焉としてその床の間はたゞの空白に帰するのである。

① 日本座敷はしばしば墨絵に描かれ，その趣は似ており，どちらも陰翳を生かしている。
② 日本座敷は凹みをあえて作ることでそこにさし込む光線が隈を生むようにしている。
③ 日本座敷の暗がりに言いしれぬ怖れを感じることもある。
④ 西洋人が「東洋の神秘」というのは日本座敷の暗がりの不気味な静かさを指すと考える。
⑤ 日本座敷の神秘的な趣は陰翳の使い分けの妙にある。

No.5

（解答 ▸ P.1）

次の文の内容と合致するものとして，最も妥当なのはどれか。

カリフォルニアの空は，その下を歩く人々を「束縛」しない。コバルト色の天空は，「文脈」にはならない。季節という「前後関係」を暗示しない。過去も未来もなく，永遠なる「今日」の空。ぼくがカリフォルニアに移動して住んだ一九八〇年代には，雲一つない，広々とした空を，すべてのニュアンスがはがされた，だから意味や解釈などを超越してしまった，最も「現代的」なテキストに見たてようという気さえ起きたのである。

そのような気持ちは，一週間ぐらい残った。一行一行からグッド・フィーリングが滲む，ちょっと長い短編小説とか，ちょっと短い中編小説のような，なかなかすばらしい一週間だった。

それから日本古典文学の授業が始まった。

東海岸のプリンストンでは，季節感の細かい変化を表現の大きな軸の一つにした古代・上代の日本文学を講じることにはあまり違和感がなく，むしろ現代の日本の都市で講じるよりも「自然だ」と思えるときすらあった。

ところが，カリフォルニアに来ると，日本文学の一流の研究家達が同じ学科にいて，学生のレベルも，プリンストンと同じか，プリンストンよりも高いにもかかわらず，和歌を教えはじめた時点から，窓に映る，きのうも今日も明日も同じコバルト色の空がひどく気になってか，ぼくはつまずいてしまった。『古今集』になるとコッケイな気持ちになって，『枕草子』まで来ると，まわりの現実とテキストのズレによって，心の中は一種のパニック状態になった。（中略）

春はあけぼの？いいえ，毎日はあけぼの，年中はあけぼの。俺たちにとっては，季節の区別なんて〈歴史〉の領域なんだ。

① カリフォルニアの学生たちには古典学習の基本や日本の季節感の体験がないため『枕草子』や『古今集』の理解が難しい。

② カリフォルニアの気候の中で開放感にひたりながら日本古典文学を学ぶことは日本では得られない味わいを生む。

③ 日本古典を学ぶためには歴史的な認識が不可欠であり，それがないカリフォルニアの学生たちはレベルが高いにもかかわらず『枕草子』を味わうことができなかった。

④ カリフォルニアの気候は『枕草子』や『古今集』を読むには余りにも季節の変化がなく季節感を味わうことが難しい。

⑤ カリフォルニアのコバルト色の空は現代的で，そのもとでは古典学習よりも近代文学の講義の方が進めやすい。

No.6

（解答▶P.1）

次の文の内容と合致するものとして，最も妥当なのはどれか。

今日本は荒廃しているとよく言われますが，世界中の先進国はみな似たような状況です。（中略）

このように治安は非常に悪くなりました。テロも世界中の恐怖となったし麻薬やエイズの蔓延もとどまるところを知らない。

家庭崩壊や教育崩壊も，先進国共通の現象です。教育崩壊による学力の低下，子供たちの読書離れ，少年少女の非行は，どの先進国でも問題になっています。世界中の先進国で同じ問題が生じて同じように困っているのに，みんなどうしてよいか分からない。

数年前にイギリスの上院議員が私の家に遊びに来ました。私がケンブリッジ大学クイーンズ校で教えていた頃のそこの学長ですが，今では爵位ももらいイギリスの科学技術政策の中心になっている人です。彼も「イギリスでは理数離れがひどい」と話していました。読書離れもどんどん進んでいる，と。「原因についてはいろいろと言われるが，マサヒコ，真の原因はいったい何なのだろうか？」と深刻な顔で訊いてきました。

世界中の心ある人々が，このような広汎にわたる荒廃を「何とかしなければいけない」と思いながら，いっこうに埒があかない。文明病という診断を下し眉をくもらせているだけという状況です。この荒廃の真因はいったい何なのでしょうか。

私の考えでは，これは西欧的な論理，近代的合理精神の破綻に他なりません。

この二つはまさに，欧米の世界支配を確立した産業革命，およびその後の科学技術文明を支えた礎です。現代文明の原動力として，論理・合理に頼っていれば心配ない，とそれを過信してしまったのです。論理とか合理というものが，非常に重要なのは言うまでもありません。しかし，人間というのはそれだけではやっていけない，ということが明らかになってきたのが現在ではないでしょうか。近代を彩ってきたさまざまなイデオロギーも，ほとんどが論理や近代的合理精神の産物です。こういうものの破綻が目に見えてきた。これが現在の荒廃である，と私には思えるのです。

① 社会の荒廃は，先進国が避けて通れない問題である。
② 文明的な生活を離れ，論理・合理に頼らずに生きることが社会の荒廃から立ち直る唯一の方法である。
③ 現代社会の荒廃を文明病と決めつけ，手を出しあぐんでいては何の解決にもならない。
④ 西欧的論理や合理精神よりも東洋の文化や精神を大切にすることが今の先進国には求められている。
⑤ 現代社会の荒廃の原因は西欧的な論理と近代的合理精神の破綻である。

No.7

（解答 ▸ P.2）

次の文の内容と合致するものとして，最も妥当なのはどれか。

物理学は他の科学と同様に知の学であって同時にまた疑いの学である。疑うがゆえに知り，知るがゆえに疑う。暗夜に燭（しょく）をとって歩む一歩を進むれば明は一歩を進め暗もまた一歩を進める。しかして暗は無限大であって明は有限である。暗はいっさいであって明は微分である。悲観する人はここに至って自棄する。微分を知っていっさいを知らざれば知るもなんのかいあらんやと言って学問をあざけり学者をののしる。

人間とは一つの微分である。しかし人知のきわめうる微分は人間にとっては無限大なるものである。一塊の遊星は宇宙の微分子であると同時に人間はその遊星の一個の上の微分子である。これは大きさだけの事であるが知識の dimensions はこれにとどまらぬ。空間に対して無限であるのと同時に時間に対しても無限である。時と空間で織り出した Minkowski の Welt はここまで以上には手の届かぬという限界はないのである。

疑いは知の基である。よく疑う者はよく知る人である。

① 疑いは知を生むが，それによりまた新たな疑いが生まれるので，闇の中をろうそくを灯して進むようなものであり，すべてを知ることは無理である。

② 人間は宇宙の微分子であり，その人間に知りうることも無限大の宇宙では小さく限界があることを知っておくべきだ。

③ 人間は宇宙の微分子であるが，知においては無限であり，疑うことで知が深まり，また新たな疑いが生まれる。

④ 人間は疑うことで知るが，その一生の時間には限りがあり，悲観や自棄することなく，疑い続けることが大切だ。

⑤ 学者は遊星や宇宙の偉大さについて目を向け，時間と空間の両方において無限に疑い続けることができる。

No.8

（解答▶P.2）

次の文の内容と合致するものとして，最も妥当なのはどれか。

ある学園都市で聞いた話。

住んでいる人の知的水準は高く，環境は文化的で清潔，親がこどもを連れていけないような店はひとつもないなど，文句のつけようがない。ところが，困ったことに，精神的におかしくなる人がすくなくない。自殺者が何人も出た。調べる人がいて，どうもクリーンでありすぎるためではないか，という見方が有力になりつつある，というのである。そういう話を聞いて，ある子育ての記録を思い出した。筆者は中年婦人で，こんな意味のことが書いてある。

おとなの目から見てこどもに悪いことがあっても，それはこどもの成長にとっては必要な関所のようなものである。おとながやみくもに取り上げてしまうわけにはいかない――

このゆとりに心を打たれた。

昔から，教育者のこどもがとんでもないことをしでかして，親の面目丸つぶれ，という例がときどきある。家庭がきびしいのはいいとして，清潔すぎる，こういうことになるのではなかろうか。

清く，正しく，まっすぐに伸ばすのが教育であるけれども，100パーセントの善だけではいけない。すこし“あそび”が必要である。純金では使い物にならないから，十八金か十四金にするのに似ていなくもない。薬もとりすぎれば害になるし，微量の毒が薬になることもある。

いまは学校も家庭も，悪いところはゼロにしてしまえ，そうすればすべてうまくいく，と考える。非現実的である。かえって困ったことが多くなった。安全,安全といって育てると,なんでもないときに大ケガをする。ちょっぴり危ないところを許容しないと，すぐ折れる，ひ弱な子しか育たなくなる。

こういう逆説がものをいうのは，教育がきわめて高度な営みである証拠だが，学校はそれをはっきり口に出して言えない社会の空気の中で萎縮している。

① 悪いところはゼロにしてしまえという考え方は極端で非現実的であり，こどもは逆に反抗心を持つことになる。

② 過保護になりすぎるとこどもは成長できないので，親は干渉しすぎずにこども自身の判断にまかせるべきだ。

③ 知的水準が高いだけでその町の教育力は判断できない。遊ぶための施設や衛生面にも配慮した町づくりが求められる。

④ 現代の教育問題の解決のためには，学校が萎縮せずにすみ，心身共にたくましいこどもたちを育てようと主張できるような世の中を地域として作っていくべきである。

⑤ 教育は潔癖である必要はなく，かえって悪いことや危険なことをある程度許容するゆとりがこどもを成長させる。

No.9 （解答 ▸ P.2）

次の文の内容と合致しないものはどれか。

芥川はのち昭和２年『今昔物語集鑑賞』（新潮社版『日本文学講座』）を書き，この物語の特色を道破している。彼はこの物語中での三面記事のような部分,「世俗」や「悪行」の部分に最も興味を感じる，といっているが，事実彼の「今昔物」は，ほとんどすべてこの部のものである。しかし「仏法」の部でも，当時の人々は仏菩薩（ぼさつ）や天狗（てんぐ）などの，超自然の存在を如実に感じていたに違いないともいっている。そして彼は『今昔物語』の特色を，写生の「美しい生々（なまなま）しさ」にあるとして，野生（やせい）の美を強調している。

『今昔物語』の作者は事実を写すのに少しも手加減を加えていない。これは僕等人間の心理を写すにも同じことである。もっとも『今昔物語』の中の人物は，あらゆる伝説の中の人物のように複雑な心理の持ち主ではない。彼らの心理は陰影に乏しい原色ばかり並べている。しかし今日の僕等の心理にも如何（いか）に彼等の心理の中に響き合う色を持っているであろう。

こういう作者の写生的筆致は当時の人々の精神的争闘もやはり鮮やかに描き出している。彼等もやはり僕等のように娑婆苦（しゃばく）の為に呻吟（しんぎん）した。『源氏物語』は最も優美に彼等の苦しみを写している。それから『大鏡』は最も簡古に彼等の苦しみを写している。（略）

『今昔物語』は前にも書いたように野生の美しさに充ち満ちている。その又美しさに輝いた世界は宮廷の中ばかりにある訳ではない。従って又この世界に出没する人物は，上は一天万乗の君から下は土民だの盗人（ぬすびと）だの乞食（こじき）だのに及んでいる。いや，必ずしもそればかりではない。観世音菩薩や大天狗や妖怪変化にも及んでいる。若し又紅毛人（＝西洋人の意。現代では差別的な言葉……問題作成者注）の言葉を借りるとすれば，これこそ王朝時代のHuman Comedy（人間喜劇）であろう。僕は『今昔物語』をひろげる度に当時の人々の泣き声や笑い声の立ち昇るのを感じた。のみならず彼等の軽蔑や憎悪の（例えば武士に対する公卿の軽蔑の）それらの声の中に交じっているのを感じた。

① 芥川は，『今昔物語』の中の人物に強く共感している。

② 『今昔物語』は様々な立場の人々の生活の事実や心理がありのままに映し出されている点がすぐれている。

③ 芥川が『今昔物語』の「世俗」や「悪行」の部分に特に興味を持ったことは,その著作からも明白である。

④ 芥川は，『今昔物語』には王朝時代の差別と闘う庶民の強い訴えが描かれているとしている。

⑤ 芥川は『源氏』『大鏡』の作品としての価値も認めながら,『今昔物語』の独自の魅力を賞賛している。

No.10

（解答▶P.2）

次の文の内容と合致するものとして，最も妥当なのはどれか。

科学者にも，批評家にも，空想というものは，まず用がないもので，常に，事実との接触を心掛ける点で，両者の仕事は，出発点で似ているが，目的がまるで違うところから，方法がまるで違ってくる。科学的批評とか客観的批評とかいう言葉が，しばしば使われるが，悪い洒落（しゃれ）なのである。そういう洒落を思い付かせる底意はどこにあるか。批評の方法には，様々な条件から，やむを得ず曖昧（あいまい）なところも出てくるが，理想としては科学的方法の厳密を目指す，そういう考えにある事は，わかりきっている。だが，この考えは間違っていると思う。批評の方法は，科学の方法の厳密にならう必要はないし，むしろならって誤るものだ。科学が目指するものは，一般的な真理であり，そのためには，どんな経験的事実もゆるがせには出来ぬし，どんな理論的帰結も無視できない。一事実の作用するところも，飽くまで計算しなければならず，一原則の発展も末端まで推論することを要する。批評の場合，なぜそんなふうな方法がとれないかというと，批評の対象として取り上げた経験的事実が，既にある特殊な事実であり，沢山の事実を無視して，はじめて選べた事実なのだ。無論，これが必ずしも評家が任意に選んだ事実ではなく，多くの場合，評家の生活環境が，問題として強制する事実なのである。しかも，この現在の経験的事実の動きは，現在の価値判断を迫るのである。批評の方法は，この対象の性質に直接に規定されているのであり，従って，その方法は，理論的というよりむしろ実践的なものでなければならない。批評の目的は証明にはない，説得にある。だが，説得するに足るだけの証明があればよい，と言うだけでは足らぬ。証明が過ぎれば，説得力を欠く恐れがあるというところに，批評方法の特色があるとさえ言えるのだ。

① 科学的批評，客観的批評とは科学の客観性を批評に求める言葉であり，誰もが理想と考えることであるが，実現が難しく実際にはあり得ないことだ。
② 批評と科学の仕事は事実を対象とする点で共通であり，批評は科学的方法の厳密を目指すが，実際には批評が曖昧になるのもやむを得ない。
③ 批評と科学は事実を取り扱う点で似ているが，説得を目的とする批評は科学の一事実たりとも無視できないという性質とは異なる性質を持つ。
④ 批評の方法は理論的な正確さと実践的な有効性の両方をそなえていなければならない点で科学の方法よりも複雑である。
⑤ 科学は一事実の作用する所も飽くまで無視できないが，批評には評家の個人的な条件が強く影響し，それを実践的に証明することに重きが置かれる。

No.11

（解答▶P.2）

次の文の内容と合致するものとして，最も妥当なものはどれか。

いままでの文学的常識からいうと，二十世紀は批評の時代といわれ，前世紀に発達し一応の完成を見た小説形式は後退，もしくは解体すると考えられていた。事実，二十世紀前半の文学は，全般的にみて，知性的，批評的である。小説作品も現実を素朴に信頼するいわゆる十九世紀的なリアリズムによる物語形式は破壊され，文体，形式，内容のあらゆる面にわたって，独創的な，冒険的な試みが行われてきた。たとえばきわめて厳正なリアリズムの作品『ダブリン市民』から象徴的な『若き芸術家の肖像』を経て，意識の流れを追究する『ユリシーズ』から難解孤高の神話的世界『フィネガンス・ウェーク』に到ったジェームズ・ジョイスの変貌と，その変貌を支えている精神状況を考えてみると，われわれはたしかに小説形式が，その可能な形の究極まで追究されたのではないか，という気がしてくるのである。

こうした傾向は第二次大戦前の西欧ではかなり一般的に根強く見られた現象といえる。有名なヴァレリの言葉「私は『侯爵夫人が午後五時に外出した』とは書けない」を引用しつつ，小説のもつインフォメーションのスタイルを否定したアンドレ・ブルトンをはじめ，文芸雑誌『コンフリュアンス』で「小説の危機」(1937) を特集したジャン・プレヴォ，あるいはこの危機感を克服して新しい内面的リアリズムを完成したプルースト，一貫して批評と倫理の間をさまよいつつ創作したジードなどは，そのもっとも著しい例と考えることができるだろう。また小説の解体を身をもって体験しつつ，その解体の根拠を作品（『ウェルギリウスの死』）に定着したヘルマン・ブロッホや，意識の原質まで深化しつつ小説形式を解体させたムジールなどその傍にならべると，二十世紀の前半に小説形式をゆさぶった動揺の深刻さをわれわれは知りうるような気がする。

① 二十世紀は批評の時代といわれ，批評作品ばかりが書かれた。
② 二十世紀に至って小説形式は解体され，その終結を迎えた。
③ 第二次大戦前の西欧では，多くのすぐれたリアリズム小説が書かれた。
④ 二十世紀の小説は，素朴なリアリズムが破壊され，難解で否定的な作品が多い。
⑤ 二十世紀の小説は，前世紀の形式が解体され，深刻な動揺を示している。

No.12

(解答▸P.2)

次の文の内容と合致するものとして，最も妥当なものはどれか。

コミュニケーションを一般に情報伝達と考えることも可能であるが，その考えの基底には，コトバによる思考・感情等の外在化ということが前提にされているようである。しかし，人と人との気持ちの通じ合いというような，極小単位のコミュニケーションを考えてみれば，「思いのたけをこめた目つき」とか，手をにぎりあったときの感情の伝達など，「外在化されない」なにものかがある。そこでは視覚・聴覚ばかりでなく，触覚その他の五感が総動員されているのではないか。コトバをもたない動物と人間の間ではなおさらのこと，子どもどうしの遊びを見ていてもその感は強い。コミュニケーションを考える原点に，「生き物としての人間どうしで行なわれる気持ちや考えの伝達」という視点を置くことが必要だろう。そうでなければ，さまざまの種類・段階のコミュニケーションを位置づけるメドを失ってしまう。機械と機械の間で行なわれる符号通信と母親の幼児への頰ずりを，同じレベルで捉えることはナンセンスだ。

コトバのコミュニケーションはいまやますますその道具をふやし高度化し，それによって人間はますます高度に社会化されていく。その未来も洋々たるものである。しかし，それは同時に，必然的に生き物としての原始のコミュニケーションを片隅に追いやっていくことになるだろう。それでいいのだろうか。私には，人間の社会化の度合いが進むほどに，それに見合うだけの，五感を総動員できるようなパーソナル・コミュニケーションの機会をふやすことが必要なように思われる。

① コトバのコミュニケーションの高度化に伴い，五感を総動員できる場が拡大されつつあるのは喜ばしいことである。

② 機械と機械の間の符号通信と，母親の幼児への頰ずりを同じレベルで捉えるセンスは，評価されてしかるべきである。

③ 「思いのたけをこめた目つき」とは，相手に対して思うことのすべてを目で訴える，現代にはない原始のコミュニケーションである。

④ コミュニケーションは，その原点に五感を総動員した，人間どうしで行われる気持ちや考えの伝達という視点を置く必要性がある。

⑤ 現代社会の進歩と人間のかかわり方を考察するにあたって，コミュニケーションの動物化というテーマは極めて重要な課題である。

No.13

（解答▶P.3）

次の下線部「そのためである」において，「その」は何を指すか。最も妥当なものはどれか。

また，文章をその作者と結びつけて，それを書いた人間の信念なり生活なり体臭なりが伝わってくるというあたりに，名文の本質をみようとする立場もある。これは，修飾語をかぶらない「信念」なり「生活」なり「体臭」なりをすでにひとつの価値とみる習慣がないかぎり，単なる「いい文章」ではない「名文」の規定としてはそれではわかりにくい。そこを修正すると，石川淳の文章を例に出して潑溂（はつらつ）と説くあの丸谷才一の名文観に近づく。すなわち，文章の呼吸が正しいというだけでなく，筆者の精神の充実を送り届ける文章なのだと説くのである。

これを戦後世代にも向く表現になおすと，そのなかに感動の根源をたずね，生産のエネルギーを学びとることのできる文章だということになろうか。悪文が名文となるのも<u>そのためである</u>。そして，実在の混沌（こんとん）と虚無を前にわれ知らずひとつの形を創り出してしまう人間のふしぎな力に対する感動と，形なしには生きられない人間の根源的な不安定さに対する怯えと畏れの感情とを誘う価値としての文体というとらえ方は，この方向にむいて立つ名文観のもっとも現代的な表現として受けとめることができるだろう。

① 書いた人間の信念なり生活なり体臭なりが伝わってくるということ。
② 単なる「いい文章」ではない「名文」の規定。
③ 文章の呼吸が正しいというだけでなく，筆者の精神の充実を送り届けることができること。
④ 文章のなかに感動の根源をたずね，生産のエネルギーを学びとることができること。
⑤ 人間の根源的な不安定さに対する怯えと畏れの感情とを誘う価値としての文体。

No.14

（解答▶P.3）

次の文の内容に合致しないものはどれか。

随筆文学とはどういうものか。といえば，小説とか戯曲とか，学術論文とかとはちがい，形式的な制約をもたないで，自由に見聞，体験，感想，小論などを書きつづったものではあるけれども，個性のないものではなく，宣伝文や広告文のように，ある特別な功利的目的をもたないものでなければならぬ。従って演説のように肩肘はったものよりは，日常座談に似たくつろぎをもって，自然や人生の万般について語る作品，というほどのことである。

それでいて，それはやはり人に読まれること，また人に語ることを前提としているのだから，ある程度の一般性と批判とをもつ。書き手の性格，職業，趣味などによって，或（ある）いは知識的，科学的になり，或いは感覚的，情緒的になり，或いは内省的，思索的になるというちがいはあろう。しかしそれぞれの面を通じて，人生の一面をのぞかせ，社会や世相について，或いは思想上の問題や趣味生活のうえで，何ものかを感得させる意味をもっていて，はじめて，随筆文学という名目の中に入れそうである。

そういうものだから，筆者のほうにも，かまえた意識的な態度やポーズは必要でなく，読者のほうからも気軽にその世界のうちに入って行かれるという便利がある。形が自由であり，制約がないだけに，すぐれた随筆というのは，かえってなかなか難しい。必ずしも自己の個人生活の告白や反省はなくともよいが，一ばん手ぶらで，仮構が全然ないといえないまでも，他のジャンルよりは，筆者の素肌の匂いや考え方が，なまのままで出る。そのために，結局筆者の人間的価値がそのまま作品としての価値となる，というおもむきが強いのである。だから随筆は，ほんとうをいえば青年のものでない。ゆたかな人生体験や，長い間の修業，もしくは深い趣味にうらうちされた中年以後の人の書いたものに，底光りのする人間味や，ほんとうのコクが出て来るのがふつうである。真にすぐれた随筆こそは，いわゆる達人の書で，他の何ものにもまして座右の書となり得るわけである。

① 随筆は，ある程度の一般性と批判をもち，思想上の問題や趣味生活の上で，読者に何ものかを感得させる意味を有する。

② はっきり言って随筆は青年のものではなく，人生経験豊かな熟年の作品こそ佳作ぞろいで読みごたえがある。

③ 随筆で，筆者の人間的価値がそのまま作品の価値となるのは，そこに作者の人柄などがありのまま出ているからである。

④ 随筆の内容は，知識的なもの，情緒的なもの，思索的なものなど多彩だが，それは作者の性格・職業などの反映である。

⑤ 随筆は，形が自由で制約もなく，日常の座談のようにくつろいで，自然や人生の万般について語ったものである。

No.15

（解答▸P.3）

次の文の内容に合致するものとして，最も妥当なものはどれか。

何処の国の言葉でも表現できることは，私の本心からは遠く離れている。今何かが私の意識の中におこるとしよう。それを忠実に言葉に移すことは，どういう言葉を用いても困難である。言葉で表現すれば，出発点にあった私の意識のなかの出来事の一部分は，捨て去られる。さらに，いかなる国語でも表現できるような表現を択ぶとすれば，――ということは，言葉（意味するもの）と概念（意味されるもの）との対応を明らかに一義的にしようと努めることになるが，最初の意識のなかで表現されない部分は，いよいよ大きくなるだろう。明瞭に，あいまいでなく考えることは，その意味で，私の本心を遠ざかることである。（略）「およそ言い得ることは，はっきり言える」という極端な立場を，※ヴィットゲンシュタインはとった。しかし「はっきり」とは程度の問題であり，常に「はっきり」の極度をもとめれば，この世の中の大抵のことについては，話ができなくなるにちがいない。「※はっきりさ」については，目的と場合に応じて，その「適度」を心がける他ない，と私は考える。

（注）　※　ヴィットゲンシュタイン＝オーストリア生まれの哲学者（1889 ～ 1951）
　　　　※　はっきりさ＝明確さ

① 言葉は意識の内容を忠実に再現すればよいというものではない。意識に変化はつきものなのだ。
② 言葉は明確であればよいというものではない。その明確さは程度の問題なのだ。
③ 言葉はあいまいでもよいというものではない。明確さを追求する姿勢が肝要なのだ。
④ 言葉は「はっきり」言えればよいというものではない。はっきり言えない事情もあるのだ。
⑤ 言葉は「適度」であればよいというものではない。極端に走ることも時には必要なのだ。

No.16

（解答▸P.4）

次の文の内容に合致するものとして，最も妥当なものはどれか。

他人という日本語は不思議な言葉である。それは文字通りには，他の人ということであるが，しかし実際に自分以外の他の人を意味するためには他者という新しい言葉がつくられていて，それとは違う特殊な意味合いが他人という言葉には含まれている。他人という言葉を辞引きで引いてみると，第一に「血縁のない人」とあり，第二に「無関係な人」と出ている。すなわち他人の本質は第一に血縁がないということであり，まさしくその意味で親子は他人ではない。しかし夫婦や兄弟のように親子関係を媒介としての連りは，「夫婦も元は他人」とか「兄弟は他人の始まり」といわれるように，他人としての性格を潜在的にそなえていることになる。いいかえれば夫婦は今は関係があるが，元は無関係であったから，元は他人なのであり，兄弟もその中に無関係となるかもしれないので，他人の始まりなのである。これに反して親子が他人となれないのは，両者の絆が分ちがたいからだろう。そして，日本ではこのような親子関係を理想的なものと見なし，それ以外の人間関係をすべてこの物指しではかる傾向が存するように思われる。例えば，ある人間関係の性質が親子関係のように濃やかとなればなるほど関係は深まり，そうならなければ関係は薄いと考えられている。いいかえれば，他人が他人である限り両者の間には関係が成立しない。また，であればこそ他人とは無関係な人を意味するのであろう。実際他人という言葉には何か冷たい響きがある。「赤の他人」「他人は冷たい」「他人事」「他人行儀」というよく使われるいい方を思い浮べればこのことは充分明らかであろう。

① 養子縁組をした親子や血がつながっていても疎遠になっている親子の関係は，どちらも無関係すなわち他人といってよい。

② 兄弟以上に何でも話し合える親しい友人といえども，血のつながりがない以上他人とみなされる。

③ 親子関係に近い濃密な人間関係は，他のいかなる人間関係においても実現することはできない。

④ 個人的なつきあいと違って仕事上のつきあいにおいては，他人行儀と思われるぐらいの方が相手に対して失礼にならない。

⑤ 日本では，自分以外の他の人を，親子関係を基準とした人間関係の濃淡によって他人とそうでない人に分ける考え方がある。

No.17

（解答▸P.4）

次の文の内容と合致するものとして，最も妥当なものはどれか。

「慈悲」ということばの意味にはふたつあります。

「慈」ということばの意味は「頑張れ」というはげましです。

もうひとつは「悲」ということば。「悲」（カルナー）ということは，何も言わないということなのです。そばにいてその人の手を握って，その人の怒りや苦しみが自分のほうに伝わってくるのを，一所懸命受け止めようとする。その無言の行為。それは「なぐさめ」ということです。

私はしばしば「はげましとなぐさめ」ということを話します。「はげまし」は，立ち上がる体力や気力が残っていても立ち上がるきっかけがつかめず道端に坐りこんでいる人に，手を差し伸べて，「あそこまで行けば何とかなる」「あの船に乗れば帰れる」と言うことです。たしかに，頑張れと言われ，肩を貸してもらい，立ち上がる人はいるでしょう。そしてともに歩いて，帰ってゆく船に乗ることもできるかもしれない。その場合にははげましはとても有効なのです。

だけど世の中には，立ち上がる気力もなく，もう立ち上がりたくないと思う人もいるのです。そうした人に「頑張れ」とは残酷です。あと数ヶ月の命，と宣告されているような人もそうです。

① 言葉によって相手を励ますことは間違いであり，なぐさめの気持ちが必要である。

② 世の中にはどんなに頑張っても無理なことがあるので無責任に慈悲をかけてはいけない。

③ 「慈」は頑張れと働きかける前向きな行為であり，「悲」（カルナー）とは苦しんでいる人の苦しみを受け止める受け身の行為である。

④ 様々な人がいて様々な性格があるので，その人のことをよく知った上で頑張れと声をかけることが大切である。

⑤ 慈悲に「はげましとなぐさめ」の意味があるように，励ますことは必ずしも相手を力づける行為ではなく，かえって残酷である場合もある。

No.18

（解答 ▶ P.4）

次の短歌は「石川啄木」の作である。

“馬鈴薯（ばれいしょ）のうす紫の花に降る雨を思へり都の雨に”

作者が表現しようとしていることとして適当なのは，次のうちどれか。

① 眼前の馬鈴薯の花に降る雨の風情
② 都の雨をなつかしむ気持ち
③ 眼前の都の雨の情景
④ 馬鈴薯の花に降っていた雨の思い出
⑤ 梅雨時の雨の憂うつな気持ち

No.19

（解答 ▶ P.4）

次の文は川端康成の『雪国』の一節である。この文を読んで「島村」という人物と娘の位置として該当するのは，次のうちどれか。

鏡の底には夕景色が流れていて，つまり写るものと写す鏡とが，映画の二重写しのように動くのだった。登場人物と背景とはなんのかかわりもないのだった。しかも人物は透明のはかなさで，風景は夕景のおぼろな流れで，その二つが融（と）け合いながらこの世ならぬ象徴の世界を描いていた。殊に娘の顔のただなかに野山のともし火がともった時には，島村はなんともいえぬ美しさに胸が顫（ふる）えたほどだった。
遙（はる）かの山の空はまだ夕焼けの名残の色がほのかだったから窓ガラス越しに見る風景は遠くの方までものの形が消えてはいなかった。

① 島村は室内に，娘は屋外にいる。
② 島村も娘も同じ室内にいる。
③ 島村も娘も同じ車内にいる。
④ 娘は島村の思い出の中にいる。
⑤ 島村も娘も屋外にいる。

No.20

（解答▸P.4）

次の文は夏目漱石の小説『道草』の一節である。

要するに健三はこの吝嗇な島田夫婦に，よそからもらい受けた一人っ子として，異数の取り扱いを受けていたのである。しかし夫婦の心の奥には健三に対する一種の不安が常に潜んでいた。

彼らが長火鉢の前で差し向かいにすわり合う夜寒の宵などには，健三によくこんな質問を掛けた。

「お前のおとっさんはだれだい」

健三は島田の方を向いて彼を指した。

「じゃお前のおかっさんは」

健三はまたお常の顔を見て彼女を指さした。

これで自分たちの要求を一応満足させると，今度は同じような事をほかの形できいた。

「じゃお前の本当のおとっさんとおかっさんは」

健三はいやいやながら同じ答えを繰り返すよりほかに仕方がなかった。しかしそれがなぜだか彼らを喜ばした。彼らは顔を見合わせて笑った。

ある時はこんな光景がほとんど毎日のように三人の間に起こった。ある時は単にこれだけの問答では済まなかった。ことにお常はしつこかった。

「お前はどこで生まれたの」

こう聞かれるたびに健三は，彼の記憶のうちに見える赤い門－高藪でおおわれた小さな赤い門の家をあげて答えなければならなかった。お常はいつこの質問を掛けても，健三が差しつかえなく同じ返事のできるように，彼を仕込んだのである。彼の返事はむろん器械的であった。けれども彼女はそんな事には一向頓着しなかった。

傍線部「一種の不安」を説明したものとして，最も妥当なものはどれか。

① 健三は年齢よりも大人びた少年で感性も鋭かったため，もらい子であることの引け目を感じつらい思いをしているのではないかと案じていたのである。

② 健三は，夫婦にとってよりも実家にとってこそ大切な一人っ子であったので，いつかは夫婦のもとから実家に帰ってしまうのではないかと気がかりだったのである。

③ 健三は，夫婦から大切に育てられたが，感受性が鋭く正義感も強かったので，自分たちの好意の裏にある意図を見破られてしまうのではないかといつも心配だったのである。

④ 健三は，夫婦にとってはよそからもらい受けた大切な一人っ子であったが，自分たちを父母として本当に認めているかどうか確信が得られず，いつも心配だったのである。

⑤ 健三は，素直な気持ちを表に出さない子供だったので，いつも何を考えているか分からず，悩みを持っていることも自分たちに話してくれない事が不満だったのである。

No.21

（解答 ▸ P.5）

幼児の時間体験を観察してみると，なかなかおもしろいことが認められている。幼稚園にいる子どもたちは，どのように「時間を区切って」いるのだろう。幼稚園の庭の片すみで，かたつむりをみつけて，それが殻からからだを出し，目を出して働きはじめるのを，いっしょうけんめいに見つめている子，この子はどんな時間を経験しているのだろう。かたつむりを見つめている間の「時間の区切り」は，一体どうなっているのだろうか。

幼稚園が九時に始まるという場合，大人が考えるのと同じように，「九時に間に合うように」登園してくる園児が何人いるだろう。おおかたの子どもは，お母さんが行きなさいというままに，あるいは兄姉や友人たちにさそわれるままに，登園して来るのではないだろうか。だからといって，彼らは「時間の観念がない」とか，幼稚園はいつ行ってもかまわないと思っているというのでもない。彼らは彼らなりに，「おくれてはいけない」ことも知っているのである。（中略）

ところで幼児たちは，さきに述べたように大人の持つ時計によって区切られた時間とは異なる時間を生きているようだ。「きのう」とか「あした」とかの意味も，はっきりとしていない子もある。「また，あしたにしようね」などと言っている子も，それは厳密にあしたということをさすのではなく，「近い将来」を意味していることも多い。

<u>道草をしたために叱られる幼児たちが，悪かったという気持ちをあらわしながら，何とも納得のいきかねる表情をしていることがよくある。</u>彼らも叱られながら，「おくれてしまった」「おそくなって悪かった」ということはよくわかっているのである。しかし，なぜおそくなったのだろう。「ぼくは何もしてなかったのに」，「ちょっとだけ，おたまじゃくしを見ていただけなのに」と思っているのである。

本文中の筆者の主張をふまえて，傍線部のようなことが起きる根本原因として考えられることは，次のうちどれか。

① 幼児には時間の感覚や遅れるのはよくないという知識がないため。
② 大人には幼児の熱中する遊びの楽しさを本当には理解できないため。
③ 大人はしつけのために叱っているのだが，幼児には親の気持ちが理解できないため。
④ 幼児の感じている時間は，大人が時計で計る時間よりいつも短いため。
⑤ 大人の利用し従っている時間と幼児の感じている時間の隔たりのため。

No.22

（解答▶P.5）

次の文に描かれた「私」と「雑誌の男」の「ずれ」はどのようなものか，最も妥当なものはどれか。

電話口で呼び出されたから受話器を耳へあてがって用事を訊いて見ると，ある雑誌社の男が，私の写真を貰いたいのだが，何時撮りに行って好いか都合を知らしてくれろというのである。私は「写真は少し困ります」と答えた。

私はこの雑誌とまるで関係を有っていなかった。それでも過去三四年の間にその一二冊を手にした記憶はあった。人の笑っている顔ばかりを沢山載せるのがその特色だと思った外に，今は何にも頭に残っていない。けれども其所にわざとらしく笑っている顔の多くが私に与えた不快の印象はいまだに消えずにいた。それで私は断ろうとしたのである。

雑誌の男は，卯年の正月号だから卯年の人の顔を並べたいのだという希望を述べた。私は先方のいう通り卯年の生まれに相違なかった。それで私はこう云った。———

「あなたの雑誌へ出すために撮る写真は笑わなくっては不可いのでしょう」

「いえそんな事はありません」と相手はすぐ答えた。あたかも私が今までその雑誌の特色を誤解していた如くに。

「当たり前の顔で構いませんなら載せて頂いても宜しゅう御座います」

「いえそれで結構で御座いますから，どうぞ」

私は相手と期日の約束をした上，電話を切った。

中一日置いて打合わせをした時間に，電話を掛けた男が，綺麗な洋服を着て写真機を携えて私の書斎に這入って来た。私はしばらくその人と彼の従事している雑誌について話をした。それから写真を二枚撮って貰った。一枚は机の前に坐っている平生の姿，一枚は寒い庭前の霜の上に立っている普通の態度であった。書斎は光線が能く透らないので，機械を据え付けてからマグネシアを燃した。その火の燃えるすぐ前に，彼は顔を半分ばかり私の方へ出して，「御約束では御座いますが，少しどうか笑って頂けますまいか」と云った。私はその時突然微かな滑稽を感じた。然し同時に馬鹿な事をいう男だという気もした。私は「これで好いでしょう」と云ったなり先方の注文には取り合わなかった。彼が私を庭の木立の前に立たして，レンズを私の方へ向けた時もまた同じような鄭寧な調子で，「御約束では御座いますが，少しどうか……」と同じ言葉を繰り返した。私は前よりも猶笑う気になれなかった。

それから四日ばかり経つと，彼は郵便で私の写真を届けてくれた。然しその写真は正しく彼の注文通りに笑っていたのである。その時私は中が外れた人のように，しばらく自分の顔を見詰めていた。私にはそれがどうしても手を入れて笑っているように拵えたものとしか見えなかったからである。

① 「私」の他者を受け入れない強情さと「雑誌の男」の陰湿な意地悪さ
② 「私」のこだわりと「雑誌の男」の滑稽なまでの商売人気質
③ 「私」の頑固な卑屈さと「雑誌の男」の粋な職人気質
④ 「私」の融通のきかなさと「雑誌の男」の業界人らしい軽薄さ
⑤ 「私」の社交性のなさと「雑誌の男」の有無を言わさぬ強引さ

No.23

（解答▶P.5）

なさけは人のためならず，という。われわれ中年者には，まことにありふれたことわざが，今どきの若い人びとには，まるで違って受けとられているということを知って，驚いたことがあった。このことわざを，大学生が，こう解釈したのである。———なさけをかけることは，その人のためにならない。

この解釈，決してまちがいではない。ただ，わたしたちが，伝統的な義理人情の世界に，無批判に身をおいていて，そのために，何の疑いもなく，ことわざを受けとっていた，その解釈とは違う，というだけのことである。むしろ，伝統的な世界と断ち切られたところに身をおいていたればこそ，とらわれない解釈が生まれたのであろう。

つまり「ためならず」が，今までは疑いもなく「ために（かけるに）あらず」であって，人に情けをかけるということ，それは，その人のためであることのようだが，実はそうではなくて，自分のためなのである，という意味なのに，それを「ためにならない」の意味として「ためならず」を受けとって，なまじ，なさけをかけることは，その人のためにならない，と解釈したわけである。「ためならず」をそう解釈することは決して無理ではない。

そして，こういう解釈をした上で，このことわざを認めるとすれば，なかなか精神も健康である。

それは，そういう言い分の背景には，他人になまじなさけなどはかけないが，自分も，他人から，同情的な援助を受けるなどということを，いさぎよしとは思わない，ということになるからである。他人のなさけを受けることなど，自分のためにはならない。艱難こそ，自分を玉にするのだ，という心構えが感じられるからである。

傍線部の理由を説明したものとして，最も妥当なものはどれか。

① ことわざには，伝統的な解釈だけでなく，受けとる側の人生に対する観かたを持ち込むことができるという性質があるから。
② 伝統的な義理人情の世界に無批判に身をおいて解釈すればそのように受け取る事もできるから。
③ なさけは人のためならずということわざには沢山の意味があり，その事を踏まえて使い分けるべきだから。
④ 大学生が真剣に考えて出した解釈をむやみと否定したくないと考えたから。
⑤ 艱難こそ自分を玉にするのだという心構えは現代日本人にとって必要であるから。

No.24 （解答 ▸ P.5）

傍線部はどういうことか，説明したものとして正しいものはどれか。

さて，人間の欲望のうちで，最も基本的なものは物質的欲望であろうが，まずこれを観察しただけでも，ただちに，欲望が無限だという先入観が誤りであることが理解できる。人間にとって最大の不幸は，もちろん，この物質的欲望さえ満足されないことであるが，そのつぎの不幸は，欲望が無限であることではなくて，それがあまりにも簡単に満足されてしまうことである。食物をむさぼる人にとって，何よりの悲しみは胃袋の容量に限度があり，食物の美味にもかかわらず，一定度の分量を越えて食べられない，という事実であろう。それどころか，しばしば人間の官能の喜びは逆説的な構造を示すものであって，欲望が満たされるにつれて快楽そのものが逓減し，ついには苦痛にまで変質してしまうということは，広く知られている。いわば，物質的な欲望の満足は，それがまだ成就されていないあいだにだけ成立し，完全に成就された瞬間に消滅するという，きわめて皮肉な構造によって人間を翻弄する。かつてプラトンが，人間の世俗的な快楽はけっして純粋な快楽ではあり得ず，必ず苦痛をうちに含んで成立すると考えたのは，けだし，この意味においてだったのである。

① 食欲は，満たされればさらに美味を求め，きりがないものだから。
② 欲望は無限であるのに対して，現実は胃袋の容量が有限であるように欲望をすべてはかなえられないということ。
③ 欲望は，あまりにも簡単に満足されてしまうということ。
④ 欲望は，満たされるに従って，快楽が逓減し苦痛に変質してしまうということ。
⑤ 欲望は，簡単にかなうよりも苦痛を含む方がよりいっそう満足されるものであるから。

No.25

（解答▸P.5）

次の文の傍線部の理由について説明したものとして，最も妥当なものはどれか。

「画家は窓を通して自然を見るのではない。先輩や師匠の作品を通して見るのだ」といったのは，美術史家として，また批評家として有名なイタリアの故リオネルロ・ヴェントゥーリである。美術の全歴史は，おそらくヴェントゥーリのこの一句のなかに，集約的に表現されている。むろん，この場合，「見る」ということは，絵画の表現様式の比喩であるばかりでなく，文字通り視覚的映像世界をも意味する。人は「見る」ことすらも学ぶものである。逆にいえば，人は「先輩や師匠」がそう見たようにしか見ることはできない。われわれは，自分の家の窓から遠く広がる自然の景観を眼のあたりにする時，いわば嬰児のような捉われない眼で，ありのままに見ていると信じている。だがもしほんとうに嬰児の眼に写る世界をそのまま白日のもとにさらけ出すことができたとしたら，そこにはおそらくただ混沌しかないであろう。その混沌に秩序をあたえ，対象を明確に認識させるのは，ほかならぬ「先輩や師匠」たちの「眼」なのである。

絵画の世界において，ある表現形式がつねに固定して継続する傾向があるのは，そのためである。古代エジプト人たちは，ほとんど三千年ものあいだ，顔と下半身は横向きで上半身は正面向きという，われわれから見れば不自然な人間像を描き続けた。しかもその横顔には，ご丁寧に正面から見た眼が描かれているのである。エジプト人たちのこのような「不自然な」人間表現を，彼らの技術的未熟さのせいにするのはかならずしもあたらない。動物たちを描き出すときの彼らの写実的表現力は，その後の美術史上のどのような作品とくらべてもひけをとらないくらい見事なものだからである。そして三千年もの長いあいだそのように「見て」いたのは，彼らがいずれも「先輩や師匠」たちの作品を通して人間を見ることを学んだからである。エジプト人たちのあの様式化された人間像は，実はそれなりにきわめて写実的なものだったといってもよいのである。

① エジプト人たちの描いた人間像は，一見不自然な印象を受け，写実とはほど遠いようだが，彼らが先輩から学んだ人間の見方に立って見，そのまま表現しているから。
② 美術の表現形式は時代によって異なるが，現代の私たちにエジプト人たちの絵画を写実的と受け入れる寛大さがないだけのことだから。
③ 三千年もの昔に人間像を描けたこと自体，美術史上特異的なことで，エジプト人たちの当時の技術からすればそれなりに写実的と認める方がよいから。
④ 嬰児のようにとらわれない目で見たとき，世界のすべては混沌であり，エジプト人たちはそれをよく理解して見えたとおりに描いているから。
⑤ エジプト人たちは一人前の画家と認めてもらえるまで，先輩の描く通りにしか人間像を描くことが許されておらず，その制限の中では十分写実的だから。

No.26

（解答▶P.5）

次の文章に描かれた「私」として，最も妥当なものはどれか。

私は自分を，大人のふりをしている子供，または普通人の言動をする能力のないニセ者と感じていた。私がそれらの普通人の型に入っていけなかった理由は，私の言葉には自分の育った漁村の東北訛(なま)りが混っていて，全国から集まった級友たちの使う「内地」の言葉に較べて躇(とまど)いを感ずるせいらしかった。しかしそれだけでなく，私は十五六から近代日本の象徴詩やヨーロッパ系の訳詩を読み，自分でも詩を書き，詩の表現を自分の心の本当の表現だと信じていたからであった。詩の表現以外の言語表現を，私は真実のものと見ていなかった。

私は，自分が近代のヨーロッパや日本の詩人たちの見方で周囲を見ていることを，人にあらわに示すのを怖れた。詩の中の感情や，詩の中の判断を日常生活の中に露呈すれば，人を傷つけ，自分も傷ついて，この世は住み難くなることを，私は本能的に知っていた。私は詩を読み，詩を書くことだけに結びついている自分の心の本当の働きを，人目に曝(さら)すのを怖れた。しかもその心は，※この学校の自由な校風というものや，大人びた同級生たちの言動を，次第に判断しはじめ，それらのものが直ちに勤人気質や学問や体験の衒(てら)いと結びついているのを知った。私は自分の外の形を，勉強好きの，内気な，一番年弱の生徒，というものに作っておき，それによって級友たちの世間並みの型に落ちこまないように自分を守った。私が彼らのように大人びた言葉で女の噂(うわさ)をしないのも，いやな匂いをまき散らすポマードを髪につけないのも，やがて入るであろう商事会社や銀行の噂をしないのも，同級生たちの俗物性が堪えがたいからではなく，私がウブでもの知らずだからだ，という形を私は選んだ。

（注）　※　この学校：旧制小樽高等商業学校（現小樽商科大学）

① 「私」が学校で，ウブで世間知らずの自分を演じていたのは，大人としてふるまう通俗的な級友たちとの摩擦を避けるためであった。

② 「私」は商事会社や銀行に就職する希望を持っていなかったので，在学中は専ら詩の鑑賞や詩作に青春の情熱を注いでいた。

③ 「私」が世間並みの普通人の型に入っていけなかったのは，自分がレベルの低い環境に育ったがゆえにその資格が欠如しているためであった。

④ 「私」も同級生たちも大人らしくは見えるものの，まだほんの子供であり，むしろ世間からは会社員の卵でさえないと嘲笑されていた。

⑤ 「私」は詩の表現こそ唯一真実であると信じていたが，日常生活においては人々の反発をおそれ詩人たちとの交際を断っていた。

No.27

(解答▶P.5)

次の文の内容と合致するものとして，最も妥当なものはどれか。

〈異端〉というレッテルは，宗教的な結社やイデオロギー的な党派にとっては，ほとんどの場合，致命的な名称である。それは正統であることを否認されているだけでなく，正統のもっとも近くにいる，もっとも危険な敵を意味することになるからである。どの宗教でも多かれ少なかれそうだが，とくにキリスト教の歴史はほとんど，〈異端〉を生み出し，それを排除していく歴史であった。

さまざまな異端のなかでも強力であり，正統キリスト教にとって手ごわい相手であったのは――プロテスタントのカトリックからの分離以前では――ヘレニズム時代の先端的な思想形態たる〈グノーシス〉(神性を知ること）によってキリスト教を解釈し，大きな影響力を持った〈グノーシス〉主義である。この立場の宗教的活動は一，二世紀に，ローマをはじめギリシャ文化の及んだ中近東一帯にまで及び，したがって，その立場は単なるキリスト教の異端ではなく，イラン，バビロニア，エジプトなどの東方の諸宗教とのシンクレティズム（折衷形態）であった。

そのグノーシス主義が，今日あらためてつよく人びとの関心を引いてきている。いまや，人類全体が地球規模で生き延びるのが難しい状況に直面しているが，そういうなかで，諸宗教間の対立・闘争を超えようとする動きが，カトリックの〈エクメニズム〉(教会統一運動）などを中心に，活発化してきている。ファンダメンタリズム（原理主義）の激発がつづくなかで，最初に要求されるのは，諸宗教相互の〈寛容〉である。しかし現在では，そのような単なる寛容による共存を超えて，もっと積極的に，さまざまな宗教の教えのうちに隠された人類の英知を発見し，動員しようとする。グノーシス主義への関心や見直しは，そのような動きの一環である。

① 異端と決めつけられることにより，正統であることを否定されたことになるが，同時に正統から最も離れた存在になり，迫害を免れてきた。

② キリスト教の歴史は異端の産出と排除の歴史であったが，異端をつくりだす正統キリスト教の側こそが，実は本当の異端であった。

③ 異端であるとみなされたグノーシス主義は，強力な対抗勢力であったが，その立場はキリスト教文化圏の観念を逸脱するものではなかった。

④ グノーシス主義への関心が高まり再評価がなされているが，それは諸宗教の中に人類の英知を見出そうとする動きと関係している。

⑤ ファンダメンタリズムはグノーシス主義を糾弾するだけでなく，諸宗教相互の寛容的態度の醸成に対しても反対する。

No.28

（解答 ▸ P.6）

次の文の内容と合致するものとして，最も妥当なものはどれか。

ほとんどの親は，自分の子どもたちを「平等」に扱っていると確信している。しかし，子どもたちの目から見るとき，絶対の「平等」などは存在しないのである。そしてまた，それは不可能なことである。きょうだいは年齢が異なるので，その興味も関心も異なって当然である。子どもたちに，いつも同じものを与えることなどナンセンスである。それに，何をするにしても，それぞれ年齢相応の役割がある。長男であるために，次男であるために，あるいは末子であるために「損をした」と思っている人は多い。子どもたちが「不平等」を嘆くとき，親は腹立たしく思う。一見，不平等であるように見えることでも，親としては，それ相応の理由があるからしたことであり，本質的には平等であるという態度に変わりないと信じているからである。

子どもたちが，きょうだい間の不平等を訴えるとき，親としては「そんな馬鹿なことはない」と否定したくなるが，少し辛抱して話を聞いてやると面白いことが案外出てくるものである。それは，子どもたちが自らの個性の存在に気づきはじめたときや，自立的になろうとするとき，このような訴えをすることが多いからである。自立にしろ，個性の発見にしろ題目としては素晴らしいが，実際にやり抜くのは骨の折れる仕事である。困難な課題に出会うと，誰しも以前の状態にかえりたくなる。つまり，個性などという難しいことのない，絶対平等に包まれた世界へと逃げこみたいのである。しかも，一方では個性ということを考えるので，きょうだい間の差も意識される。こんなわけで，きょうだい不平等の訴えが出てくるのだが，それをゆっくりと受け容れて聞いてやっていると，だんだんときょうだい間の差違の存在ということから，自分の個性の発見というほうに話が向ってくるから，不思議なものである。

① きょうだい間を平等に扱う際には，親の目で見た平等でなく，子どもたちの目から見た平等であることが必要である。

② 不平等であることは子どもたちの個性の発見や自立を促すので，親は子どもたちを平等に扱おうとしない方がよい。

③ 子どもたちがきょうだい間の不平等を訴えるときは，困難な課題から逃げ，以前の絶対平等の世界に逃げこもうとしているため，親は訴えを聞かない方がよい。

④ 子どもの自立や個性の発見などの成長への動きは，親に対する不平等の訴えの形をとって現れることが多いものである。

⑤ 人間が成長していく過程で大切なのは，自立や個性の発見であり，それにはきょうだいの存在が不可欠である。

No.29

(解答▸P.6)

次の文の内容と合致しないものはどれか。

他人のことばをきいているときの人間，他人の書いた文字を読んでいるときの人間，それは，他人の役割を経験している人間ということである。別ないい方をすれば，他人によってエンコード[※1]された記号[※2]のかたまりをデコード[※1]しているということである。その記号のかたまりをつくったのは相手方なのだから，それを解読するというのは，相手方の内部の状態をこちら側の内部にひきこむ，ということになる。したがって，ひとがつくった記号を「うけとる」というのは，“もうひとりの自分”になるということなのだ。あるいは，相手の身になるということなのだ。

だが，話をききながら，あるいは本をよみながら，人間の神経細胞は，いわば，他人によってつくられた記号のかたまりに「反応」しつづける。スピーカーは，マイクにはいった音をそのまま再生するだけだが，人間における記号の再生は，その記号に対する反応を同時にひきおこす。わかりやすい例でいえば，話をききながら疑問をもつ，本をよみながら感動する。（略）他人のつくった記号を人間の内部の“もうひとりの自分”は解読し，その“もうひとりの自分”と“こちら側の自分”は，対話しつづけるのである。

人間がいくらことばをたくさん使っても，理解しあうことがむつかしい，というのは，この対話が人間の内部で発生するからである。高忠実度再生[※3]が「理解」であるなら，そして人間コミュニケイションもまた電気通信機とおなじように高忠実度再生だけですむなら，われわれは，こんなに苦労しないでもすむ。

（注）　※1　エンコードとデコード：言葉を発する行為と受け取る行為をいう
　　　　※2　記号のかたまり：ひとまとまりの話し言葉や文章
　　　　※3　高忠実度再生：原音に忠実に再現すること。ハイファイ

① 「もうひとりの自分」になるということは，相手の役割を経験する自分とは別の自分がいるということである。
② 言葉を受け取るとき，人間は記号を再生しながら同時に反応する。
③ 「こちら側の自分」とは，言葉に反応して疑問をもったり感動したりする人間のことである。
④ 人間が理解しあうことがむずかしいのは，機械のような高忠実度再生が不可能だからである。
⑤ 他人のつくった言葉を解読するということは，相手の身になるということである。

No.30

（解答 ▸ P.6）

次の文の内容に合致するものとして，最も妥当なものはどれか。

隣人とか隣りというと，すぐ，隣りづきあいとつづいちゃうでしょう。「住まう」ことがつきあい，交際に，あっという間になりかわっちゃう。何かする。と，たちまち，恩だ，義理だ，お世話になった，お返しだになる。そこに「住まう」ということが，すぐつきあいということに転写されてしまう。しかしそれは，つきあいというかたちをとったいわばじぶんのがわからの日常の保険のようなものなのですね。つきあいにはじぶん勝手のところがどうしたってあるし，そうしたつきあいにささえられる「隣近所」という意識には，他人としての隣人をどこかにゆるさないようなやりきれなさが生まれやすい。むしろつきあいというかたちをもたない他人としての隣人という存在こそ，日常に大事にしたい。

おたがい他人として，無名の行為を介した無名の存在なんです。そうじゃなければ，かつて「隣組※」といったものをささえたような，いかにも結構ずくめの「無関心の追放」という組織された旗の下にすっかりゆがめられたような隣人のありようを，ほんとうに否定できるだろうか。国家の管理強制の下にすぐにもひっくりかえるような隣人のありようを，どれだけふせげるだろうか，と疑うんです。世間の目を「隣組」のようなしかたで利用する仕組みはいつだってこわいものだし，その世間の目をささえるものはというと，つきあい。つきあいからできてる世間は，他人という存在を，（そして他人としてのじぶんの存在を）排除するしかたで成りたつ。そういった世間という名の隣人は，それこそフッと息をつけたものじゃない。

「住まう」ということにおいてもっともたいせつなのは，他人を他人としてみとめるという生活の立てかただろう，とおもいます。他人との関係を正しく身につくってゆくことができなければ，わたしたちは「住まう」ということをほんとうにじぶんのものとしてゆくことはできない。「住まう」ことをおなじ屋根の下に分けあう家庭だってそうなので，つきつめれば一つの家庭をつくる夫婦というものはもともとは他人ですね。他人の関係の原型というか，基数なんです。その意味では親子のような血縁でも，やっぱり他人なんです。たとえ誰かがどんなに苦しんでいても，他の誰も，絶対にその苦しみは肩代わりできない。ただ傍でみているしかない。優しくしようが，どなろうが，いらいらしようが，その痛みを代わることはできない。わたしは家庭もまた他人の集まり，原型的な社会だとおもっています。他人とのつきあいを不断にたがいにつくってゆく根の場所だとおもいます。

（注）　※　隣組：町・村の中で隣り合っていた家をいくつか集めた組織

① 隣人関係においては煩わしいつきあいに悩まされることが多いが，一切のしがらみを断って気楽に過ごした方がよい。

② 隣人関係は他人との関係ではあるが，家族関係と同様に互いに感情を率直にぶつけ合うことによって初めて，良好な関係を築き上げることができる。

③ 「隣組」のような行き過ぎた関係は反省すべきであるが，隣人として互いに無関心であることは避け，助け合いたいものだ。

④ 家族といってもあくまでも他人という関係でしかあり得ないと突き放すのではなく，そのなかで人間関係の基本を学んでいくことが大切である。

⑤ 他人を他人として認め合い，互いに深入りせず，干渉しないことが隣人関係として望ましい。

No.31

(解答▶P.6)

次の傍線部において，筆者が「ただそれだけさ」と言ったのは，なぜか。その理由として，最も妥当なものはどれか。

こうした俳句論議からもうかがえるように日本人は，とかく事実を事実として，ありのままに受け取ることを，よしとするようだ。だから，自分の行動について「説明」しようとすると，それは「弁解」と受け取られ，けっして好ましく思われないのである。私はこれを"事実主義"と名付けたい。"事実主義"とは，現実をそのまま受け取る，という態度であり，それを自然と見る考え方であり，ここから日本人特有の現実主義が生まれる。日本に禅が広く受け入れられたのは，おそらく，禅がめざす「無心」の境地が，日本人の説明嫌いに，ぴったりあったからではないかと私は思う。

(略)

けれども，事実の「叙述」は，かならずしも，意味を持たせぬ，ということではない。それどころか，事実をありのままに叙述した言葉から，人はどのような意味をも汲み出せる，ということなのである。したがって，こうした「叙述」は，人々に解釈の無限の自由を許すことになる。逆にいうなら，「説明」とは意味の限定なのであり，したがって説明文は人から解釈の自由を奪ってしまうことになる。日本人は，そのような"不自由"をけっして好まないのだ。

　　枯枝に烏のとまりたるや秋の暮

ヨーロッパを旅していたとき，私は芭蕉の句集をポケットに入れていた。たまたま知り合ったドイツの青年から俳句についてたずねられ，私は有名な芭蕉のこの句を挙げた。青年は黙って私のヘタな説明を聞いていたが，最後に，こう言った。

「わかりました。枯れ木の枝に烏がとまっている，というんですね。でも，だからどうだというんですか？」

「だから，どうでもない。ただそれだけさ」と私は答えた。そして，「説明」と「叙述」の区別を設けないヨーロッパ語と，※ハとガによって，思考の中まで両者を区別し，「叙述」に重きを置く日本語の性格の相違を，あらためて思い知ったのだ。

(注)　※　ハとガ：「ハ」は何かを説明するための助詞。「ガ」は何かを叙述するための助詞

① ドイツの青年が，芭蕉の句の情景を理解してくれただけでも喜ぶべきなのに，これ以上説明を加えて解釈の自由を奪ってはならないと思ったから。

② 御多分にもれず，自分も説明嫌いときているのだから，ドイツの青年の「だからどうだ」という鋭い質問に対して，ほとんど対応できまいと思ったから。

③ 説明と叙述をあえて厳密に区別するヨーロッパ語を身につけたドイツの青年には，禅のめざす「無心」の境地など，ほとんど関係がないと思ったから。

④ 俳句を外国人に教える態度としては，まず日本人特有の現実主義を十分に理解させ，文法教育よりも，作品の理解を尊重すべきであると思ったから。

⑤ 芭蕉の句を単なる事実の句ととるドイツの青年には，事実を叙述しながら解釈の無限の自由を許す日本語の性格など，説明してもわかるまいと思ったから。

No.32

（解答▸P.7）

次の文の下線部に当たる人として，最も妥当なものはどれか。

　そのうち船がある小さな島を右舷に見てその磯から十町とは離れないところを通るので僕は欄に寄りなにげなくその島を眺めていた。山の根がたの彼処此処に背の低い松が小杜を作っているばかりで，見たところ畑もなく家らしいものも見えない。しんとして淋しい磯のひき潮のあとが日にひかって，小さな波が水際をもてあそんでいるらしく長いすじが白刃のように光っては消えている。無人島でないことはその山よりも高い空で雲雀がないているのが微かに聞こえるのでわかる。田畑ある島と知れけりあげ雲雀，これは僕の老父の句であるが，山の彼方には人家があるに相違ないと僕は思うた。と見るうちにひき潮のあとの日にひかっているところに一人の人がいるのが目についた。たしかに男である，また小供でもない。何かしきりに拾っては籠か桶かに入れているらしい。二三歩あるいてはしゃがみ，そして何か拾っている。自分はこの淋しい島かげの小さな磯を漁っているこの人をじっと眺めていた。船が進むにつれて人影が黒い点のようになってしまった，そのうち磯も山も島全体が霞の彼方に消えてしまった。その後今日が日までほとんど十年の間，僕は何度この島かげの顔も知らないこの人を憶い起したろう。これが僕の『忘れ得ぬ人々』の一人である。

① なんら恩義があるわけではないが，まじめでひたむきな生活を営んでいるが故に，忘れてはならない人。

② こんなささいな記憶しかないのに，自分の老父に似たところがあるが故に，絶対忘れられない人。

③ 名利に走る「僕」とは異なり，ひとり黙々と生活を営んでいるが故に，いかにしても忘れるわけにはいかない人。

④ 身分を隠しひとり静かに余生を送る人で，忘れても差し支えないはずなのに，なぜか時々思い出す人。

⑤ 世間的な名利とはかかわりなく，ひとり黙々と生活を営む人で，忘れてもかまわないのに忘れられない人。

No.33 （解答▸P.7）

次の文は，下線部「真の漂泊者」について，その具体例に芭蕉をあげて論じたものであるが，その内容として妥当でないものはどれか。

しかし本物の漂泊者はこれとちがう。若者たちのあこがれは，氷河の底か，氷壁の上か，砂漠のなかに埋れて死にたいといった風に，世界の果へとびだしていって，自分から相手にえらんだ壮大な敵と格闘した上で倒れる充実した人生を夢みるところにあるけれども，真の漂泊者の方はこれとおよそちがい，芭蕉の句にあらわれているように，「草庵に暫く居ては打破り」「野ざらしを心に風のしむ身かな」の境涯で，「羇旅辺土の行脚，捨身無常の観念，道路に死なん，是天の命なり」と書かれているとおりの人生である。

この人たちの方は，どこかに安住の地をみつけてそこで休みたいものというあこがれを内々もっていても，旅していった先々のどの土地も，自分をねかしつけてくれる母胎的な居場所とならない。しばらく留まっているうち，また出立していかなくてはすまぬ衝動が湧きあがってきて，おろした腰が浮き，駆りたてられるようにその土地を離れていくのである。懐郷，望郷の心が自分のなかでいつも燃えつづけているために，これをみたそうと帰りつく土地をもとめる旅へでていくけれども，定着する場所はどうしてもみつからない。落ちつけるところがもしみつかったら，生きがいとなっている望郷の心情がみたされてしまうので，もう生きている張りあいが溶けてなくなるからである。それで望郷の感傷を生きるよるべとしているこの人々は，感傷が消されてしまったら大変と，細心に気を配りながら，郷愁という生きがいをもとめてその土地から立ち去っていくこととなる。

① 望郷の心情にかられて旅に出るもののその心はみたさるべくもなかった。
② 帰りつく土地をもたない寂しさのゆえに敵と格闘して死ぬことも辞さなかった。
③ 定着すべき場所を得ることは生きがいを失うことでもあったのだ。
④ 人生の無常を覚悟しているのだから道中で死んでも天の定めと考えていた。
⑤ 郷愁の感傷を生きるよるべとしているがゆえに再び旅立っていくのである。

No.34

（解答▸P.7）

次の下線部における「私」の心情として，最も妥当なものはどれか。

家内が郵便局に行くというので，ちょうどコーヒーを飲みたくなっていた私も，一緒に外に出ることにした。

「コーヒーをごちそうするよ」と私は言ったが，家内はさほどうれしそうな顔はしなかった。

家内は私ほどコーヒー好きではなく，また私と一緒に喫茶店に行くと，結局は飲み物を注文したりお金を払ったり，私がぼんやりしていれば砂糖まで入れなければならない。要するに雑用係にされるのが眼に見えているので，コーヒーを「ごちそうする」式の偽善的な言い回しにはもうあきあきしているという顔をするのである。

それに，人生がたのしくて仕方がない若夫婦ならともかく，おたがいの顔も見あきた初老の夫婦が，喫茶店で顔をつき合わせたところであまり話すこともないのである。おたがいに，「だいぶ白くなったな」などと相手の髪を眺めたりしながら，むっつりとお茶を飲むだけである。

そんなことならひとなど誘わずに一人で出かけたらよさそうなものだが，コーヒーひとつ飲むにも，ひとでも誘わなければはずみがつかないという年齢があるものらしい。そして，その底にかすかにひとを頼る気分がある。すなわちこれが，老化現象というものなのだろう。以前はそうではなかった。外にコーヒーを飲みに出るということにも情熱を持ち，その時刻になるとさっさと家を出て，なじみの喫茶店の決まった席に，頼まれたような顔をして坐ったものである。そのころは家内などはじゃまっけなだけで，コーヒーに誘う気持などはなかった。

そういう古き良き元気はつらつの時代は過ぎて，私はいま，混んでいるのかなかなか出て来ない家内を待って，<u>郵便局の角に茫然と立っているのである。</u>

① 時代に取り残された不安。
② 何事も思うように運ばない焦慮。
③ 何もすることのない所在なさ。
④ 余命いくばくもない自分への哀れみ。
⑤ 冷たい妻に対する憎悪。

No.35

（解答 ▸ P.7）

次の文の内容と合致するものとして，最も妥当なものはどれか。

描写ひとつにしても，どこまで客観的な事実を記し，どのくらい説明を加え，感想や意見をどの程度もりこむかによって，相当違った感じの文章になる。加藤秀俊『自己表現』に，「朝の冷気を吸いながら夢中になって登ってゆく。小１時間もたっただろうか，急に視界がひらけて高原に出た。名も知らぬ花がちらほらと咲いていた」というふうに運ぶ日本的な紀行文と，同じ体験を「午前７時出発。気温 18 度。方角を北西にとって 50 分後に標高 1200 メートルの高原に到着」といった調子で記録するイギリス人探検家の文章とが対比的に紹介してある。

どちらがいいというわけではない。日本的とされた文章は読んでいて味わいがあるが，手引書としてはほとんど役に立たない。その点，イギリス式の書き方とされた文章は，記録として信用できそうだが，味もそっけもない。長く読んでいると頭痛がしそうだ。要は，どういう態度で執筆するかをあらかじめ明確にしておくことである。

なんとなく書いたら，結果としてこうなってしまった，というのでは困る。むやみに両方の書き方が混在する文章もある。わけもなくどっちつかずの書き方に終始する文章もある。いいたいらしいことが一応は書いてあるのに，書き手の気持ちの向きが，そして，その鼓動が伝わってこない文章だ。これといって欠点こそ目立たないが，執筆姿勢の不安定さから生じた一種の悪文なのである。

① 事実の記録を重視した紀行文は，一見無味乾燥ではあるが，読み進めていくうちにおのずと味わいが出てくるものである。
② 書き手の意図が他人に充分伝わるようにするには，事実と意見をはっきり区別して書くことがぜひとも必要である。
③ 執筆姿勢が安定しない文章でも，その欠点をうまく隠しさえすれば悪文のそしりをまぬがれることも可能なのである。
④ 日本人の書いた探検紀行文は，うっとりとするほど美しいが，あとで役に立たないのは事実に忠実すぎるからである。
⑤ 文章を執筆するに当たっては，何に重きをおいて書くのかなど，その態度を前もってはっきりとしておくことである。

No.36

（解答▸P.7）

次の文は,「ことばの意味は絶対的なものではなく相対的なものである」と述べたあとに続くものである。筆者の主張として，最も妥当なものはどれか。

近代は久しきにわたって正しい意味，唯一絶対の意味に欺かれてきた。ことば，表現は読む人ひとりひとりの※コンテクストの差異を反映して十人十色の異同を示すのが実際である。それではしかし同一の※テクストについて無数の異本的解釈が生じることになって，収拾すべからざる混乱をまねくおそれがある。その混沌を未然に防ぐには，ただ書き手の意図だけを，正真の意味とすればよいという政治が介入した。それを無力な読者は唯唯諾諾うけ入れたのである。

印刷文化では，それまでの写本の時代とは違い，書き手は読み手に対して支配的優位に立って断絶した存在である。意味について筆者と読者の間で考えが分れるようなことがあれば，文句なしに作者の意図が正当とされる。したがって，読者の異本的解釈はつねに誤解の烙印を押されなくてはならない。読者は作者の意図を汲みそこねることをこれ怖れて，正解の探究に心を砕くことになる。読者の不運である。

文学の研究もまたこの作者・読者の関係において，受け手の側から進められる以上，作者の意図すなわち正解なりとする信仰が，不動のもののようになっても不思議ではない。作者側の事実がことこまかに調査される。古い作品については，まずテクストをなるべく作者の原稿に近いものにする文献学が唯一の方法論になって，読者は生きながら死んだ。読者の意味は作者の意味と向き合うことなく声もなく消えた。

（注）※　コンテクスト：文脈
　　　※　テクスト：書物の本文，テキスト

① 印刷術の発明にともなって，作者のレベルが向上しその作品が難解となったのは，読者の不運と言うべきである。
② 文学作品の研究において，作者の意図を正しく汲み取ることなしには何の成果もあげることができないはずである。
③ 文学作品の解釈の混乱を防ぐためにとられた政治の介入は，無力な読者にとってはむしろ救いであったと言える。
④ 文献学を唯一の方法論にする文学研究は，作品の意味の解釈に当たって読者の自由な読解が一方的に排除された。
⑤ 読者の意味と作者の意味が向き合うことのない文学研究は，今日のいわゆる活字離れの原因の一つとなっている。

No.37

（解答 ▸ P.8）

次の文の下線部の表現から読みとれる作者の気持ちとして，最もふさわしいものはどれか。

実際，日本画というものは，もはやいまのわれわれの感性に合わなくなっているのだろうか。そうだとしても，不思議でない。日常不断，私たちを取りまいているものの大部分が，日本画の絵具や画布とはそぐわない異質のものになっているからだ。同じ美術館でやっている洋画の展覧会を覗いてみて，ますますそう思った。

洋画の方も，中堅以下の作家のものが並んでいて，ズバ抜けて優れた作品はなかったが，とにかく，こちらの方は会場に入った瞬間，ほっとして気分が明るくなるのである。絵具の色も，日本画の会場にあるものほど，濁って干涸びた感じはしないし，雰囲気として全体にのびのびと親しみやすいものが漂っている。とくに女の作家で，一人で何点も出品しているものの中に，なかなか気のきいた好ましいものがあった。しかし，その好ましいものも，どちらかといえば手芸とか，ブティックの棚に並んでいる小間物洋品とかに通じ合う小綺麗なものに過ぎなくて，絵画的な個性や創意といったものは感じられなかったし，画面から作家の内面の息吹きが漂ってくるような熱気はさらになかった。

もし，絵画がこれでいいものならば，現代日本の洋画はかなり好い線を行っていることになるかもしれない。繰り返していえば，その会場に並んでいるのは，中堅か，それ以下の作家のものであって，とにかくそれは皆，一応の水準を保ってはいるのだ。しかも彼等は，少くとも日本画をやっている人たちに較べれば，ずっと自由にのびのびとやっており，作品のまわりに明るい雰囲気をかもし出している。

① 技法は一応身についているものの，絵画的な個性や創意，内面の息吹きを漂わせるにはいたっていないという危惧。

② 中堅かそれ以下の作家の作品ばかりなのに，かなりの秀作も目をひき，日本の絵画も捨てたものではないという賞賛。

③ 画面から漂ってくる作家の熱気とはうらはらに，その技法はまるで幼稚でまともな鑑賞にはたえられないという憂慮。

④ 作家は自由にのびのびと活動しており，創意工夫も十分で，日本の洋画もけっこう好い線を行っているという安堵。

⑤ 絵画的な個性や創意，あるいは内面の熱気などはまあまあであるが，基本的な技術は全く身についていないという失望。

No.38

（解答▶P.8）

次の下線部における「賢いやり方」とは，どんなやり方と比較してのことか。最も妥当なものはどれか。

私に言わせると，全体人間の言葉なんてそう思い通りのことを細大洩らさず表現できるものではないのだ。手近な例が料理法の本だとか，手品の説明書なぞを読んでも，それが日本文であろうと英文であろうと，図解でも入っていなかったらなかなか分るようには書けていないではないか。言葉というものはそれほど不完全な，微細な叙述になってくると一切実用にならないものなのだ。試みに鰻（うなぎ）を食べたことのない人に鰻の味を分らせるように説明してみろと言ったって，どこの国の言葉でもそんな場合の役には立つまい。しかるに西洋人というものは，そういう説明のできうべくもないことを，何とかかんとか有らん限りの言葉を費して言い尽くそうとして，そのくせ核心をつかむことはできずに，愚かしい努力をしているように私には見える。ドイツ語は哲学の理論を述べるのに最も適しているのだそうだが，それにしても作者自らがこれで十分と思う程には決して言い尽せはしないであろう。現に※ショウペンハウエルが『意志と現識の世界』の序文で，「自分の本は一字一句が全体に関連しているから，正しくは二度読んでくれないと理解されない」と言っているように，言葉を費せば費すほど，全面を同時に具象的に言い表わすことが至難になる。そういう点を考えると，少くとも文学においては，日本語のように，言い表わしうる限界を守ってそれ以上は暗示するだけにとどめた方が，賢いやり方ではないであろうか。

（注）※　ショウペンハウエル：ドイツの哲学者（1788 ～ 1860）

① 言葉は万能ではないのに，百万言を費やしてすべて言い尽くそうとする西洋流のやり方と比較して。
② 言葉は冷静なのがベストなのに，熱情に流されて無駄な言葉を浪費する西洋流のやり方と比較して。
③ 言葉は万能なのに，あらゆる表現を駆使して説明の完璧を期そうとしない西洋流のやり方と比較して。
④ 言葉はすべてを表現するのが不可能なのに，鰻の味を人に知らしめようとする西洋流のやり方と比較して。
⑤ 言葉の効能は使う人の表現力に左右されるのに，その能力を磨こうとしない西洋流のやり方と比較して。

No.39

（解答 ▸ P.8）

次の文の内容に合致する諺として，最も妥当なものはどれか。

人間は他の動物とちがって言葉という伝達の手段を持っている。言葉によって，たがいに意志を通じ合う。けれども，人間は言葉と同時に，いや，時として言葉以上に顔の表情で交信し合っているのである。「目は口ほどにものを言い」という諺が日本にあるが，たしかに人びとは言葉以上に顔で語り合っているのだ。じっさい，顔の表情は言葉を越えた何かを正直にあらわす。ちょっと眉を寄せただけで，あるいは，ほんのわずか唇をゆがめただけで，顔はその人の感情の動きを的確に表現する。これほど微妙なコミュニケーションの道具（メディア）がほかにあろうか。

しかも，その顔は刻々に変化する。顔は瞬時もおなじ表情を保ちつづけることはないのだ。言葉には沈黙ということがある。しかし顔は，生きているかぎり，そして醒めているかぎり，不断に「自己」を，自己の「生」を，生の「状況」を表示しつづけるのである。

① 顔で笑って心で泣く
② 心内にあれば色外にあらわる
③ 言葉多きは品少なし
④ 才余りありて識足らず
⑤ 目から鼻へ抜ける

No.40

（解答▸P.8）

次の文の内容と合致するものとして，最も妥当なものはどれか。

志を抱いた人間は，確かにそのために悪戦苦闘する。未来への直感を備えた人間は多くはないから，どうしても突出した存在となって苦しむことになる。そのあげくが志半ばで倒れて，確かに悲劇と見えても不思議はない。

しかし，志を抱いてその実現に突き進んだ人間の生き方を歴史の中に見てみるがいい。なんと爽やかで涼やかなことだろう。精気にあふれていることだろう。志を抱いた人間は，その志の故に充実した人生を生き抜くことができたのだ。志が実現したか，半ばで倒れたかは，彼らにはどうでもいいことだったのかもしれない。志を抱いた人間は，自分の人生を存分に楽しんだことは確かである。

志を持つことは真に人間としての生甲斐に生きることなのであり，したがって楽しいことなのである。歴史を通してそのことを学んで欲しい，というのは私の願いでもある。

① 志を抱いた人間が少ないことは歴史を見ればすぐにわかることである。
② 志を抱き，かつそれを実現できた人間の生き方を歴史から学ぶべきである。
③ 精気にあふれ，人生を楽しむ術を知っている人間だけが志を持つことができる。
④ 未来への直感を備えた人間こそ歴史の主人公となって活躍できるものである。
⑤ 志を持ち，自分の人生を存分に楽しめるような生き方を歴史から学ぶべきである。

No.41

（解答▶P.8）

次の文の内容と合致するものとして，最も妥当なものはどれか。

人間と人間との基本的な結合とは，邂逅(かいこう)によって結ばれた友情である。私は友情ということばを単に友だちづきあいということだけに限定しない。たとえば書物を通じて，古人に結びつくということをも，私は友情として考えたい。

「ひとりともしびのもとに文をひろげて，見ぬ世の人を友とするこそ，こよなうなぐさむわざなれ。」兼好法師のこの短いことばのなかに，読書の核心が語られていることはすでに多くの人の指摘しているとおりである。要約すれば読書とはこの一言につきるといっていいのだ。もっとも兼好のこの文章を読むと，どこか悠々たるところがあって，青年のようにせっぱつまった求道精神は感ぜられない。求道性よりはむしろ道に遊ぶといった感じがあって，心の余裕のあることがわかる。「見ぬ世の人を友とする」を，「見ぬ世の人を師とする」と置きかえてもいいわけだ。たいせつなのは読書とはかかる邂逅だということだ。本を通じて心と心がふれ合ったならば，すでに肉体のほろんだ古人，あるいは全然会ったことのない人でさえ友情を結ぶことができる。これが人生の幸福というものではないか。しかも最も確実な幸福ではないかと，兼好はこの文章の背後で言っているように思われる。私はそれを言いたかったのである。

① 兼好法師は読書を通してすぐれた古人と交わって，悠々たる境地に遊んだが，その著『徒然草』は名作の誉れが高い。

② すぐれた古典の著者と書物を通じて心をふれ合うことこそ，大事な邂逅であり，永久に変わることのない幸福である。

③ 友情には人間を介してのものと，本を通じてのものとがあるが，現代は交遊も読書も衰退傾向にあり，これは憂うべきことである。

④ 読書によってめぐりあう著者には「見ぬ世の人」が多く，現実に交際する人々と比べると，ほとんど精彩に欠けている。

⑤ すべて人間は信ずるに足らず，したがって，同時代の人々と交わるより，読書を通してすぐれた著者を友とすべきである。

No.42

（解答▸P.9）

次の文の内容と合致するものとして，最も妥当なものはどれか。

共同社会の法則から解き放たれ，もっぱら作者個人のその場その場の感情や心理や，あるいは思想にしか詩の動機を持たないようになったとき，すなわち孤独の心の告白としてしか意味を持たなくなったとき，詩は避けることのできない一つの症状を露呈する。この世界とその住人たちとをことごとく否認し，詩は人間社会に奉仕することをやめ，象牙の塔における悲劇的孤立のうちに，詩が単に詩であることを目標として，錬金の秘術をこらすようになる。ロマンチシズムがこのような詩を合理化したが，創造とはもっぱら個性に帰せられるものの名となり，詩人は天才であり光栄ある孤独者であるという意識を生み，個性の演戯者として社会のおきての外に位置するものとなった。到達するところは，詩人の独善意識と，詩の伝達機能の停止とである。

① 詩は元来，共同社会の中にあって社会奉仕の一端を担ってきたが，やがて拝金主義に走り営利におぼれるようになった。

② 詩が共同社会のきまりから解放され，もっぱら作者個人の感情や心理をうたうものとなると，詩は人間社会への奉仕を忘れ，詩人は自信過剰になった。

③ 詩はそもそも共同社会のものであったが，ヨーロッパの浪漫主義にまどわされ，反社会への道に突き進んだ。

④ 詩が共同社会から離れて個人の孤独の心の告白となると，詩人はひとりよがりに陥り，その詩は何かを伝えるという働きを失う結果となった。

⑤ 詩は共同社会から解き放たれ，芸術としての詩の完成をもとめるあまり，人間社会から孤立する悲劇に陥った。

No.43

（解答 ▶ P.9）

次の文の傍線部の比喩の意味として，最も妥当なものはどれか。

去年の十二月であった。白山下の花屋の店に，二銭の正札付きでサフランの花が二，三十，干からびた球根から咲き出たのが並べてあった。私は散歩の足をとめて，球根を二つ買って持って帰った。サフランをわが物としたのはこの時である。

花は二，三日で萎（しお）れた。鉢の上には袂屑（たもとくず）のような室内の塵が一面に被さった。私は久しく目にも留めずにいた。

すると今年の一月になってから，緑の糸のような葉がむらがって出た。水もやらずにおいたのに，活気に満ちた，青々とした葉がむらがって出た。

硝子戸の外には，霜雪を凌（しの）いで福寿草の黄いろい花が咲いた。ヒアシンスや貝母（ばいも）も花壇の土を裂いて葉を出しはじめた。書斎の内にはサフランの鉢が相変わらず青々としている。

鉢の土は袂屑のような塵に覆われているが，その青々とした色を見れば，無情な主人も折々水ぐらいやらずにはいられない。これは目を楽しましめようとするEgoismus※1であろうか。それとも私なしに外物を愛するAltruismus※2であろうか。人間のする事の動機は縦横に交錯して伸びるサフランの葉のごとく容易には自分にも分からない。それを強いて，<u>烟脂をなめた蛙が腸をさらけ出して洗うように洗い立てをして</u>みたくもない。今私がこの鉢に水をかけるように，物に手を出せば弥次馬という。手をひっこめておれば，独善という。残酷という。冷淡という。それは人の口である。人の口を顧みていると，一本の手のやり所もなくなる。

これはサフランという草と私との歴史である。これを読んだら，いかに私のサフランについて知っていることが貧弱だか分かるだろう。しかしどれほど疎遠な物にもたまたまゆきずりの袖がふれるように，サフランと私との間にもせっしょく点がないことはない。

（注）※1　Egoismus：利己主義
　　※2　Altruismus：利他主義

① 生物学の一般的常識としての行為
② 文芸の顕在性に潜む主要課題の萌芽
③ 厳密な意味での実験主義の象徴
④ 進化論的な社会思想の一翼をになう自然法則
⑤ 実証主義的思考の行き過ぎ

No.44

（解答▶P.9）

次の文における筆者の主張として，最も妥当なものはどれか。

明治以来の複雑な文化運動の歴史は，このような文化の雑種性に対する知識人の側からの反応，つまりその純粋化運動の歴史に他ならない。日本文化の純粋化運動は，ひとまず図式的に二つの型にわけて考えることができる。第一の型は日本種の枝葉を落として日本を西洋化したいという念願にもとづき，第二の型は逆に西洋種の枝葉を除いて純粋に日本的なものを残したいという念願にもとづく。しかしいずれも成就するはずのない念願である。日本種の枝葉を切り落とそうとする純粋化運動はたとえそれがうまくいっても幹と根を養っている日本的要素を除くことはできない。それができないから，しばらくするとまた日本種の枝葉が出てくる。従ってその次に，いっそ西洋種の枝葉を除いて日本風に体裁を整えようとする運動の起こるのが当然である。ところがその場合にも幹※と根の雑種性はどうにもならず，やがて西洋種の枝葉の再生してくるのを防げないから，この作用と反作用の連鎖はとめどもなくつづく。明治以来日本の文化を純粋に西洋化しようという風潮がおこると，日本的なものを尊ぶという反動が生じ，二つの傾向の交代は，今に至ってもやまないように見える。こういう悪循環を断ち切る道はおそらくひとつしかないだろうと思われる。純粋日本化にしろ，純粋西洋化にしろ，およそ日本文化を純粋化しようとする念願そのものを捨てることである。英仏の文化は純粋種であり，それはそれとして結構である。日本の文化は雑種であり，それはそれとしてまた結構である。たとえそれが現在結構でないとしても，これから結構なものにしたててゆこうという建前に立つのである。そんなことができるかと人はいうかもしれないが，やってみなければわからないし，またその他にやりようがあるわけではないだろう。

（注）　※「幹と根の雑種性」＝明治以来，日本人の日常生活の中に西洋種の文化が抜きがたく根を張っていること

① 明治以来の日本の近代化には雑種性という汚点があり，それを払拭するために抜本的改革が必要である。
② 日本の近代文化に西洋化，日本化という二つの純粋化運動が突発的に起こっていることを憂うべきである。
③ 性急な西洋文明の輸入は純粋な日本文化をむしばみ，傷つけるから，十分に慎重を期すべきである。
④ 日本の近代文化に抜きがたい雑種性のあることを，まず積極的に認めるところから出発すべきである。
⑤ 日本文化も英仏の文化もともに優れているので，どちらを採るかは軽々に判断すべきではない。

No.45

（解答▶P.9）

次の文の下線部において，どういう状況を指して「最大の害悪」と言っているのか。最も妥当なものはどれか。

したがってまず実用品の威圧に伴って輸入されたヨーロッパの「科学」が我国でどのように受取られたかはいうまでもなく明かであろう。極言すればそれはすでに科学ではなく，既成の科学的知識の集積にすぎなかった。いわばこの実用品を使用する必要上，僕らの父祖に強いられたのは，真の科学者の作業とはおよそ反対な出来合いの知識乃至は技術の習得であった。そして彼らの多くはそこで習得した知識を本当に消化してその上に自分の考えを築く余裕すら与えられなかった。機械は，その性質上，絶え間ない改良と発明の好餌であり，それらの本場はヨーロッパから応接の遑（いとま）のない新知識として無数に我国にもたらされた。いわば当時の我国は少くも観念の上では絶えず西洋の「新知識」に征服されて来た。下手に自分でものを考えるより西洋の「進歩」した知識を借りて進む方が早道であった。そしていわゆる学者とは西洋の新しい知識を出来合いのまま素早く輸入する問屋にすぎぬ者が大多数であった。

むろんこうした方法はおそらく機械文明の移入に関しては，もっとも労少くしてかつ功の多い早道であろう。だがここに醸成された一種慌しいかつ安易な精神の習癖は，このような形で行われた「科学」の移入が当時の欧洲文化輸入の枢軸をなした結果，或る抗い難い時代の風潮として，他の文化の領域にも無意識のうちに深く浸透しこれを支配するに至ったのではなかろうか。そしてここにさきに述べた意味での文明開化の時潮の本質があると同時に，また或る意味で<u>西欧文化の移入が我国民の精神に及ぼした最大の害悪</u>があったと僕は信じている。

① 出来合いの知識や技術の習得という精神の習癖が，すべての文化の領域を支配するまでになった状況。
② 西欧の慌しくかつ安易な精神の習癖が，科学や機械文明の移入にともなって日本の風潮となった状況。
③ 西欧から輸入したのは真の科学ではなく，単なる既成の科学知識の集積に過ぎなかったという状況。
④ 西欧で醸成された一種慌しいかつ安易な精神の習癖が，文明開化の風潮を妨げる結果になった状況。
⑤ 機械文明の移入にともなって，自分でものを考えることを放棄し専ら模倣に徹するようになった状況。

No.46

（解答 ▸ P.10）

次の文において「古典の新しさ」とはどういうものか。最も妥当なものはどれか。

古典とはつくづく不思議なものだという気がしてくる。ずっとの昔に書かれた文字，言葉，表現は昔の通りそのままであるのに，それから経て来た十数世紀，数十世紀のそれぞれの時代に“新しかった”というその意味が，それらの文字，言葉，表現の中に層々と畳みこまれているという感じがある。

後から畳みこまれるわけはなく，実は最初から，後世のそれらを包容する深さがあったということなのだろうが，それにしても一つ一つの時代の眼に耐えて今日もなお新しい古典の姿は，いわば歴戦の勇士のおもむきがあって，初めて生み落とされた時とは較べものにならない重量がそこにあると感じられる。古いが故に新しいという受けとられかたの生まれるゆえんであり，それが古典の重みというものだろう。

※『マクベス』と同じように，いま生きている私の中に生まれている不安の感覚を，つついてゆさぶってくれるところの現代の作品がないわけではない。というより，そういう不安の感覚そのものの中から生み出されたそういう作品の数は，決して少なくないだろう。だがもしそういう作品が，ただそれだけの内容でこちらに迫ってくるのだったら，こちらはいらだちか痛みか，または共感かを覚えるだけで済んでしまうに違いない。

古典は，さっきは包容する深さといったが，大きな容量を持っていて，そこにはらまれているいろいろな要素や可能性の中の一つが，今の私の内にある切実な要素をつつきゆさぶってくれるのであるらしい。古典につつかれゆさぶられるゆとりある楽しみ，というものが，そこで生まれるのだろう。逆にいえば，古典は現在の自分の段階に応じてしか自分のものにはなり得ないということの意味が，そういうところにあるのだろう。

（注）※『マクベス』＝シェークスピアの四大悲劇の一つ

① 古典は歴戦の勇士のおもむきがあり，初めとは比較にならない重量を保有している。
② 古典が包容する諸要素や可能性の中の一つが，時代を超えて読者に問題提起をする。
③ 古典はそれぞれの時代に新しかったその意味が，次々と畳みこまれて深い層をなす。
④ 古典に描かれている感覚が，いま生きている私の中に生まれている感覚と一致する。
⑤ 古典にはらまれている諸要素や可能性の中の一つが，深々と読者の感情をゆさぶる。

No.47

（解答 ▶ P.10）

次の文の内容と合致するものとして，最も妥当なものはどれか。

出来上がった知を貰うことが，学ぶことではなし，出来上がった知を与えることが教えることでもなかろう。質問する意志が，疑う意志が第一なのだ。だから，孔子は，相手の，この意志を叩くのだ，と言う。叩いてその方向を示すのだ，と言う。それは，自分自身に対してもそう言っていることにほかなるまい。正しく質問しようと努めるほかに，どこに正しい知の働きを身につける道があろうか。至易至簡な智慧の働きという趣旨と，質問の意志との他余計なものは，一切心に貯えない鄙夫の姿が，孔子に好ましいものと映らなかったはずはあるまい。進んで，こう考えることもできましょう。この鄙夫の話は，単に狭い意味での孔子の教育原理を示すものではない。おそらく，孔子の思想を一貫している現実主義，実践主義と深く結ばれているでしょう。これは，彼の学問全体が，本質的に方法論である事を，彼の言う「道」とは，「方法」である事を語っているとも考えられます。人間にできることは，天与の智慧を働かせて，生活のために，実在に正しく問うことだ。実在を解決することではない。正しい質問の形でしか，人間にふさわしい解答は得られはしない。それで十分である。おそらく，このような智慧の典型的な蓄積を，彼は，先王の行跡に見たのだと思われます。

① 孔子の学問は現実的・実践的なものであり，崇高な理念とはまったく縁がない。
② 孔子は，人は物事を解決してはならず，ただ無心に問い続けることが大事である，という。
③ 孔子は，正しい知識を子どもに与えることの必要性を説いている。
④ 孔子が鄙夫の姿を好ましいと思ったのは，知識に対する貪欲な好奇心ゆえである。
⑤ 孔子は，正しく問う意志によって知の働きを身につけることができる，という。

No.48

（解答 ▸ P.10）

次の文の趣旨として，最も妥当なものはどれか。

発達した思想と，完全な技巧と合した時に，文芸は極致に達します（それだから，文芸の極致は，時代によって推移するものと解釈するのが，もっとも論理的なのであります）。

文芸が極致に達したときに，これに接するものはもしこれに接し得るだけの機縁が熟していれば，還元的感化を受けます。この還元的感化は文芸が吾人に与え得る至大至高の感化であります。機縁が熟すという意味は，この極致文芸のうちにあらわれたる理想と，自己の理想とが契合する場合か，もしくはこれに引きつけられたる自己の理想が，新しき点において，深き点において，もしくは広き点において，啓発を受くる刹那に大悟する場合をいうのであります。縁なき衆生は度し難しとは単に仏法のみで言う事ではありません。段違いの理想を有しているものは，感化してやり度くても，感化を受けたくても到底どうする事も出来ません。

還元的感化という字が少々妙だから，お分かりにならんかと思います。これを説明すると，こういう意味になります。文芸家は今申す通り自己の修養し得た理想を言語とか色彩とかの方便であらわすので，その現される理想は，ある種の意識が，ある種の連続をなすのを，そのままに写し出したものに過ぎません。だからこれに対して享楽の堺（さかい）に達するという意味は，文芸家のあらわした意識の連続に随伴するという事になります。だからわれわれの意識の連続が，文芸家の意識の連続とある度まで一致しなければ，享楽という事は行われるはずがありません。いわゆる還元的感化とはこの一致の極度において始めて起る現象であります。

① 読み手自らの理想が，文芸家のそれとある程度まで一致しなければ還元的感化ということは起こり得ない。

② 発達した思想と完全な技巧が両立するとき文芸は極致に達するが，そこに表現された理想を共有できる読者をもって初めて還元的感化が可能となる。

③ 理想とは，ある種の意識が，ある種の連続をなすのを，言語とか色彩とかの媒体を用いてあらわすものに過ぎない。

④ 秀でた文芸書とは，卓越した思想と完全な技巧が共存し，読者に対して還元的感化を与えうるものを言う。

⑤ 還元的感化とは，読者の知的レベルにかかわらず，揺るぎない思想と技巧力により文芸家が読者に対し与え得るものである。

No.49

（解答▶P.11）

次の文の趣旨として，最も妥当なものはどれか。

大切なことは，芸術はすべて一種の遊戯性をもっているということである。それは知性と感性の祝祭と言ってもいい。「夏炉冬扇」の無用性には，そういう遊戯あるいは祝祭の意味もこめられている。これは大切な点だ。たとえばどれほど教訓性を帯びた文学であっても，教訓性だけならば哲学や倫理書には及ばない。また宗教性を説く場合も，それのみを強調するならば結局宗教書には及ばない。また社会的事実のみを並べるならば，新聞記事には及ばない。芸術は，宗教も倫理も政治も社会も，あらゆるものを扱って差し支えないが，同時にそこに遊戯的性格が必ず備わっていなければならない。

芸術はフィクション（虚構）の世界だ。私はそれを遊戯性という言葉であらわしてみたのである。現実そのものを記録するのではなく，現実に立脚しつつそこに虚構を加え，現実の中から真実性を造形再現しなければならない。現実だけならば記録であり，教訓だけならば倫理である。これに反して芸術はどれほど深刻なものであっても虚構の世界であり，それに接するものは，驚いたり悲しんだりしながらも，やはり楽しんでいるのである。だから祝祭である。知的遊戯と言ってもよい。だから直接的な実用性はない。そしてこの無用性において，はじめて人生に，あるいは人間の心に，ゆとりというものが与えられるのである。芸術の鑑賞はことごとくゆとりの産物である。

① 芸術の中にあらわれている真実は，現実とは何のかかわりもないものである。
② 芸術の持つ遊戯性は，実は人間生活のゆとりという観点において実用性を帯びる。
③ 芸術は社会的事実のみを述べるという点では，新聞記事には及ばない。
④ 芸術とは真実を表現するものであるが，現実をそのまま再現するものではない。
⑤ 表現しているものが現実だけならばそれは記録となり，教訓だけならばそれは倫理となる。

No.50

（解答 ▸ P.11）

次の文の内容と合致するものとして，最も妥当なものはどれか。

無常を語る場合，きわだって雄弁になり，それを書く場合，とくに美文調になるという傾向がきわめて顕著であるということが，日本人の一つの特色といってよいだろう。無常が死とつながりをもって考えられるとき，それは人生における異常なことである。異常なことの表現が美文調や雄弁となることは異常のことではない。恋愛もまた一種の異常体験だから，それが古来の詩歌・物語の題材ともなり，また人に表現せずにはいられないほどの衝撃を与えたのであろう。「いろはにほへどちりぬるをわがよたれぞつねならむ」云々（うんぬん）のいろは歌は，涅槃経（ねはんぎょう）の「諸行無常，是生滅法」云々の日本語訳だとつたえられている。そういう無常の根本義を，おのが国語のアルファベットとした民族は，世界に類例がないだろう。こういうことは単に偶然ではない。日本人の心情の奥に，諸行無常と共感するものがあればこそ，それが長い間，国語のアルファベットとして通用してきたのであろう。別な方面から考えれば，諸行無常を，世界観や哲学として受けとらずに，情緒的に，人生経験的に，せいぜい人生智として受けとり，それをそれとして感じてきたということにもなろう。それだけにまた国民一般の間に，ひろくこの無常感が，無常感覚として浸透してきたということにもなろう。言ってしまえば，日本人は無常を，無常観として考える以前に，無常感としてまず共感し，その共感を，仏教の語彙をかりて表現するという傾向がいちじるしい。

① 日本人は元来，論理的・哲学的な思考力に欠けており，「無常観」を「無常感」としか受けとめられず，「いろは歌」を歌って仏教に帰依したのはそのためである。

② 無常という哲学的世界観を自国語のアルファベット化した民族は世界に類例がないが，それは当時の日本における外来宗教（仏教）の浸透力の大きさを物語るものである。

③ 「諸行無常」とは，言ってみれば現世に義理人情は通用しないということであり，だからこそ世渡りに苦労する庶民に抵抗感なく受けいれられたのである。

④ 無常というのは元来，哲学的な世界観であるが，日本人はそれを非論理的情緒として受けとったからこそ，無常は雄弁や美文調などによって表現されたのである。

⑤ 仏教の語彙を借りて表現することの難しさは言うまでもないが，日本人がそれを容易にやってのけたのは，日本に人生智としての哲学や世界観がすでに芽生えていたからである。

No.51

（解答▶P.11）

次の文の内容に合致するものとして，最も妥当なものはどれか。

この間「日本の文様」というテレビ番組を見ていておもしろく思ったことは，お寺などの，屋根と屋根との間の部分の美しさである。つまり，一つのいらかと他のいらかとの輪郭によって切りとられた空のかたちの美しさである。

いわゆる「汎神論[※1]」と「一神教」との関係は，発展段階の相違というより，陰画と陽画との関係なのではなかろうか。「汎神論」では，地の部分が価値のかがやきをもっている。今かりに価値を白，無価値あるいは反価値を黒によって象徴するならば，一神教とは，黒い画面に白い絵のかいてある世界であろう。「神」によって意味づけられた特定の行為，特定の存在だけが価値をもつので，人がただ生きていること，自然がただ存在することそれ自体は無価値であるか，あるいはむしろ罪深いものである（ルネッサンスの「自然の発見」などについては，後に位置づけされるであろう）。「汎神論」では反対に，画面全体がまっ白にかがやいていて，ところどころに黒い陰影がただよっている。日常的な生活や「ありのままの自然」がそのまま価値の彩りをもっていて，罪悪はむしろ局地的・一時的・表面的な「よごれ」にすぎない。真空の中に物体がある古典力学の世界ではなく，空間そのものが無数の粒子の散乱によって充たされている現代物理学の世界である。賢治や白秋の宇宙感覚，小津安二郎や木下恵介[※2]の抒情性，スナップ写真や日記への嗜好などをもち出すまでもなく，日本文化論のレギュラー・メンバーとなっている俳句や和歌や私小説はつねに，生活における「地の部分」としての，日常性をいとおしみ，「さりげない」ことをよろこび，「なんでもないもの」に価値を見出す。——「奥の細道」の旅路そのものが問題であって，到達点としての松島自体は，実はどうでもよかったのではなかろうか。

（注）※1　汎神論＝神と世界とが一体であるとする論
※2　木下恵介＝映画監督

① 汎神論を信ずる我々日本人が旅に求めているものは，松尾芭蕉の「奥の細道」の旅と同じように，日常的な生活からの脱却である。
② 汎神論では自然は人間に従属するものであり，人間に都合のよいように自然の中に神々を造り上げた。
③ 一神教を信じる人々は，日常的な生活において，自分がただ存在するだけでなくどのように輝くかということに価値をおいている。
④ どの民族においても最初の宗教は一神教であり，その後社会の発展につれて汎神論へと変化していく傾向がある。
⑤ 汎神論と一神教のように宗教観が異なると，対象が同じであってもどの部分に価値を見出すかの違いが生じる。

第2章 古文の内容把握

No.1

(解答▸P.12)

これも今は昔，ある僧，人のもとへ行きけり。酒など勧めけるに，氷魚(ひを)はじめて出で来たりければ，あるじ珍しく思ひて，もてなしけり。あるじ用の事ありて，内へ入りて，また出でたりけるに，この氷魚の，殊(こと)の外(ほか)に少なくなりたりければ，あるじ，いかにと思へども，言ふべきやうもなかりければ，物語し居(ゐ)たりける程に，この僧の鼻より，氷魚の一つ，ふと出でたりければ，あるじあやしう覚えて，「その鼻より氷魚の出でたるは，いかなる事にか」と言ひければ，取りもあへず，「この比(ころ)の氷魚は，目鼻より降り候(さふろ)ふなるぞ」と言ひたりければ，人皆，はと笑ひけり。

傍線部について，人は何に対して笑ったのか。最も適当なものは次のうちどれか。

① 僧の言葉にやりこめられたあるじ
② 周りの状況がわからないあるじ
③ 鼻から氷魚が出ている僧の姿
④ ユーモアのある即答をした僧
⑤ わけのわからない弁明をする僧

No.2

(解答▸P.12)

次の文に続く俳句はどれか。

三代の栄耀一睡の中にして，大門の跡は一里こなたにあり。秀衡が跡は田野に成りて，金鶏山のみ形を残す。先ず高館にのぼれば，北上川南部より流るる大河なり。衣川は和泉が城をめぐりて，高館の下にて大河に落ち入る。泰衡等が旧跡は，衣が関を隔てて南部口をさし堅め，夷を防ぐと見えたり。偖も義臣すぐって此の城にこもり，功名一時のくさむらとなる。国破れて山河あり，城春にして草青みたりと，笠うち敷きて時のうつるまで涙を落し侍りぬ。

① 五月雨をあつめて早し最上川
② 五月雨の降り残してや光堂
③ 閑かさや岩にしみいる蝉の声
④ 夏草やつわものどもの夢の跡
⑤ 行く春や鳥啼き魚の目に涙

No.3

（解答 ▸ P.12）

夫婦思ひけるやうは，あの一寸法師めを，いづかたへも遣(や)らばやと思ひけると申せば，やがて，一寸法師，このよし承り，親にもかやうに思はるるも，口惜しき次第かな，いづかたへも行かばやと思ひ，刀なくてはいかがと思ひ，針を一つうばに請ひ給へば，取り出だしたびにける。すなはち，麦藁(むぎわら)にて柄鞘(つかさや)をこしらへ，都へ上(のぼ)らばやと思ひしが，自然舟なくてはいかがあるべきとて，またうばに，「御器(ごき)と箸とたべ」と申しうけ，名残惜しくとむれども，立ち出でにけり。住吉(すみよし)の浦より，御器を舟としてうち乗りて，都へぞ上りける。

なぜ一寸法師はみずから京へ上ろうと考えたのか。最も適当なものは次のうちどれか。

① 故郷では仕事がないので京に上って良い暮らしがしたかったから。
② 自分の小さい身体を補うため，京に上って剣の道を極めたかったから。
③ 父母といつまでもいっしょにいることがいやで早く自立したかったから。
④ 父母が自分のことをうとましく思っていたことがわかったから。
⑤ いつまでも田舎にいては仕方がないと父母にすすめられたから。

No.4

（解答▶P.12）

蝶めづる姫君の住み給ふかたはらに，按察使の大納言の御むすめ，心にくくなべてならぬさまに，親たちかしづき給ふことかぎりなし。この姫君ののたまうこと，「人々の花，蝶やとめづるこそ，はかなくあやしけれ。人はまことあり，本地たづねたるこそ，心ばへをかしけれ。」とて，よろづの虫のおそろしげなるをとり集めて，これが成らむさまを見むとて，さまざまなる籠箱どもに入れさせ給ふ。中にも，「かはむしの心深きさましたるこそ心にくけれ。」とて，明け暮れは耳はさみをして，手のうらにそへふせて，まぼり給ふ。若き人々は，怖ぢまどひければ，男の童の者怖ぢせず，いふかひなきを召しよせて，箱の虫どもを取らせ，名を問ひ聞き，いま新しきには，名をつけて，興じ給ふ。「人はすべて，つくろふ所あるはわろし。」とて，眉さらに抜き給はず，歯黒めさらに，「うるさし，きたなし。」とてつけ給はず，いと白らかに笑みつつ，この虫どもを朝，夕に愛し給ふ。人々，怖ぢわびて逃ぐれば，その御方は，いとあやしくなむののしりける。かく怖づる人をば，「けしからず，凡俗なり。」とて，いと眉黒にてなむ睨み給ひけるに，いとど心地なむまどひける。

本文の内容に合うものは次のうちどれか。

① 大納言の姫君は蝶が大好きだった。
② 大納言の姫君は身だしなみには人一倍気を使った。
③ 大納言の姫君の両親は早くに亡くなり，姫君は祖父母に育てられた。
④ 女の使用人たちは，皆実家に帰ってしまった。
⑤ 大納言の姫君は，虫が変化する様子に興味をもっていた。

No.5

(解答▶P.13)

次の文章をよく読み，後の問に答えよ。

にくきもの。急ぐことあるをりに来て，長言(ながごと)するまらうど。あなづりやすき人ならば，「後に。」とてもやりつべけれど，さすがに心恥づかしき人，いと[A]にくくむつかし。硯(すずり)に髪の入りてすられたる。また，墨の中に，石のきしきしときしみ鳴りたる。

にはかにわづらふ人のあるに，験者(げんざ)求むるに，例ある所にはなくて，ほかにたづねありくほど，いと待ち遠に久しきに，からうじて待ちつけて，喜びながら加持(かぢ)せさするに，このごろ物(もの)の怪(け)にあづかりて困(こう)じにけるにや，ゐるままにすなはちねぶり声なる，いと[B]にくし。

なでふことなき人の，笑(ゑ)がちにてものいたう言ひたる。火桶(ひおけ)の火，炭櫃などに，手の裏うち返しうち返し，押し延(の)べなどしてあぶりをる者。いつか若やかなる人など，さはしたりし。老いばみたる者こそ，火桶のはたに足をさえもたげて，もの言ふままに押しすりなどはすらめ。さやうの者は，人のもとに来て，ゐむとする所を，まづ扇してこなたかなたあふぎ散らして，塵掃(ちりは)き捨て，ゐもさだまらずひろめきて，狩衣の前巻き入れてもゐるべし。かかることは，いふかひなきもののきはにやと思へど，少しよろしきものの式部の大夫(たいふ)など言ひしがせしなり。

また酒飲みてあめき，口をさぐり，ひげあるものはそれをなで，さかづき異人(ことひと)にとらするほどの気色，いみじう[C]にくしと見ゆ。また，「飲め。」と言ふなるべし，身震ひをし，かしら振り，口わきをさへひきたれて，童(わらは)べの，「こふ殿に参りて。」などうたふやうにする，それはしも，まことによき人のし給ひしを見しかば，心づきなしと思ふなり。

傍線部A～C「にくし」の具体的感情として，最も適当な組合せは次のうちどれか。

ア　悔しい　　イ　ねたましい　　ウ　不誠実だ
エ　みっともない　　オ　粗暴だ　　カ　困惑する

	A	B	C
①	エ	ウ	ア
②	イ	オ	ア
③	カ	ウ	エ
④	カ	イ	オ
⑤	ウ	オ	エ

No.6

(解答▸P.13)

本文の内容に合わないものは次のうちどれか。

「奥山に猫またといふものありて，人を食らふなる。」と，人のいひけるに，「山ならねども，これらにも，猫の経上がりて，猫またになりて，人とる事はあなるものを。」と言ふ者ありけるを，何阿弥陀仏とかや，連歌しける法師の，行願寺のほとりにありけるが，聞きて，ひとりありかん身は，心すべきことにこそと思ひけるころしも，ある所にて夜更くるまで連歌して，ただひとり帰りけるに，小川の端にて，音に聞きし猫また，あやまたず足許へふと寄り来て，やがてかきつくままに，首のほどを食はんとす。肝心も失せて，防がんとするに力もなく，足も立たず，小川へ転び入りて，「助けよや，猫また，よやよや。」と叫べば，家々より，松どもともして走り寄りて見れば，このわたりに見知れる僧なり。「こは如何に。」とて，川の中より抱き起こしたれば，連歌の賜物とりて，扇・小箱など懐に持ちたりけるも，水に入りぬ。希有にして助かりたるさまにて，這ふ這ふ家に入りにけり。飼ひける犬の，暗けれど主を知りて，飛びつきたりけるとぞ。

① 法師は一人で歩いていた。
② 法師は猫またに襲われたが，飼い犬に助けられた。
③ 法師は連歌の賞品をだいなしにしてしまった。
④ 法師の家のまわりでも猫またの噂が流れていた。
⑤ 法師の犬は飼い主によくなついていた。

No.7

(解答▸P.13)

本文の主題として，最も適当なものは次のうちどれか。

むかし，男ありけり。身はいやしながら，母なむ宮なりける。その母，長岡といふ所にすみ給ひけり。子は京に宮仕へしければ，まうづとしけれど，しばしばえまうでず。ひとつ子にさへありければ，いとかなしうし給ひけり。さるに，十二月ばかりに，とみのこととて御文あり。おどろきて見れば歌あり。

老いぬればさらぬ別れのありといへばいよいよ見まくほしき君かなかの子，いたううち泣きてよめる。

世の中にさらぬ別れのなくもがな千代もといのる人の子のため

① 母子の報恩
② 母子の野心
③ 母子の情愛
④ 母子の悲哀
⑤ 母子の情熱

No.8

（解答 ▸ P.14）

世間の男（をのこ），貴なるも賤しきも，いかでこのかぐや姫を得てしがな，見てしがなと，音に聞きめでてまどふ。その辺りの垣にも，家の門にも，をる人だにたはやすく見るまじきものを，夜は安きいも寝ず，闇の夜に出でて，穴をくじり，かいばみまどひあへり。さる時よりなむ，よばひとは言ひける。

人のものともせぬ所にまどひ歩（ある）けども，なにの験（しるし）あるべくも見えず，家の人どもに物をだに言はむとて，言ひかかれどもこともせず。あたりを離れぬ君達（きんだち），夜を明かし日を暮らす，多かり。おろかなる人は，「用なき歩きは，よしなかりけり」とて，来ずなりにけり。

その中になほ言ひけるは，色好みといはるるかぎり五人，思ひやむ時なく夜昼来けり。文を書きてやれど，返りごとせず。わび歌など書きておこすれども，かひなしと思へど，霜月師走の降り凍り，水無月の照りはたたくにも障（さは）らず来たり。

傍線部で表現されていることとして，最も適当なものは次のうちどれか。

① 霜月から水無月までという，時の長さ。
② 一途な思いに少しも応えようとしない，かぐや姫の薄情さ。
③ 無駄とはわかっていながら試してみる男たちの軽薄さ。
④ ばかばかしいことをしている男たちへの，作者の嘲笑。
⑤ かぐや姫のために暑さ寒さもいとわない，求婚者たちの熱意。

No.9

（解答 ▸ P.14）

むかし，男ありけり。東の五条わたりに，いと忍びていきけり。みそかなる所なれば，門(かど)よりもえ入らで，わらはべの踏みあけたる築土(ついひぢ)の崩れより通ひけり。人しげくもあらねど，たび重なりければ，あるじ聞きつけて，その通ひ路に，夜ごとに人をすゑて守らせければ，行けどもえ会はで帰りけり。さてよめる。

人知れぬわが通ひ路の関守はよひよひごとにうちも寝ななむ

とよめりければ，いといたう心やみけり。あるじ許してけり。

本文の話の主旨として，最も適当なものは次のうちどれか。

① 恋路を絶たれた男の嘆きも，娘を思う親には十分に伝わらないものだ。
② 女が，男の気持ちを素直に受け入れられるようになったのも歌のおかげなのだ。
③ 歌というものが，時と場合によっては人を傷つけることもあるのだ。
④ いつの世にも，どんなに当人達が愛し合っていても成就しない恋があるものだ。
⑤ 歌は人の心を動かし，感動を与え，自分の望みさえもかなえさせるものだ。

No.10

（解答 ▸ P.15）

横川(よかは)の恵心僧都(そうづ)の妹，安養の尼もとに，強盗(がうだう)に入りにけり。ものどもみな取りて出でにければ，尼うへは，紙ぶすまといふ物ばかり負ひ着て居られたりけるに，姉なる尼のもとに，小尼公(こあまぎみ)とてありけるが，はしりまゐりて見ければ，小袖をひとつ取り落としたりけるを取りて，「これを盗人取り落として侍りけり。たてまつれ」とて，もちて来たりければ，尼うへの言はれけるは，「これも取りて後は，わが物とこそ思ひつらめ。ぬしの心ゆかざらむ物をば，いかが着ける。盗人はいまだ遠くはよもゆかじ。とくとくもちておはしまして，取らさせ給へ」とありければ，門のかたへ走りいでて，「やや」と呼び返して，「これを落とされにけり。たしかにたてまつらむ」と言ひければ，盗人ども立ちどまりて，しばし案じたるけしきにて，「<u>あしくまゐりにけり</u>」とて，取りたりける物どもをも，さながら返しおきて帰りにけりとなむ。

傍線部のように盗人が思った理由として，最も適当なものは次のうちどれか。

① 尼うへと小尼公の貧しい生活を憐れんだから。
② 尼うへの清廉潔白な人柄に感動したから。
③ 小尼公のあまりに機敏な反応に驚いたから。
④ 尼うへの人間離れした行動を気味悪がったから。
⑤ 尼うへが有名な恵心僧都の妹だと分かったから。

No.11

（解答▸P.15）

成長する程に，武勇の心猛くして，弓矢の道，人に優れたりければ，兼遠，妻に語りけるは，「この冠者君，幼きより手習ひして，学問をもし，法師になして，まことの父母の孝養をもせさせ，我等が後生をもとぶらはせんと思ひしに，心賢々しければ，様ありと思ひて，男になしたり。誰が教へたる事なけれども，弓矢を取りたる姿のよさよ。力も，頃の人には過ぎたり。馬にもしたたかに乗り，空とぶ鳥，地を走る獣，矢所にまゐるもの，射外す事なし。かち立ち，馬の上の風情，まことに天の授けたるわざなり。酒盛りなどして，人もてなし遊ぶ有り様も，悪しからず。さるべき人の娘がな。言ひ合はせんと思ふに，さすが無下なるはいかが」とためらひけり。ある時，この冠者，「今はいつを期すべしとも覚へず。身の盛りなる時，京に上りて，公家の見参にも入りて，先祖の敵，平家を討ちて，世を取らばや」と言ひければ，兼遠，うち笑ひて，「そのためにこそ，我殿をばこれ程までには養育したりけれ」とぞ言ひける。

この文章の「兼遠」は，「冠者」にどのような思いをもっているのか。最も適当なものは次のうちどれか。

① 空を飛ぶ鳥や地を走る獣などを手当たり次第に弓矢で殺すような，なんとも末恐ろしい，とんでもないやつよ。

② 弓矢のわざを天から授かった，しかも学問もできる有能な男であるのでこの父母の孝養をさせたいものだ。

③ 学問に優れ，力もその年頃の者よりも強い。できればこの子の親の敵，平家を討たせてやりたいものだ。

④ 平家の支配するこの世の中で，学問も弓矢も優れたこの子は，きっと平家に仇なすやっかいな存在だ。

⑤ 馬に乗っている風情といい，酒盛りのもてなしぶりといい，良い男なので，しかるべき娘と結婚させたいなあ。

No.12

（解答 ▸ P.15）

この文を書いた人物のいいたかったこととして，最も適当なものは次のうちどれか。

今宵の雨に立ちぬれつつ，宿りがてら押し入りたるに，我ともの盗みして，夜にはひ隠るるはことわりなるものの，かうまで貧しくておはさんと思いがけずぞありし。銭金のあらぬのみかは，米だに一升だもあらで，あすの煙は何をたよりにとや。外の家にて取りたる物だにあらば得させんを，我が手のむなしきはあるじが幸ひなきなり。歌はすきて詠むにや，ほととぎす待ち顔なることを，書きをもはらで寝たるよ。

　深き夜の雨にまどへる忍び音を

我，これにつづけん。

　やよほととぎすふた声は鳴け

忍び音と詠めるこそ，我夜に隠れてあぶれ歩くをいふよ。昔はかかる遊びを，庭の教へにて習ひしが，酒といふ悪しき友にいざなはれて，よからぬをこ業して，あやしき命をけふばかりはと逃れ歩くぞ。

① 雨宿りがてら，この家に盗みにはいったが，取る物がないほど貧乏だ。これは，酒という悪い友とこの家のあるじが付き合った結果だろう。

② 取るものがない貧乏な家だが，これは歌を愛するこの家の主人の人柄が出ている結果なのだ。だから，何も取らずに出ていこう。

③ この貧乏なあるじの書いた歌に続きをつけた。ほととぎすの忍び音とは，人の道を外れた自分のことだ。今日だけは自分の身の上を忘れられたよ。

④ 雨宿りにこの家に入ったが，自分の悪い癖で盗みまでやってしまった。ほととぎすの忍び音とは，音を立てまいとする今の自分のようだなあ。

⑤ 雨宿りにはいったが，盗むものもないこの家のあるじが，ほととぎすを待っているような顔で寝ている。なんとものんきな人だ。

No.13

（解答▶P.16）

木の花は，濃きも薄きも紅梅。桜は，花びら大きに葉の色濃きが，枝細くて咲きたる。藤の花は，しなひ長く，色濃く咲きたる，いとめでたし。

四月のつごもり，五月の朔日の頃ほひ，橘の葉の濃く青きに，花のいと白う咲きたるが，雨うち降りたるつとめてなどは，世になう心あるさまにをかし。花の中より黄金の玉かと見えて，いみじう鮮やかに見えたるなど，朝露にぬれたる朝ぼらけの桜に劣らず。ほととぎすのよすがとさへ思へばにや，なほさらにいふべうもあらず。

梨の花，よにすさまじきものにして，近うもてなさず，はかなき文つけなどだにせず。愛敬おくれたる人の顔などを見ては，たとひにいふも，げに，葉の色よりはじめて，あいなく見ゆるを，唐土には限りなきものにて，ふみにも作る，なほさりともやうあらむと，せめて見れば，花びらの端に，をかしきにほひこそ，心もとなうつきためれ。

上の文で筆者がいいたかったこととして，最も適当なものは次のうちどれか。

① 木の花は梅，桜，藤などがよいが，橘は葉の色が濃くて青く，白い花が咲くのであまりよくない。また，梨は興ざめなものとしてその色合いなどがよくないのがやはりだめだ。

② 木の花は梅，桜はよいが，藤，橘，梨はよくない。特に，橘は葉の色が青過ぎてよくないし，梨はもともと興ざめなものとして，さほど美しくない人の顔に例えられるほどよくないものだ。

③ 木の花は梅，桜，藤などは定番すぎてよくないが，橘は白い花から見える朝露などは桜にも勝って美しい。また，梨は興ざめとされるが，中国などでもほめられるように，意外と美しい。

④ 木の花は梅，桜，藤などがよい。他にも橘は雨が降った早朝に見ると美しく，梨は本来興ざめとされるが，中国でほめられるのもわかるほどに，色合いが何ともいえず美しい。

⑤ 木の花は梅，桜，藤などはよくない。逆に，葉の色が濃い橘は白い花が美しいし，本来興ざめな梨は，よくよく見るとその花びらの色合いが何ともいえず美しいものである。

No.14

（解答▸P.16）

さて年ごろふるほどに，女，親なく，たよりなくなるままに，もろともにいふかひなくてあらむやはとて，河内の国，高安の郡に，行き通ふ所いできにけり。さりけれど，このもとの女，あしと思へるけしきもなくて，いだしやりたれば，男，異心ありてかかるにやあらむと思ひ疑ひて，前栽の中に隠れゐて，河内へいぬる顔にて見れば，この女，いとようけさうじて，うちながめて，

風吹けば沖つ白波たつた山夜半にや君がひとり越ゆらむ

とよみけるを聞きて，限りなくかなしと思ひて，河内へも行かずなりにけり。

上の文の内容として，最も適当なものは次のうちどれか。

① 女と暮らして年数がたち，浮気を始めた男は，ある日出ていくふりをしてその様子をのぞいたら，だらしない姿で他の男のことを思う歌を詠んでいたので，女のいる河内には二度と行かなくなった。

② 年ごろになった女は，親がなくなり生活のよりどころがなくなったので，男はこの女と暮らすのがいやになり，河内の国の他の女の所に通うようになり，女の男を思う歌も，男には伝わらなかった。

③ 河内の国の女の所に行くことを何も言わないことを怪しんだ男は，出ていくふりをしてのぞいてみると，女が化粧をして男の身を案じる歌を詠んでいるのを聞き，いとおしくなって，河内に行くのをやめた。

④ 女と暮らしていた男は，浮気して河内の国に通うようになったが，女の親がなくなって，女は自分しか頼る人がいないと歌を詠んだので，男はたまらなく悲しくなって，河内に通うのをやめた。

⑤ 男は浮気者で，女の親がなくなったのをいいことに，河内に新しい女をつくって通うようになり，女は男を引き止めようと化粧をして男を思う恋の歌を詠んだが，男にはその思いが伝わらなかった。

No.15

（解答 ▸ P.17）

この男，生まれつきて吝きにあらず。万事の取りまはし，人の鑑にもなりぬべき願ひ，かほどの身代まで，年とる宿に餅つかず。忙はしき時の人使ひ，諸道具の取りおきもやかましきとて，これも利勘にて，大仏の前へあつらへ，一貫目につき何ほどと極めける。十二月二十八日のあけぼの，急ぎて荷ひ連れ，藤屋店に並べ，「受け取り給へ」と言ふ。餅はつきたての好もしく，春めきて見えける。旦那は聞かぬ顔してそろばん置きしに，餅屋は時分がらに暇を惜しみ，いくだびかことわりて，才覚らしき若い者，杠斤の目りんと受け取って帰しぬ。

一時ばかり過ぎて，「今の餅受け取ったか」と言へば，「はや渡りて帰りぬ」「この家に奉公するほどにもなき者ぞ。ぬくもりのさめぬを受け取りしことよ」と，また目をかけしに，思いのほかに減のたつこと，手代，我を折って，食ひもせぬ餅に口をあきける。

この文で，主人が若い者に対して怒った理由として，最も適当なものは次のうちどれか。

① つきたての餅を受け取り，後で目方が減っていたから。
② 一貫目の餅を分量を間違えて受け取っていたから。
③ 手をわずらわせないように餅屋に餅を頼んだから。
④ さめた餅を受け取ったことで餅の分量を間違えたから。
⑤ 大仏の前にお供えするのにあたたかい餅を受け取ってしまったから。

No.16

（解答▸P.17）

九月ばかり，夜一夜降り明かしつる雨の，けさはやみて，朝日いとけざやかにさしいでたるに，前栽の露こぼるばかり濡れかかりたるも，いとをかし。透垣の羅文，軒の上に，かいたる蜘蛛の巣のこぼれ残りたるに，雨のかかりたるが，白き玉を貫きたるやうなるこそ，いみじうあはれにをかしけれ。

すこし日たけぬれば，萩などのいと重げなるに，露の落つるに枝のうち動きて，人も手ふれぬに，ふと上ざまへあがりたるも，いみじうをかし，といひたることどもの，人の心はつゆをかしからじと思ふこそ，またをかしけれ。

この文章の内容として最も適当なものは，次のうちどれか。

① 九月ごろの雨がやんだ翌朝の朝日がまぶしすぎるのはいかがなものか。
② 九月ごろの雨がやんだ翌朝の庭の植え込みの露に朝日がかかると，とても趣深い。
③ 九月ごろは蜘蛛の巣などに雨がふりかかって破れてしまい，たいそう哀れである。
④ 九月ごろ日が高くなり，萩などにたまっていた露がはねあがっていくのもおもしろい。
⑤ 九月ごろのこのような趣深いことを私が言っても，他の人には理解できまい。

No.17

（解答▶P.17）

次の文の内容として，最も適当なものは次のうちどれか。

さて冬枯れのけしきこそ，秋にはをさをさおとるまじけれ。汀の草に紅葉の散りとどまりて，露いと白うおける朝，遣り水より煙のたつこそをかしけれ。年の暮れはてて，人ごとにいそぎあへるころぞ，またなくあはれなる。すさまじきものにして見るひともなき月の，寒けく澄める二十日あまりの空こそ，心ぼそきものなれ。御仏名，荷前の使いひ立つなどぞ，あはれにやんごとなき。公事どもしげく，春のいそぎにとり重ねて，もよほし行はるるさまぞ，いみじきや。追儺より四方拝につづくこそ，おもしろけれ。つごもりの夜，いたう暗きに，松どもともして，夜半過ぐるまで，人の門たたき走りありきて，何事にかあらん，ことごとしくののしりて，足を空にまどふが，暁がたより，さすがに音なくなりぬるこそ，年のなごりも心ぼそけれ。亡き人の来る夜とて，魂祭るわざは，このごろ都にはなきを，東のかたのは，なほすることにてありしこそ，あはれなりしか。かくて明けゆく空のけしき，昨日にかはりたりとは見えねど，ひきかへめづらしき心地ぞする。大路のさま，松立てわたして，はなやかにうれしげなるこそ，またあはれなれ。

① 冬の景色は秋にくらべるとさびしいものだ。
② 霜の降りた朝に遣り水から水蒸気がたちのぼるのは趣がある。
③ 二十日過ぎの見る人のない殺風景な空も意外におもしろい。
④ 大晦日の夜人々が走り回るのはうるさくてかなわない。
⑤ 年末に亡き人の魂を祭る行事が関東ではなくなったのは残念だ。

No.18

（解答 ▸ P.17）

次の文で，薩摩守が俊成卿に頼んだものとして最も適当なのは，次のうちどれか。

薩摩守のたまひけるは，「年ごろ申し承って後，おろかならぬ御事に思ひ参らせ候へども，この二，三年は，京都の騒ぎ，国々の乱れ，しかしながら当家の身の上のことに候ふあひだ，疎略を存ぜずといへども，常に参り寄ることも候はず。君すでに都をいでさせ給ひぬ。一門の運命はや尽き候ひぬ。撰者のあるべきよし承り候ひしかば，生涯の面目に，一言なりとも御恩をかうぶらうと存じて候ひしに，やがて世の乱れいできて，その沙汰なく候ふ条，ただ一身の嘆きと存ずるで候ふ。世静まり候ひなば，勅撰の御沙汰候はんずらん。これに候ふ巻物の中に，さりぬべき物候はば，一首なりとも御恩をかうぶつて，草の陰にても嬉しと存じ候はば，遠き御守りでこそ候はんずれ」とて，日ごろよみ置かれたる歌どもの中に，秀歌とおぼしきを百余首書き集められたる巻物を，今はとてうち立てられける時，これを取つて持たれたりしが，鎧の引き合わせよりとりいでて，俊成卿に奉る。

① 戦乱に明け暮れる世の中で自分の一族の安全の保証をすること。
② 和歌集の撰者として自分を推薦すること。
③ 君主への恩返しとして自分の消息を知らせること。
④ 自分が詠んだ歌を次の勅撰和歌集に入れること。
⑤ 勅撰和歌集制作のための巻物を預かること。

No.19

（解答 ▸ P.18）

延喜の，世間の作法したため給ひしかど過差をばえしづめさせ給はざりしに，この殿，制を破りたる御装束の事のほかにめでたきをして，内にまゐり給ひて，殿上にさぶらはせ給ふを，帝，御覧じて御気色いとあしくならせ給ひて，職事を召して，「世間の過差の制きびしき頃，左の大臣の，一の人といひながら，美髭ことのほかにてまゐれる，便なきことなり。はやくまかり出づべきよし仰せよ」と仰せられければ，うけたまはる職事は，「いかなることにか」とおそれ思ひけれど，まゐりて，わななくわななく，しかじかと申しければ，いみじくおどろき，かしこまりうけたまはりて，御随身のみ先まゐるも制し給ひて，急ぎまかり出で給へば，御前どもあやしと思ひけり。さて，本院の御門一月ばかり鎖させて，御簾の外にも出で給はず。人などのまゐるにも，「勘当の重ければ」とて，あはせ給はざりしにこそ，世の過差はたひらぎたりしか。内々によくうけたまはりしかば，さてばかりぞしづまらむとて，帝と御心あはせさせ給へりけるとぞ。

この文章で，この殿（藤原時平）は「帝と御心あはせて」何をしたのか。最も適当なものは，次のうちどれか。

① 華麗な衣装を着て帝の前に参上し世の中に貴族の美しさを証明した。
② 帝にわざとしかられるようなことをしてお仕えする宮中の者の忠誠心を試した。
③ 派手な装束でわざとおとがめを受けて世のぜいたくの風潮を正した。
④ 帝のご機嫌をとるふりをして宮中の者が早く退出できるようにした。
⑤ わざと家にとじこもって世間のあわただしさをおさえようとした。

No.20

（解答 ▸ P.18）

次の文は「五代帝王物語」の一節である。承久の乱で勝利を収めた鎌倉幕府は，後鳥羽，土御門，順徳の三上皇を配流，新たに後堀河天皇の即位を実現した。その後，病気で後堀河天皇が譲位，その子四条天皇が即位する。この四条天皇がわずか十二歳で他界してしまう。以下は，その知らせを受けた幕府が処遇を決め京に使いを出す場面である。

さて関東へ早馬立てて馳せ下りたれば，泰時はをりふし酒宴して遊びけるに，かかる御事と聞きて，ものは言はずについ立ちて，障子はたと立てて内へ入りて，こはいかがせむずる，泰時，運すでに極まりたり，このことを計らひ申さずして，京都の御沙汰ならば，散々のこと出で来ぬべし，計らひ申さむとせば，小量の身あるべきことにあらず，進退極まりたりとて，三日三夜寝食を忘れて案じけるが，何ともあれ，土御門の御末をこそとは心中に思ひけれども，所詮神明の御計らひに任ずべしとて，若宮社へ参りてくじをとりたりけるに，土御門の宮ととりたれば，さればこそ愚意の案ずるところ相違なしと思ひて，やがて城介義景を使にて，そのよしを申しけるほどに，何の岩屋とかやより義景馳せ帰りければ，またいかなる勝事の出で来たるやらむとて，泰時さわぎけるに，義景申しけるは，「もしすでに京都の御計らひにて，順徳院の宮つかせ給ひたらばいかがあるべき」と申しけるを，泰時返す返す感じて，「このことを申し落としたりける。わ殿をのぼするはかやうのことのためなり。いみじく問ひたり。何でふ子細あるまじ。もしさる御事あらば，おろしまゐらすべし」と申し含めけり。

ここで，泰時（北条泰時，鎌倉幕府執権）はどのような処遇を考えたのか。最も適当なものは，次のうちどれか。

① 何事も朝廷のお計らいに従うべきと判断し，順徳院の血筋を後継に立てるべきだと考えた。
② ここで何もしなければ幕府にとってよくないと判断し，順徳院の血筋を後継に立てるべきと考えた。
③ ここで余計な手出しはしないほうがよいと判断し，土御門院の血筋を後継に立てるべきだと考えた。
④ 幕府にとってよくないことが起こらぬようにと判断し，土御門の血筋を後継に立てるべきだと考えた。
⑤ このことについては朝廷に従うべきだと判断し，順徳院の血筋を後継に立てるべきだと考えた。

No.21

（解答▶P.19）

下の文章の傍線部について，誰の心と誰の心が同じだと想像しているのか。最も適当なものは，次のうちどれか。

如月の二十日あまりの月とともに，都を出で侍べれば，何となく捨て果てにし住みかながらも，またと思ふべき世の習ひかはと思ふより，袖の涙もいまさら，宿る月さへ濡るる顔にやとまで覚ゆるに，われながら心弱く覚えつつ，逢坂（おうさか）の関と聞けば，「宮も藁屋も果てしなく」と詠（なが）め過ぐしけむ蝉丸（せみまる）の住みかも跡だになく，関の清水に宿るわが面影は，出で立つ足もとよりうち始め，ならはぬ旅のよそほひ，いとあはれにて，やすらはるるに，いと盛りと見ゆる桜の，ただ一本あるも，これさへ見捨てがたきに，田舎人（ゐなかびと）と見ゆるが，馬の上四，五人，きたなげならぬが，またこの花のもとにやすらふも，<u>同じ心にや</u>と覚えて，

行く人の心をとむる桜かな花や関守（せきもり）逢坂の山

など思ひつづけて，鏡の宿といふ所にも着きぬ。

① 筆者と蝉丸
② 筆者と田舎人
③ 筆者と花
④ 田舎人と花
⑤ 筆者と関守

No.22

（解答 ▸ P.19）

本文の内容と合致するものは次のうちどれか。

この夜，深更におよびて，介抱侍りける呑舟を召されて，硯の音のからからと聞こえければ，いかなる消息にやと思ふに，

病中吟

旅に病んで夢は枯野をかけめぐる　　翁

その後，支考を召して，「『なほかけめぐる夢心』といふ句作りあり。いづれをか」と申されしに，その五文字はいかに承り候はんと申せば，いとむつかしきことに侍らんと思ひて，「この句，なにか劣り候はん」と答へけるなり。いかなる不思議の五文字か侍らん。いまはほいなし。

みづから申されけるは，「はた生死の転変を前に置きながら，発句すべきわざにもあらねど，よのつねこの道に心をこめて，年もやや半百に過ぎたれば，いねては朝雲暮烟の間をかけり，さめては山水野鳥の声におどろく。これを仏の妄執と戒め給へる，ただちに今の身の上に覚え侍るなり。この後はただ生前の俳諧を忘れんのみと思ふは」とかへすがへす悔やみ申されしなり。

① 芭蕉は俳諧の事が忘れられないのは仏の言う妄執であって，いけない事だと考えている。
② 芭蕉は俳諧にかけた人生を誇りながらも，今はただ仏の導きに従おうと考えている。
③ 芭蕉は死の床にあっても自分の後を弟子にまかせる事が不安である。
④ 支考は「なほかけめぐる夢心」の句の上の五文字が特によいと考えている。
⑤ 支考は師の俳諧を受け継いでゆく固い決意をしている。

No.23

(解答▸P.20)

下の文章の傍線部のように思ったこととして，最も適当なものは次のうちどれか。

東山の麓，鹿(しし)の谷といふ所は，うしろは三井寺(みゐでら)につづいて，ゆゆしき城郭にてぞありける。俊寛僧都(しゅんくわんそうづ)の山荘あり。かれに常は寄り合ひ寄り合ひ，平家滅ぼさむずるはかりごとをぞめぐらしける。ある時，法皇も御幸なる。故少納言入道信西(しんぜい)が子息浄憲法印お供仕る。その夜の酒宴に，この由を浄憲法印に仰せあはせられければ，「あなあさまし。人あまた承り候ひぬ。ただ今漏れ聞こえて，天下の大事に及び候ひなんず」と，大きに騒ぎ申しければ，新大納言けしき変はりて，ざつと立たれけるが，御前に候ひける瓶子(へいじ)を，狩衣の袖にかけて引き倒されたりけるを，法皇，「あれはいかに」と仰せければ，大納言立ち帰って，「平氏倒れ候ひぬ」とぞ申されける。法皇笑壺にいらせおはしまして，「者ども参つて猿楽つかまつれ」と仰せければ，平判官康頼参りて，「あら，あまりに平氏のおほう候ふに，もて酔ひて候ふ」と申す。俊寛僧都，「さてそれをばいかが仕らむずる」と申されければ，西光法師，「首をとるにしかじ」とて，瓶子のくびをとつてぞ入りにける。浄憲法印のあまりのあさましさに，つやつや物も申されず。かへすがへすもおそろしかりし事どもなり。

① 首を取る真似などして，戦を待ち望んでいるから。
② 平家をからかって，恨みをかうような事をしているから。
③ 酒宴の余興に平気で殺人を犯すような殺伐とした集まりであったから。
④ 酒宴の盛り上がりにまかせて平家を倒す相談をしているから。
⑤ 酒宴の場で謀反を起こすなどという大それた相談をしているから。

No.24

（解答▶P.20）

下の文章の傍線部について，

A　登蓮法師は何を秘蔵したのか。

B　その行為に何がうかがわれるか。

A，Bの解答の組合せとして，最も適当なものは次のうちどれか。

雨の降りける日，ある人の許（もと）に思ふどちさし集まりて，古き事など語り出でたりけるついでに，「ますほの薄（すすき）といふはいかなる薄ぞ」といひしろふ程に，ある老人のいはく，「渡辺（わたなべ）といふ所にこそ，この事知りたる聖はありと聞き侍りしか」とおろおろいひ出でたりけるを，登蓮法師その中にありて，この事を聞きて言葉少なになりて，又問ふこともなく，主（あるじ）に「蓑（みの）・笠（かさ）しばし貸したべ」といひければ，怪しと思ひながら取り出でたりけるに，物語をも聞きさして，蓑うち着，藁沓（わらぐつ）さし履きて急ぎ出でけるを，人々怪しがりてその故を問ふに，「渡辺にまかるなり。年比（としごろ）いぶかしく思ひ給へしことを知れる人ありと聞きて，いかでか尋ねにまからざらん」といふ。驚きながら，「さるにても雨やみて出で給へ」と諫めけれど，「いで，はかなき事をものたまふかな。命は我も人も，雨の晴れ間などを待つべきものかは。何事も今静かに」とばかりいひ捨てていにけり。いみじかりける数寄者（すきもの）なり。さて本意のごとく尋ね合ひて問ひ聞きて，いみじう秘蔵しけり。

	A	B
①	主の蓑・笠	僧侶の生活態度
②	「ますほの薄」についての秘伝	登蓮法師の生きた時代の風潮
③	すき者としての精神	「すき者」といわれる一部の人々の生活信条
④	自分の命	当時の人々の人生観
⑤	昔の物語	登蓮法師の個人的性格

No.25

（解答▶P.20）

次の文の末尾の（　　　）には比喩的表現が入るが，最も適当なものはどれか。

世に従はん人は，まづ機嫌を知るべし。ついで悪（あ）しき事は，人の耳にもさかひ，心にもたがひて，その事成らず。さやうの折節を心得べきなり。ただし，病をうけ，子うみ，死ぬる事のみ，機嫌をはからず。ついで悪しとてやむことなし。生・住・異・滅の移りかはる，実の大事は，たけき河のみなぎりながるるがごとし。しばしもとどこほらず，ただちに行ひゆくものなり。されば，真俗につけて，かならず果たし遂げんと思はん事は，機嫌をいふべからず。とかくのもよひなく，足を踏みとどむまじきなり。春暮れてのち夏になり，夏果てて秋の来るにはあらず。春はやがて夏の気をもよほし，夏よりすでに秋はかよひ，秋はすなはち寒くなり，十月は小春の天気，草も青くなり，梅もつぼみぬ。木の葉の落つるも，まづ落ちて芽ぐむにはあらず。下よりきざしつはるに堪へずして落つるなり。迎ふる気，下に設けたるゆゑに，待ちとるついではなはだはやし。生・老・病・死の移り来る事，またこれに過ぎたり。四季はなほ定まれるついであり。死期はついでを待たず。死は前よりしも来らず，かねて後に迫れり。人皆死ある事を知りて，待つこと，しかも急ならざるに，覚えずして来る。（　　　　　　　　）

① 秋の日の西にかたぶくがごとし
② いみじき法師の山に向かふがごとし
③ たなごころの上のものを見んがごとし
④ こぎゆく舟の波にただよふがごとし
⑤ 沖の干潟はるかなれども磯より潮の満つるがごとし

No.26

（解答 ▸ P.21）

傍線部は誰のどのような様子を表しているか。最も適当なものは次のうちどれか。

白河院の御時，九重の塔の金物を，牛の皮にて作れりといふこと，世に聞えて，修理したる人，定綱朝臣（さだつなのあそん），ことにあふべき由（よし），聞えたり。仏師なにがしといふもの召して，「たしかに，まこと，そらごとを見て，ありのままに奏せよ」と仰せられければ，承りて，上（のぼ）りけるを，なからのほどより，帰り下りて，涙を流して色を失ひて，「身のあればこそ，君にも仕へ奉れ。肝心（きもごころ）失せて，黒白見分くべき心地も侍らず」といひもやらず，わななきけり。君，聞こしめして，笑はせ給ひて，ことなる沙汰（さた）なくて，やみにけり。

時人，いみじきをこのためしにいひけるを，顕隆卿（あきたかきょう）聞きて，「こやつは必ず冥加（みょうが）あるべきものなり。人の扉蒙（かうむ）るべきことの，罪を知りて，みづから，をこのものとなれる，やんごとなき思ひはかりなり」とぞほめられける。

まことに久しく君に仕へ奉りて，ことなかりけり。

① 定綱が牛の皮で九重の塔を作った人の話をしたこと。

② 仏師が高いところを怖がって，真偽を見わけることもできず震えていたこと。

③ 仏師が牛の皮を使って修理したように疑われるようなことをしたこと。

④ 白河院が仏師の情けない様子をお笑いになったこと。

⑤ 白河院が牛の皮で修理したのではないかと疑ったこと。

No.27

（解答▶P.21）

傍線部の理由として，最も適当なものは次のうちどれか。

中興の近江の介がむすめ，もののけにわづらひて，浄蔵大徳を験者にしけるほどに，人とかく言ひけり。なほしもはたあらざりけり。忍びてあり経て，「人のもの言ひなどもうたてあり。なほ世に経じ」と思ひ言ひてうせにけり。鞍馬（くらま）といふ所に籠（こ）もりて，いみじう行ひをり。さすがにいと恋しうおぼえけり。京を思ひやりつつ，よろづのこといとあはれにおぼえて行ひけり。泣く泣くうち臥して，かたはらを見ければ，文なむ見えける。「なぞの文ぞ」と思ひて取りて見れば，このわが思ふ人の文なり。書けることは，

墨染めのくらまの山に入る人はたどるたどるも帰り来ななむ

と書けり。いとあやしく，「誰しておこせつらむ」と思ひをり。持て来べきたよりもおぼえず。いとあやしかりければ，またひとりまどひ来にけり。かくて，また山に入りにけり。さて，おこせたりける。

からくして思ひ忘るる恋しさをうたて鳴きつる鶯（うぐひす）の声

返し，

さても君忘れけりかし鶯の鳴く折のみや思ひ出づべき

となむ言へりける。この女は，になくかしづきて，親王たち・上達部よばひ給へど，帝に奉らむとて，あはせざりけれど，このこと出で来にければ，親も見ずなりにけり。

① 娘を大切に思って育ててきたのに，浄蔵とともに娘が出家してしまい，もう二度と会えないので，鶯の声にも涙を流すばかりだから。

② 娘が，物の怪を祓ってもらった浄蔵を愛してしまい，和歌を贈り続けて親のことには見向きもしなくなってしまったから。

③ 娘が出家したことを娘からのたよりで知り，足を踏み入れることもできないような鞍馬山に籠もっていることを哀れに思ったから。

④ 娘が思い続けた浄蔵ではなく，帝のもとに后として差し上げたことを，親としてかわいそうに思い後悔したから。

⑤ 娘を帝の后にと思って，親王や上達部の求婚を退けてまで大切に育ててきたのに，浄蔵との仲が知れ渡り，親の気持ちを裏切ったから。

No.28

（解答 ▸ P.22）

次の文は『和泉式部日記』の冒頭部分である。後の問いに答えよ。

夢よりもはかなき世の中を嘆きわびつつ明かし暮らすほどに，四月十余日にもなりぬれば，木の下暗がりもてゆく。築地のうへの草あをやかなるも，人はことに目もとどめぬを，あはれとながむるほどに，近き透垣のもとに人のけはひすれば，誰ならむとおもふほどに，※故宮にさぶらひし小舎人童なりけり。あはれにもののおぼゆるほどに来たれば，「などか久しく見えざりつる。遠ざかる昔のなごりにも思ふを」など言はすれば，「そのこととさぶらはでは馴れ馴れしきさまにやとつつましうさぶらふうちに，日ごろ山寺にまかり歩きてなむ。いとたよりなくつれづれに思ひたまへらるれば，御かはりにも見たてまつらむとてなむ※帥宮に参りてさぶらふ」と語る。

（注）　※　故宮：為尊親王。冷泉天皇の第三皇子でこの前年に亡くなった。
　　　　※　帥宮：敦道親王。冷泉天皇の第四皇子。

傍線部について，誰がどのように思うのか。最も適当なものは次のうちどれか。

① 和泉式部が，亡くなった宮のことを思いながらも親交を続けて馴れ馴れしくするのは気が引けると思っている。
② 和泉式部が，亡くなった宮のために山寺に出向き修行をすることを秘かにしたいと思っている。
③ 小舎人童が，これといった用もないのに馴れ馴れしく和泉式部の邸を訪ねることを遠慮している。
④ 小舎人童が，お仕えする方がいなくなってすることもなく退屈に思っている。
⑤ 帥宮が，これといった用もないのに馴れ馴れしく和泉式部の邸を訪ねることを遠慮している。

No.29

(解答▶P.22)

次の文章は『枕草子』「なほめでたきこと」の章段の一部で，石清水八幡宮臨時の祭りの日，還立の舞（社前で舞った舞人が再度宮中で舞うこと）が話題となっている部分である。

「八幡の臨時の祭りの日，名残こそいとつれづれなれ。などかへりて又舞ふわざをせざりけん。さらばをかしからまし。禄をえてうしろよりまかづるこそ口をしけれ」などいふを，上のおまへにきこしめして，「舞はせん」と仰せらる。「まことにやさぶらふらむ。さらばいかにめでたからむ」など申す。うれしがりて宮のおまへにも，「なほそれ舞はせさせ給へと申させたまへ」などあつまりて啓しまどひしかば，そのたびかへりて舞ひしは，いみじううれしかりしものかな。さしもやあらざらむと，うちたゆみたる舞人，御前にめすときこえたるに，物にあたるばかりさわぐもいとど物ぐるほし。下にある人々のまどひのぼるさまこそ，人の従者，殿上人などみるも知らず，裳を頭にうちかづきてのぼるを笑ふもをかし。

傍線部の解釈として，最も妥当なものはどれか。

① 禄を得て退出することは嬉しくないことがあろうか，いや大変有り難いことだ。
② 中宮がおっしゃったことではあるはずがない。
③ 中宮にはそれほど珍しいことではあるまい。
④ 舞人がゆったりくつろいでいることはないだろうか。
⑤ まさかもう一度舞うことはあるまい。

No.30

（解答 ▸ P.22）

次の文の内容と合致するものとして，最も妥当なものはどれか。

むかし，惟喬の親王と申す親王おはしましけり。山崎のあなたに，水無瀬といふ所に宮ありけり。年ごとの桜の花ざかりには，その宮へなむおはしましける。その時右馬頭なりける人を，常にゐておはしましけり。時世へて久しくなりにければ，その人の名忘れにけり。狩りはねむごろにもせで，酒を飲みつつ，やまと歌にかかれりけり。いま狩りする交野の渚の家，その院の桜ことにおもしろし。その木の下におりゐて，枝を折りてかざしにさして，上中下みな歌よみけり。馬頭なりける人のよめる。

世の中に絶えて桜のなかりせば春の心はのどけからまし

となむよみたりける。また人の歌，

散ればこそいとど桜はめでたけれ憂き世になにか久しかるべき

とて，その木の下は立ちてかへるに，日暮れになりぬ。

① 「親王」と「馬頭」は毎年桜の時期には水無瀬での狩りに熱中していた。
② 渚の院の桜を題に「親王」と「馬頭」の二人だけが和歌を詠んだ。
③ 「親王」は桜が全くなければ桜の散るのを心配せずに済むのにと詠んでいる。
④ 「親王」はつらいこの世に桜だけが心をのどかにさせると考えている。
⑤ 「馬頭なりける人」と「また人」の桜に対する意見は分かれた。

No.31

（解答 ▶ P.23）

次の文の内容と合致するものとして，最も妥当なものはどれか。

さて，いけめいてくぼまり，みづつけるところあり。ほとりにまつもありき。いつとせ，むとせのうちに，千とせやすぎにけん。かたへはなくなりにけり。いまおひたるぞまじれる。おほかたのみな，あれにたれば，「あはれ。」とぞ，ひとびといふ。おもひいでぬことなく，おもひこひしきがうちに，このいへにてうまれしをんなごの，もろともにかへらねば，いかがはかなしき。ふなびともみな，子たかりて，のゝしる。かかるうちに，なほかなしきにたへずして，ひそかにこゝろしれるひとといへりけるうた，

むまれしもかへらぬものをわがやどにこまつのあるをみるがかなしさ

とぞいへる。

① 小松を見ることで亡くなった娘を思い出し悲しんでいる。
② 10 年も離れていた我が家は荒れ果ててしまっている。
③ 庭の手入れの行き届いた様子に人々は感心した。
④ 船員はひどい庭の様子を見て，留守を預けていた人のことを悪くいっている。
⑤ 今は離れて暮らしている娘のことを思い出し涙を流している。

No.32

（解答 ▶ P.23）

次の文の傍線部の口語訳として，最も妥当なものはどれか。

今は昔，中納言藤原忠輔といふ人ありけり。この人常に仰ぎて空を見るやうにてのみありければ，世の人，これを仰ぎ中納言とぞ付けたりける。

しかるに，その人の，右中弁にて殿上人にてありける時に，小一条の左大将済時と云ひける人，内に参り給へりけるに，この右中弁に会ひぬ。大将，右中弁の仰ぎたるを見て，戯れて，「只今天には何事か侍る」と云はれければ，右中弁かく云はれて，少し攀縁おこりければ，「只今天には大将を犯す星なむ現じたる」と答へければ，大将すこぶるはしたなく思はれけれども，戯れなればえ腹立たずして，苦笑ひてやみにけり。その後大将いくばくの程を経ずして失せ給ひけり。されば，この戯れの言のするにや，とぞ中弁思ひ合はせける。

① 大将は少し不安に思われたが，冗談なのでそれほど腹を立てることもなく，
② 大将はひどくきまり悪く思われたが，冗談なので怒ることもできず，
③ 大将は余りにも意地悪く思われたが，冗談なのでそれほど腹を立てることもなく，
④ 大将は少し失礼なことだと思ったが，冗談なので怒ることもできず，
⑤ 大将はみっともないことだと気づいたが，冗談なのであまり腹を立てず，

No.33

（解答▸P.23）

次の下線部の和歌の解釈として，最も妥当なものはどれか。

「いとをかしうあはれに侍りし事は，この天暦の御時に，清涼殿の御前の梅の木の枯れたりしかば，求めさせたまひしに，何がし主の蔵人にて在すがりし時，承はりて，『若き者どもは，え見知らじ。きむぢ求めよ』とのたまひしかば，一京まかりありきしかども，侍らざりしに，西の京のそこそこなる家に，色濃く咲きたる木の様態美しきが侍りしを，掘り取りしかば，家主の，『木に，これ結ひ付けて持て参れ』と言はせたまひしかば，『あるやうこそは』とて，持て参りさぶらひしを，『何ぞ』とて御覧じければ，女の手にて書きて侍りける。

勅なればいとも畏し鶯の宿はと問はばいかが答へむ

とありけるに，怪しくおぼしめして，『何者の家ぞ』と尋ねさせたまひければ，貫之の主の御娘の住む所なりけり。『遺恨のわざをもしたりけるかな』とて，甘えおはしましける。重木，今生の辱号はこれや侍りけむ。さるは，『思ふやうなる木持て参りたり』とて，衣被けられたりしも，辛くなりにき」とて，こまやかに笑ふ。

① 帝のご命令なのでたいそう困ったことです。鶯の宿はどこかと私が尋ねたら，あなたはどのように答えますか。

② 帝のご命令ですのでたいそう恐れ多いことですが，鶯が自分の宿はどこですかと尋ねたら私はどのように答えたらよいでしょうか。

③ 帝のご命令ですがたいそう恐ろしいことです。鶯の宿がどこかと尋ねられても私にはどこにあるか分かりません。

④ 帝のご命令ですのでたいそう恐れ多いことですが，私は鶯の宿のことは知りませんので答えられません。

⑤ 帝のご命令なのでたいそう賢明な事です。鶯の宿はどこかと尋ねたらどんなに上手に答えられるでしょう。

No.34

（解答▶P.24）

次の古文の下線部ア～ウの主語を組み合わせたものとして正しいものはどれか。

むかし，あてなる男ありけり。その男のもとなりける人を，内記にありける藤原の敏行といふ人，よばひけり。されどまだ若ければ，文もをさをさしからず，言葉もいひ知らず，いはむや<u>歌はよまざりければ</u>[ア]，かのあるじなる人，案を書きて，かかせてやりけり。<u>めでまどひにけり</u>[イ]。さて男のよめる。

つれづれのながめにまさる涙川袖のみひぢて逢ふよしもなし

返し，例の男，女にかはりて，

浅みこそ袖はひづらめ涙川身さへながると聞かばたのまむ

といへりければ，男，いといたうめでて，いままで巻きて文箱に入れてありとなむいふなる。

男，ふみおこせたり。得てのちの事なりけり。「雨の降りぬべきになむ見わづらひ侍る。身さいはひあらば，この雨は降らじ」といへりければ，例の男，女にかはりてよみやらす。

かずかずに思ひ思はず問ひがたみ身を知る雨は降りぞまされる

とよみてやれりければ，蓑も笠もとりあへで，しとどにぬれて<u>まどひきにけり</u>[ウ]。

	ア	イ	ウ
①	例の男	あてなる男	あてなる男
②	あてなる男	男のもとなりける人	あるじなる人
③	藤原敏行	あるじなる人	例の男
④	男のもとなりける人	藤原敏行	藤原敏行
⑤	あるじなる人	例の男	男のもとなりける人

No.35

（解答 ▶ P.24）

次の古文の内容と合致するものとして，最も妥当なものはどれか。

花は盛りに，月は隈なきをのみ見るものかは。雨に対(むか)ひて月を恋ひ，垂れこめて春の行方知らぬも，なほあはれに情け深し。咲きぬべきほどの梢，散りしをれたる庭などこそ見どころ多けれ。歌の詞書きにも，「花見にまかれりけるに，早く散り過ぎにければ」とも，「障ることありてまからで」なども書けるは，「花を見て」といへるに劣れることかは，花の散り，月の傾くを慕ふ習ひはさることなれど，殊にかたくななる人ぞ，「この枝かの枝散りにけり。今は見どころなし」などは言ふめる。

① 桜の花は盛りの頃に，月は満月だけを美しいとしてみるべきものである。
② 雨の日の月や雲がたれ込めた春は趣がなく残念である。
③ 桜の花が散ることや月が傾くことは惜しむほどのことでもない。
④ 四季それぞれの花の美しさを楽しめることは素晴らしい。
⑤ 風流を解さない人こそが桜が散ってしまうと「もう散ってしまったので見どころはない」というようである。

No.36

（解答 ▶ P.25）

次のＡ～Ｅの文について，古文の内容と合致するものを組み合わせたものとして最も妥当なものはどれか。

同じ人の説の，こゝとかしことゆきちがひて，ひとしからざるは，いづれによるべきぞと，まどはしくて，大かた其の人の説，すべてうきたるこゝちのせらるゝ，そは一わたりはさることなれども，なほさしもあらず。はじめより終はりまで，説のかはれることなきは，中々にをかしからぬかたもあるぞかし。はじめに定めおきつる事の，ほどへて後に，又ことなるよき考への出来るは，つねにある事なれば，はじめとかはれることあるこそよけれ。年をへてがくもすゝみゆけば，説は必ずかはらでかなはず。又おのがはじめの誤りを，後にしりながらは，つつみかくさで，きよく改めたるも，いとよき事なり。

Ａ　考えが変わることはあるものなので，一度示した事とは異なってもよい考えがあれば改める方がよい。
Ｂ　最初から最後まで説が変わらない人の方が信用できる。
Ｃ　自分の考えの誤りに気づいたら隠さず潔く改める方がよい。
Ｄ　同じ人の説に矛盾があると惑わしいが，それは理解する側がよく見わける事が必要だ。
Ｅ　学問を進めていけば説は深められ，必ず確固とした不変のものになっていくものだ。

① ＢとＤ　② ＡとＣ　③ ＢとＤとＥ
④ ＡとＣとＤ　⑤ ＡとＣとＥ

No.37

（解答 ▸ P.25）

次の古文の内容と合致するものとして，最も妥当なものはどれか。

人はかたち有様のすぐれたらむこそ，あらまほしかるべけれ。ものうち言ひたる，聞きにくからず，愛敬ありて，詞多からぬこそ，あかずむかはまほしけれ。めでたしと見る人の，心おとりせらるゝ本性見えむこそ，口をしかるべけれ。

① 人は姿形が美しくありたいと誰しも望むものだ。

② 外見だけで人を判断してはならない。

③ 人間の本性はなかなかわからないものだが愛嬌があって言葉少ない人は大体いい人である。

④ 素晴らしいと思っていた人がつまらないおしゃべりで本性が見えてしまうのは残念なことだ。

⑤ 向かい合っていつまでも話していたいと思う人は少ないものだが，人からそう思われるよう努力すべきだ。

No.38

（解答▸P.25）

次の文の要旨として，最も妥当なものはどれか。

五月雨晴れ間なき夜にほととぎすや訪るると，軒の雫を数ふるとはなしに起き居つるを，いつのまにうまいしにけり。短夜なれば明けはなれたり。いぎたなき目をすりつつ見れば，南の遣戸は鎖さでぞおきし。明かり障子さへ暇細う開きたり。よくも風引かざりしとて，やをら開け放ちてみれば，いとあやし，簀の子の上に人の足の跡の泥に染みて所々付きたるを，猶見めぐらすれば，我が枕辺，後辺にも，あまたいみじく染み付きたり。鬼の来たりしにやと胸うち騒がれて，と見かう見，いづかたよりにやと，ほどなき庭を見やりたれば，築垣の土こぼれて，童のふみあけたるばかりなるままに，雨に掘り漂はされて，にはたづみに流れ合ひたる。こは盗人や入りつ。庵ながら奪ひもて去るとも惜しからぬを，命得させしこそ嬉しけれと，漸く心落ち居ぬ。柳葛籠の一つあるを開けて，なれ衣一重二重あばき散らしつつ，物はありやとさぐりつらん。これ取りて行かざりしぞ，かへりては恥あることに覚ゆ。何も何もありしままなるは，彼にだにあなづらるる事のいと口惜し。

① 五月雨続きの夜に，ほととぎすのかわりに盗人が訪れた。鬼ではなく，人だったので物をとられはしたものの，少し安心してしまう自分が，なんともくやしいとおもわずにはいられなかった。

② 五月雨の晴れない夜に，雨の雫を数えながらほととぎすが来ないかなあと思っていたら，鬼は出るわ，盗人は来るわ。築垣はこわされて，足跡で家は汚れて，それはもうひどい目にあった。

③ 五月雨の闇夜のなか，ほととぎすを待って寝てしまった。盗人が入ったようだが，取られた物は何もない。きっと，鬼におどろいて逃げていったのだろうと，盗人のくやしそうな顔が目に浮かぶ。

④ 五月雨の闇夜のなかで，ほととぎすではなく盗人が入ってきたらしい。自分の命が助かってほっとしたが，何も取らずに出ていったことには，盗人にばかにされたようでかえってくやしい。

⑤ 五月雨続きの夜は，ほととぎすさえも来ないというのに盗人が現れた。取るものなどなにもないこの家に入ってくるとは，よほど闇夜の鬼を恐れてのことなのだろうか。

No.39 （解答▶P.26）

日もいと長きに，つれづれなれば，夕暮れのいたうかすみたるに紛れて，かの小柴垣のもとに立ちいて給ふ。人々は帰し給ひて，惟光の朝臣と，のぞき給へば，ただこの西面にしも，持仏据ゑたてまつりて行ふ，尼なりけり。簾少し上げて，花奉るめり。中の柱に寄りゐて，脇息の上に経を置きて，いと悩ましげに読みゐたる尼君，ただ人と見えず。四十あまりばかりにて，いと白うあてに，やせたれど，つらつきふくらかに，まみのほど，髪の美しげにそがれたる末も，なかなか長きよりもこよなう今めかしきものかなと，あはれに見給ふ。清げなるおとな二人ばかり，さては童べぞ出で入り遊ぶ。中に，十ばかりにやあらむと見えて，白き衣，山吹などのなれたる着て，走り来たる女子，あまた見えつる子供に似るべうもあらず，いみじく，おひ先見えて，美しげなるかたちなり。

この文の内容と合致するものとして，最も妥当なものはどれか。

① 光源氏は惟光の朝臣とともに退屈しのぎに寺へでかけた。
② 中にいる四十すぎほどの女は尼のような暮らしをする普通の人だった。
③ 尼君は色が白くやせていて髪は長くきれいに切り揃えられていた。
④ 尼君の他には清楚な感じの大人の女性が十人ほどいた。
⑤ 多く見えている子供たちの中にひときわかわいらしい女の子がいた。

No.40

（解答▶P.26）

次の文の内容と合致するものとして，最も妥当なものはどれか。

宮[※]にはじめてまゐりたるころ，物のはづかしきことの数知らず，涙も落ちぬべければ，夜々（よるよる）まゐりて，三尺の御几帳の後にさぶらふに，絵など取り出でて見せさせたまふを，手にてもえさし出づまじう，わりなし。「これはとあり，かかり。それか，かれか」などのたまはす。高坏（たかつき）にまゐらせたる御殿油なれば，髪の筋（すぢ）なども，なかなか昼よりも顕証に見えてまばゆけれど，念じて，見などす。いとつめたきころなれば，さし出でさせたまへる御手のはつかに見ゆるが，いみじうにほひたる薄紅梅（うすこうばい）なるは，限りなくめでたしと，見知らぬ里人心地には，「かかる人こそは，世におはしましけれ」と驚かるるまでぞまもりまゐらする。

（注）　※　宮：中宮定子の御殿。登花殿。

① 宮仕えの初めの頃，宮は毎晩筆者と絵を批評し合いなさった。

② 宮仕えの初めの頃，宮と筆者は夜には明かりを灯し，念仏を唱えた。

③ 筆者は宮仕えの初めの頃は，恥ずかしいことが多く心細く，よく涙を流していた。

④ 筆者は，袖からかすかに見えた宮の手の薄紅梅の香りをたいそう素晴らしいと思った。

⑤ 宮を訪れた田舎の人は「このような方がいるのだ」と宮を感心して眺めた。

No.41

（解答 ▸ P.27）

次の文の内容と合致するものとして，最も妥当なものはどれか。

この里の比治の山の頂に井あり。その名を真奈井といふ。今はすでに沼となれり。この井に天女八人降り来て水を浴みき。時に，老夫老婦あり。その名を和奈佐の老夫・和奈佐の老婦といふ。この老夫等，この井に至りて，ひそかに天女ひとりの衣を取りかくしき。やがて衣ある者はみな天に飛び上り，ただ，衣なき女ひとり留まりて，身は水に隠してひとり恥ぢ居りき。ここに老夫，天女にいひけらく，「吾は児なし。請ふらくは，天女，汝，児となりまさらむ。」といひき。天女，答へけらく，「吾ひとり人の世に留まりぬ。何ぞあへて従はざらむ。請ふらくは衣を許したまへ。」といひき。老夫，「天女，何ぞ欺かむと思ふや。」といへば，天女のいひけらく，「すべて天人の志は，信を以ちて本となす。何ぞ疑ひ多くして，衣を許さざる。」といひき。老夫答へけらく，「疑ひ多く信なきは人の世の常なり。故，この心を以ちて許さじとなすのみ。」といひき。つひに許して相副へて家にゆきて，すなはち相住むこと十余歳なりき。

ここに天女，よく醸酒をつくりき。一杯を飲めば，よく万の病いゆ。その一杯の直の財は，車に積みて送りき。時にその家豊かに，土形富めり。故，土形の里といひき。

① 老夫婦が真奈井の泉を通りかかると，天女が水浴びをしており，その美しさを見て自分の娘にしたいと思った。

② 天女八人のうちの一人が衣をなくして，天に帰れなかったので，通りかかった老夫婦に娘にならせてくれて頼んだ。

③ 天女八人が水浴びをしていたところへ老夫婦が通りかかり，天女の衣を隠し，娘にしようとしたが，逃げられた。

④ 天女の衣を隠した老夫婦は，自分の娘になってくれと言い，娘になった天女の作る酒を売って大もうけをした。

⑤ 衣を隠されて天に帰れなくなった天女は，酒を造って売っていた老夫婦に自分を娘にしてくれと頼んだ。

第3章 漢文の内容把握

No.1

（解答 ▸ P.27）

この詩に表されている作者の心情として妥当なのは，次のうちどれか。

送ル二友人ヲ一

青山横タハリ二北郭ニ一
白水遶ル二東城ヲ一
此ノ地一タビ為シレ別レヲ
孤蓬万里ニ征ゆク
浮雲遊子ノ意
落日故人ノ情
揮ふるヒテレ手ヲ自リレ茲ここ去レバ
蕭蕭トシテ班馬鳴ク

① 望郷
② 自由
③ 絶望
④ 惜別
⑤ 孤独

No.2

（解答▶P.27）

君自リ二故郷一来タル
応ニシレ知ル二故郷ノ事ヲ一
来日綺窓ノ前
寒梅著ケシヤレ花ヲ未ダシヤ

君故郷より来たる
応に故郷の事を知るべし
来日綺窓の前
寒梅花を著けしや未だしや

盛唐の詩人王維の詩である。この詩の主題は何か。

① 帰郷
② 旅愁
③ 望郷
④ 懐古
⑤ 悲哀

No.3

（解答▶P.27）

この詩に表されている作者の心情として妥当なのは，次のうちどれか。

旅夜書懐

細草微風岸　危檣独夜舟

星垂平野闊　月湧大江流

名豈文章著　官応老病休

飄飄何所似　天地一沙鷗

① 望郷

② 自由

③ 絶望

④ 惜別

⑤ 孤独

No.4

（解答▸P.28）

この作品の主題として，最も適当なものは次のうちどれか。

涼州詞　王翰

葡萄美酒夜光杯
欲飲琵琶馬上催
酔臥沙場君莫笑
古来征戦幾人回

① 悲壮　② 落胆　③ 狂喜　④ 驚嘆　⑤ 自由

No.5

（解答▸P.28）

登鸛鵲楼

白日依山尽
黄河入海流
欲窮千里目
更上一層楼

漢詩の内容に最も合うものは，次のうちどれか。

① 雄大なる自然と，その自然に畏怖（いふ）の念を抱く作者の姿を描いている。
② 雄大なる自然と，その自然に魅せられてゆく作者の姿を描いている。
③ 雄大なる自然と，深まりゆく旅愁を対照的に描いている。
④ 雄大なる自然と，無常な人間関係を対照的に描いている。
⑤ 雄大なる自然と，作者の孤独を対照的に描いている。

No.6

（解答▶P.28）

漢詩の鑑賞として，最もふさわしいものは次のうちどれか。

江雪

千山鳥飛ブコト絶エ
万径人蹤滅ス
孤舟蓑(さ)笠(りふ)ノ翁
独リ釣ル寒江ノ雪

① 厳しい自然の中に生きる人間のたくましい生命力が感じられる。
② 厳しい自然の中で生きる意味を見いだせた魂の喜びが感じられる。
③ 厳しい自然の中での孤独感と故郷を思う気持ちが感じられる。
④ 厳しい自然に生きざるを得ない己の境遇への絶望感が感じられる。
⑤ 厳しい自然の中での孤独感と静寂さを楽しむ高雅さが感じられる。

No.7

（解答▶P.28）

この詩の主題として，最も適当なものは次のうちどれか。

磧中作

走馬西来欲到天

辞家見月両回円

今夜不知何処宿

平沙万里絶人煙

① 砂漠にたどり着いた喜び。

② 砂漠の広さへの驚き。

③ 砂漠を旅する心細さ。

④ 戦いに臨む心の高揚。

⑤ 戦いへの憧れ。

No.8

（解答▶P.29）

この詩の主題として，最も適当なものは次のうちどれか。

太祖馬鞍在庫、而為鼠所齧。庫吏懼
必死、議欲面縛首罪、猶懼不免。沖謂曰、
「待三日中、然後自帰。」沖於是以刀穿単
衣、如鼠齧者、謬為失意、貌有愁色。太祖
問之。沖對曰、「世俗以為、鼠齧衣者、其主
不吉。今単衣見齧。是以憂戚。」太祖曰、「此
妄言耳。無所苦也」。俄而庫吏以齧鞍聞。
太祖笑曰、「児衣在側尚齧。況鞍懸柱乎。」
一無所問。

（注）○太祖…曹操

① 曹操の寛容と度量の大きさ。

② 世間一般の無責任なうわさ。

③ 曹沖の仁愛に満ちた人柄。

④ 庫吏の利己的な謀略。

⑤ 曹操の暴君ぶり。

No.9

（解答▸P.29）

楚人有渉江者。其剣自舟中墜於水。
遽刻其舟曰、「是吾剣之所従墜。」舟止。
従其所刻者、入水求之。舟已行矣。而
剣不行。求剣若此、不亦惑乎。

この寓話によって，筆者が述べようとしたこととして最も ふさわしいものは，次のうちどれか。

① 政治家は有能な人でないと人々の失笑を買ってしまうということ。
② 政治とは，一寸先は闇であり，次に何が起こるか分からないということ。
③ 政治を行う上で大切なことは，決断の時期を逃さないことであるということ。
④ 政治は，移り変わってゆく時世にあった方法で行うべきであるということ。
⑤ 政治は，どんなミスでも絶対に取り返しがつかないものであるということ。

No.10

（解答▸P.29）

下の詩の内容と一致するものはどれか。

国破レテ山河在リ
城春ニシテ草木深シ
感ジテハレ時ニ花ニモ濺ギレ涙ヲ
恨ンデハレ別レヲ鳥ニモ驚カスレ心ヲ
烽火連ナリ二三月ニ一
家書抵ル二万金ニ一
白頭掻ケバ更ニ短カク
渾ベテ欲スレ不ラントレ勝ヘレ簪ニ

① 戦争が終わって，うららかな春を楽しんでいる。
② 戦争に負けても，春は同じように巡り心をいやしてくれる。
③ 戦争の続く中で，花鳥を見てさえ心を痛めている。
④ 戦争に負けて，のどかなはずの春景色にさえ心が痛む。
⑤ 戦争の続く中でも，春景色だけは万人の心を慰めてくれる。

No.11

(解答▶P.30)

ある有力者(鉅公)は，客人を招き，その子どもに学問を教えさせた。しかし，なかなか教えが進まず，客人はその役目を辞退しようとした。以下はその後の二人のやりとりである。

鉅公覚之、置酒、汎引自昔
名流後嗣類不振、且曰、「名
者、古今美器、造物者深吝
之。前人取之多、後人豈
応復得。」
士人解悟、其跡遂安。

本文の内容として，最も適当と思われるものは次のうちどれか。

① 鉅公は酒盛りをして客人をもてなし，うまくいかないことはいまにはじまったことではないと言い，客人の願いを聞き入れた。そして客人は鉅公のもとを去ったのである。

② 鉅公は酒の席で，名流の後継が振るわなかった例を挙げ，先人の得たことを我々が得られぬはずはないとさとした。これより後，客人の教えに子どもがついてこれるようになった。

③ 鉅公は酒席をもうけ，ざっくばらんに話をし，うまくいかないこともあるのだからと客人を励ました。しかし，名流の後継と同じく，客人の教育はうまくいかなかった。

④ 鉅公は酒を置いて，客人に名流の後継がうまくいかなかった例を挙げ，我が子にはそうならぬようにと叱った。その後客人は教育をさらに進め，いくらかましになった。

⑤ 鉅公は酒盛りの好きな客人に対し，名流の後継がうまくいかなかった例を挙げ，客人もその類いだとなじった。これに怒った客人は，子どもの教育をやめて，去っていった。

No.12

（解答▸P.30）

呉興の僧昼と，蘇州の偉応物という二人の詩人がいた。昼は，律詩（新体詩）が巧みであり，偉は古体詩を得意としていた。ある時昼は偉と会う機会があり，詩体の違う古体詩を作り偉に贈ったが，これが不評だった。そこで昼は過去の自分の詩を書き写して贈った。すると，偉はこれに抑揚をつけて高らかに朗詠した。以下はその後の二人のやりとりである。

因語昼云、「師幾失声名。
何不但以所工見投、而猥
希老夫之意。人各有所得、
非卒能致。」
昼大伏其鑑別之精。

偉は，昼に対して，どのような事をいいたかったのか。その内容として，最も適当なものは次のうちどれか。

① あなたは古体の詩を自分流にしか解釈しようとしていない。だから古くからある詩をもってくることしかできないのだ。

② あなたは得意とする形があるのに，どうしてそこを変えようとしないのか。古体の詩はあなたに何も与えない。

③ あなたはまだ若いのに，どうしてこの老いぼれの言うことがきけないのか。そんなことでは古体の詩は理解できない。

④ あなたの詩は新しい形でこそその良さがある。なぜ，その形を変えようとするのか。私になどあわせる必要はない。

⑤ あなたは古体詩はすぐれているのに，どうして過去の秀作にこだわるのか。それほどに新しい物を否定することはない。

No.13

（解答 ▸ P.30）

次の漢文の要旨として，最も適当なものは次のうちどれか。

典家塾難其人。
厳則利於子弟
而不能久、狎則
利於己、而負其
父兄之託。

① 私塾をひらき教えることは難しい。厳しくすれば子弟にとってはためになるが，ついてこない。優しくすれば自分にはよいが，子弟の父兄の期待にこたえられなくなる。

② 私塾をひらくことはその人を気難しくする。厳しい人ならば子弟のためにもなる。だが，優しい人の場合は子弟の父兄の期待が重くのしかかってしまい，たえられなくなる。

③ 私塾とはその教えによって人を気難しくする。厳しい人は子弟のためと思ってより気難しくなる。優しい人は子弟の父兄の期待にこたえようと無理をしてしまう。

④ 私塾とは気難しくなるようなことを教えるものだ。厳しく教えればそれは子弟のためになる。優しく教えれば，子弟の父兄の期待にもこたえられようというものだ。

⑤ 私塾をひらくということはそう難しいことではない。厳しくすれば子弟のためになる。優しくすれば，子弟のみならずその父兄の期待にもこたえられるものである。

No.14

（解答▸P.30）

末尾の一文の内容と合致するものとして，最も妥当なのはどれか。

告子曰、性猶湍水也。決諸東方、則東流、決諸西方、則西流。人性之無分於善不善也、猶水之無分於東西也。孟子曰、水信無分於東西、無分於上下乎。人性之善也、猶水之就下也。人無有不善、水無有不下。今夫水、搏而躍之、可使過顙、激而行之、可使在山。是豈水之性哉。其勢則然也。人之可使為不善、其性亦猶是也。

（注）○湍水…ぐるぐると渦巻いて流れる水。　○搏…手で強くたたくこと。
○顙…額。　○激…せき止める。

① 人間が他者から不善をおこなわれることがあるのは，本人の性質によるものであり，水が低いところへと流れていくのと同じである。

② 人間が善行を成すことができないのは，その性質が水と同じで他からの影響を受けやすいからであり，人間の本質は悪である。

③ 人間が善を行うべきなのは，水と同じで，他者からの影響という勢いによって人間は変わっていくものであるからだ。

④ 人間が時として相手に不善を行わせるのは，どちらも不善の性質を持っているからである。

⑤ 人間が時として不善を行うのは，その本性が水と同様に，外から加えられた勢いに動かされるためである。

No.15

（解答 ▸ P.31）

次の漢詩を読んで，空欄に入る語句として適当なのは，次のうちどれか。

春夜喜ブレ雨ヲ

好雨知リ二時節ヲ一　当リテレ春ニ乃チ発生ス
随ヒテレ風ニ潜カニ入リレ夜ニ　潤（うるほ）シテレ物ヲ細ヤカニシテ無シレ声（聲）
野径雲倶ニ黒シ　江船火［　　］
暁ニ看レバ二紅ノ湿フ処ヲ一　花ハ重カラン二錦官城ニ一

（注）○好雨…やわらかい雨。
○江船…川に停泊中の船。
○錦官城…町の名前。
○野径…野の小みち。
○紅湿…花が雨に洗われ赤い。

① 共ニ淡シ
② 皆赤シ
③ 独リ明ラカナリ
④ 唯ダ微カナリ
⑤ 寂シク光ル

No.16

（解答▶P.31）

次の文章中の傍線部「先づ隗従り始めよ」の解釈として，最も適切なものはどれか。

昭王招賢者。隗曰、「古之君、
有以千金使涓人求千里馬者。
買死馬骨五百金而返。君怒。
涓人曰、『死馬且買之。況生者乎。
馬今至矣。』不期年、千里馬至者三。
今、王必欲致士、先従隗始。
況賢於隗者、豈遠千里哉。」
於是、昭王為隗改築宮、師事之。
於是、士争趨燕。

（注）○昭王…戦国時代の燕の昭王。
○隗…昭王の家臣、郭隗。
○涓人…王の側近の召使。

① すぐれた馬を買い入れるには，召使いではなく自分のような家臣に一任するのがよい。
② すぐれた人間を呼ぶには，どんな安物でも高価で買い取る余裕を人に見せるのがよい。
③ すぐれた人物を招くには，自分のような平凡な者を優遇することから始めるのがよい。
④ すぐれた馬を手に入れるには，自分のようにかけひきのうまい者にまかせるのがよい。
⑤ すぐれた人物を集めるには，自分のような秀才を出世させることから始めるのがよい。

No.17

（解答▸P.32）

次の文章に書かれている葉公と孔子の考え方について，最も適切なものは次のうちどれか。

葉公語孔子曰、「吾党有直躬者。
其父攘羊、而子証之。」孔子曰、
「吾党之直者異於是。父為子隠、
子為父隠。直在其中矣。」

（注）○直躬といふ者…正直者で躬という名の男。

① 葉公と孔子は，いずれも親子の情を捨てがたいと考えながらも，やはり法に従う行為のほうが正直な行為と考えている。

② 孔子と葉公は，いずれも法を遵守することの大切さを思いながらも，やはり自然の人情に従うほうが正直な行為と考えている。

③ 葉公と孔子は，法を守る行為も親子の人情を大切にする行為も，いずれも捨てがたいものとし，両方とも正直な行為と考えている。

④ 葉公はうそをつかない正直者を第一と考えているのに対し，孔子はどんなことがあって親にそむかない親孝行を第一と考えている。

⑤ 葉公は人情を無視しても法を守るほうが正直者の行為と考えるのに対し，孔子は親子の情という自然の人情に従うほうが正直者の行為だと考えている。

No.18

(解答▸P.32)

次の詩は，左遷され司馬という閑職にある作者が，その心境をうたったものである。主題として，最も適切なものは次のうちどれか。

日高ク睡リ足リテ猶ホ慵(ものう)シレ起クルニ　小閣ニ重ネテレ衾ヲ不レ怕レ寒ヲ
遺愛寺ノ鐘ハ欹テテレ枕ヲ聴キ　香炉峰ノ雪ハ撥ゲテレ簾ヲ看ル
匡廬ハ便チ是レ逃ルルノレ名ヲ地　司馬ハ仍ホ為リ二送ルノレ老ヲ官一
心泰ク身寧キハ是レ帰スル処　故郷何ゾ独リ在ルノミナランヤ二長安ニ一

(注)　○匡廬(きょうろ)…景勝地盧山の別名。香炉峰はその北峰である。

① 都で詩文に親しみつつ役人生活を送ろうという夢も破れて，嘆き悲しむ心境。

② 現在の自分の境遇に満足し，世俗の名利を離れて悠々自適の生活を送る心境。

③ 浮き沈みは宮仕えのつねと割りきり，来たるべき我の世の春をじっと待つ心境。

④ 表面は平静を装いながらも，今回の冷たい処遇に対し憤まんやる方ない心境。

⑤ 懐かしい故郷を思い続けてきたが，結局はすべて徒労に終わったとあきらめる心境。

第４章 空欄補充

No.1

（解答 ▸ P.33）

文中の空欄Ａ～Ｃに入る語句の組合せとして，最も適切なものはどれか。

辻占とは辻に立って往来の人々の話し声に耳を傾ける，たまたま耳に飛び込んできた（　Ａ　）に神意を占う，ことだという。刻限は日暮れとされていたらしい。目に見えぬ神々が辻に往来する。あるいは，群衆そのものに神霊が宿る，というような（　Ｂ　）なのだろうか。

それはともかく，辻占の本来の姿がそういうものだとしたら，われわれは今でものべつ辻占をやっている。世間に対する感じ方考え方，そして振る舞いの多くを，無意識のうちに辻占に影響されている。

あの日，どうしてあんな行動を取ったのだろう，どうしてあんなふうに思いこんだのだろう，とあとになって自分で理解に苦しんで，前後のことをよくよく思い出してみたら，駅の構内を通り抜けるときにふと耳にはさんだ赤の他人の言葉に，その声の或る響きに，物の感じ方を知らず識らずに呪縛されていたことに気がついて，自分の精神のはかなさに（　Ｃ　）とさせられることがある。

	A	B	C
①	森羅万象	俗言	騒然
②	片言隻句	迷信	憤然
③	一言一句	迷信	厳然
④	片言隻句	俗信	憮然
⑤	一言一句	迷信	憤然

No.2

（解答 ▸ P.33）

文中の空欄Ａ～Ｃに入る語句の組合せとして，最も適切なものはどれか。

人間は一生のうちにさまざまな体験をするが，時々，これはすばらしいと心を打たれ，その貴重な体験をいつまでも忘れないために，なんらかの形で残しておきたいと願うことがある。絵画や彫刻や文学などの芸術も，そこから生まれた。文学という芸術に属する俳句は，いろいろな体験のエッセンスをさらに［　A　］して表現する，世界で最も短い詩である。

ところで，俳句には約束事がある。それは「［　B　］」といわれるもので，有季とは季節を示す言葉（季語）を一句の中に詠み込むことであり，この季語を集めたものが「歳時記」である。定型とは，五七五の音数（またはそれに準じた音数）をもつ合計十七音の形のことである。この約束を守ることによって，かえって俳句には無限の豊かさが生まれる。

しかし，どの芸術も［　C　］ではなく，それぞれ得手不得手がある。俳句にも，俳句に適した内容と，そうでない内容とがあり，長編小説のような複雑な内容などは，とうてい盛り込めない。それにもかかわらず，俳句が短さの中に豊かで深い叙情や思想を湛（たた）えることができることは，上にみてきたとおりである。

	A	B	C
①	圧縮	自由律	有能
②	凝縮	有季定型	万能
③	縮小	花鳥諷詠	全能
④	短縮	有季定型	万般
⑤	凝縮	短詩形	全般

No.3

（解答▶P.33）

文中の空欄A・Bに入る語句の組合せとして，最も適切なものはどれか。

テレビで，よどみない解説を聞きながら野球を見ることには，完全な安心感がある。すべての判断は解説者に任せてあるのだから，これほど気楽なことはない。だが，その「安心感」は，結局のところ，暗示にわが身をゆだねているということなのではないのか。

ほんものの野球を解説抜きで見ていることの頼りなさ――それは，自分で判断しなければならない，というしんどさのことなのである。そのしんどさの経験を，わたしはほんものの野球を十年ぶりに見ることによって思い出した。

わたしは，野球にかぎらず，わたしたちの生活全体にわたって，似たようなことが発生しつつあるのではないか，と思うのだ。わたしたちは，ほんものの世界がもっている，あいまいな状況というものをめったに体験しなくなってしまっている。状況があいまいである以上，人間は（　A　）。さきほど書いたしんどさとは，要するに「考える」ことのしんどさのことなのであった。そして，そんなふうにみると，放送というものは，わたしたちにとって，一つの（　B　）のようにも思えた。ニュース解説，スポーツ解説――それらによって，わたしたちは，「考える」ことを他人に委譲しているかのようなのである。

	A	B
①	そこで自らが「解説者」を引き受けねばならない	「解説」代理業
②	そこで自ら「考える」ことを強調せねばならない	「考え」代理業
③	そこで自ら「考える」ことをしなければならない	「考え」代行業
④	だから自ら「考える」ことを放棄せねばならない	「解説」代替業
⑤	それで自らが「放送者」を交替させねばならない	「放送」代行業

No.4

（解答▶P.33）

文中の空欄Ａ～Ｄに入る語句の組合せとして，最も適切なものはどれか。

しかし考えてみると，それはおかしなことではないか。写真というのは現実の姿を，ありのままに写しとるものである。僕はここでややこしい写真芸術論をぶつつもりはないが，たいていの人たちは，写真を見るときに，それを，現実の姿をそっくり写しとったものとして見る。それなら，どうして電線が写っていてはいけないのか。そのほうが現実の遺跡の姿を，それこそリアルに写し出しているわけではないか。

だが，写真というのは，実際を写すものではけっしてない。人々は自分の目でありのままを見ているつもりになっているが，実は，自分の目以上に，自分のイメージで対象を見ているのである。そして現実の事物が自分のイメージどおりだったときに，初めて，それを生々しい現実だと思い，反対に，それが自分のイメージと著しく違っていると，むしろ現実を非現実的のように思ってしまうのである。［　A　］人間にとっては，自分の抱いているイメージのほうが，［　B　］そのものよりも［　C　］なのだ。だからシュメールの聖塔や，エジプトのスフィンクスを写した僕の写真を見たとき，友人は舌打ちしたのである。それは彼にとっては，遺跡にあるまじき風景であり，およそ［　D　］のように思われたのだ。

	A	B	C	D
①	すなわち	非現実的	現実的	現実
②	だから	現実	非現実的	現実的
③	要するに	現実	非現実的	現実的
④	しかし	非現実的	現実的	現実
⑤	つまり	現実	現実的	非現実的

No.5

（解答▶P.34）

文中の空欄Ａ～Ｅに入る語句の組合せとして，最も適切なものはどれか。

僕等は一ぺんも日本人たることを止めたことはない。時に止めたような気がしただけだ。

自由主義とかマルクス主義とかいう思想は西欧の思想であるが，そういう主義なり思想なりを，今日これを省みれば，僕等は何と日本人らしい受取り方で受取ってきたか。主義を理解する事は容易だが，理解の仕方がいかにも自分らしい，日本人らしいと思い到るには時間が要るのだ。総じて習い覚えた主義とか思想とかいうものには，人間を根底から変える力などないものだが，その根底のところにある変わらぬ（　Ａ　）というものの姿を，僕等は今日捕らえあぐんでいる。

（　Ｂ　）は決して僕等を毒したのではない。そういう風に単純に自分の生きてきた過去というものを扱うのは，現在の生活を侮蔑するもので，これは個人の生活にも広く文化の歴史の上にも言えると思う。西洋の文化の影響するところ，日本の近代社会の形に現れた諸組織，諸形式はまことにはっきりと西洋化したが，眼に見えぬ精神生活の西洋化というものは，決してはっきりしたものではない。例えば経済組織という様な言わば物理的なシステムは，新しい組織の影響に初めのうちにこそ強く抵抗するが結局もろく屈従してしまうものだが，精神の組織は新しいものだったと信じていると，案外変わっていない自分を見付ける機会に出会う経験は，僕等の日常生活によくある事だが，文化の伝承もまた微妙に行われる。

（　Ｃ　）が，僕等の精神を塗りつぶしてしまったように錯覚するのも，思想の形だけを見て，思想がどのように人間のうちに生きたかその微妙さを見落とすところから来る。その微妙さのうちに（　Ｄ　）がある。言い換えれば，僕等は西洋の思想に揺り動かされて，（　Ｅ　）の心を大変微妙なものにしてしまったのだが，その点に関する的確な表現を現代の日本人は持っていないのである。これは現代文化の大きな欠陥だ。

	Ａ	Ｂ	Ｃ	Ｄ	Ｅ
①	西洋人	西洋の文化	西洋の思想	伝統的な日本人	現代の日本人
②	日本人	西洋の文化	西洋の文化	伝統的な日本人	現代の日本人
③	日本人	西洋の思想	西洋の思想	現代の日本人	伝統的な日本人
④	日本人	西洋の思想	西洋の文化	一般的な日本人	文化的な日本人
⑤	西洋人	日本の思想	日本の思想	一般的な日本人	文化的な日本人

No.6

〔解答 ▶ P.34〕

文中の空欄A，Bに入る語句の組合せとして，最も適切なものはどれか。

私は日本の戦後社会を肯定するし，好きでもある。

かといっていまの私どもの社会や文化，あるいは精神が，戦後社会を父母としていると言われたら，多少口惜しくもあって，これは一種の二律対立感情（アンビバレンス）といっていい。

あたりまえのことをいうようだが，戦後社会は敗戦によって成立した。

それより前の明治憲法国家は，わずか四，五十年で病み，六十年に満たずしてほろんだ。

その末期についてはすでに述べた。くりかえすと，国家の腹のなかに統帥権（というよりその無限的な拡大解釈と社会化，さらにはそれによる国家支配）という鬼胎（この稿での用語。）を生じ，国家そのものをほろぼした。私などその鬼胎の時代から戦後社会にもどってきたとき，こんないい社会が自分の生きているうちにやってこようとは思わなかった。それが与えられた自由などとひねくれては思わず，むしろ日本人の気質や慣習に適った自由な社会だと思った。焼跡と食糧難の時代とはいえ，日本人たちの気分はあかるかったように思う。

しかしその社会も成熟しはじめたいまとなれば，それがこんにちの私どもを生んだ唯一の（　A　）であるといわれれば，そうでもないと言いたくなる。

いまの社会の特性を列挙すると，行政管理の精度は高いが平面的な統一性。また文化の均一性。さらにはひとびとが共有する価値意識の単純化。たとえば国をあげて受験に熱中するという単純化へのおろかしさ。価値の多様状況こそ（　B　）のある思考や社会の活性を生むと思われるのに，逆の均一性への方向にのみ走り続けているというばかばかしさ。これが戦後社会に到達した光景というなら，日本はやがて衰弱するのではないか。

	A	B
①	母胎	独創性
②	原因	個性
③	文化	統一性
④	歴史	一貫性
⑤	国家	重要性

No.7

（解答▸P.34）

文中の空欄A，Bに入る語句の組合せとして，最も適切なものはどれか。

ひとに金を渡すとき，“（　A　）”といういい方はいまも残っている。そのしきたりがなお，まったくなくなってはいないからである。商売の金銭の受けとり方は別だが，いくらかでも社交の意味が加わると，むき出しの金を渡すのは失礼になる。

冠婚葬祭に金を贈るときは包み金でなくてはならない。そのための袋を市販している。もとは半紙を折って袋にしたものだが，いまはその作法を知る人はすくない。

売っている袋でも安ものは，開くとすぐ金が出てくる。そういうのを見ると，受けとった人は，よその家に入ったら，着物を着ない主人が出てきたのに似たあわて方をする。もうひとつ中袋がほしい。

外袋があるのだから，むき出しとは違うが，ひらいたら，もう一つの中袋があって，その中に金が入っている。裸の金をはばかる気持ちはそれくらいつよい。

こういう人たちの間で，あるがままのことをことばにキヌを着せないで率直にのべる修辞が喜ばれないのはむしろ当然である。正確さが欠けているといって日本語は責められてきたが，お祝いに裸の札を差し出すのが明快であると感じる心をもつ人が大多数になるまで，かりに言いたいことがあっても，それはほかのことばで，一重，二重と包み込む表現法はなくなることはないと考えられる。

芭蕉が“言ひおほせて何かある”とのべたのも（　B　），おもしろさも趣もあったものではないという日本的心情に根をもったことばである。

	A	B
①	しまう	すべてを曖昧にしてしまっては
②	覆う	何事も言い過ぎてしまっては
③	包む	すべてを白日のもとにさらけ出してしまっては
④	隠す	すべてを解明してしまっては
⑤	握らす	すべてをあからさまにしてしまっては

No.8

（解答▸P.34）

次の文中の空欄に共通して当てはまる語句として，最も適切なものはどれか。

むかしから僕らの精神の機能は知・情・意の三つに分けられていますが，この分類にしたがうと，（　　　）の内容の対象は知性の対象になる学問，感情の対象になる芸術や趣味，意志の対象となる倫理とにわけられるので，この三つを兼ねたとき初めて（　　　）は完成されると考えられます。

というのは（　　　）というものはつきつめたところ，知識でも趣味でもなく，ある生き方を体得することであり，倫理まで高められぬ（　　　）というのは，たんに表面の鍍金（めっき）にすぎないからです。

では（　　　）の目指す生き方とは何かというと，それは結局少なくとも人間らしく生きることになりましょう。神でもない獣でもない人間の運命を自覚して，その限界を知りながら，しかもそこに与えられた可能性を十分生かすことということもできます。

そう考えると（　　　）の最後の目的は，自己をはっきり把（つか）んで，個人としての自覚に徹することと，まさにそのことによって，自己の限界を認識して，人類とのつながりを意識することにあるといえましょう。

① 知恵
② 教養
③ 学習
④ 道徳
⑤ 天分

No.9

（解答 ▸ P.34）

空欄 A に入る最も適切な一文はどれか。

少なくとも，私たちの子供のころには，いやというほど退屈する時間があった。大人たちはほとんどかまってくれなかった。大人の会話などに口をさしはさもうなら,「子供のくせに」「あっちへ行け」と，こっぴどく叱られ，追い払われるのが関の山だった。子供には子供の世界があり，親には親の領分があった。大人の領域には侵入できなかったかわりに，子供たちには大人の干渉を受けぬ自由な宇宙があったのだ。だから子供たちは思う存分，好奇の目を輝かせながら，その宇宙を遊び回ることができた。そして，それが子供たちにとって，自分の人生の“予行演習”であり，“目次づくり”であり“試行錯誤”であり，模擬行動だった。巣立つための飛ぶ練習はこの時間に充分に行われたのである。

このような準備をたっぷり持たないと，子供は教育を受ける条件を身につけることができない。教育とは，いうまでもなく教育するものと教育されるものとの交流である。いくら教育技術が進んでも，教育される側の条件がそろっていなければ，それこそ「馬の耳に念仏」であろう。だが，現代の教育論議は，（　A　）。ところが，教育の成果とは，教育するほうよりも，むしろ教育される資格にかかっているのだ。大切なのは，いかにすぐれた教育をほどこすか，より，どれほどうまく教育されるか，そのされ方にあるといってもいい。この出発点が現代ほど無視されている時代はかつてなかった，と私は思う。

① あまりに教育する方法ばかりにとらわれており，かんじんな教育される条件を等閑に付している。
② あまりに教育される条件ばかりにとらわれており，かんじんな教育する方法を等閑に付している。
③ あまりに教育する条件ばかりにとらわれており，かんじんな教育される方法を等閑に付している。
④ あまりに教育される方法ばかりにとらわれており，かんじんな教育する条件を等閑に付している。
⑤ あまりに教育する理論ばかりにとらわれており，かんじんな教育する方法を等閑に付している。

No.10

（解答▶P.34）

文中の空欄A～Cに入る語句の組合せとして，最も適切なものはどれか。

自分の書き方がないとか，自分の文体がないとか言ってしまってはうそになる。あると言ってしまってもうそになる。この，あとのほうは，おれの書き方はもっとよくなるのだ，おれの文体はほんとに文体らしいものにこれからこそなるのだ，と言いたい気持ちに引かれている。そういう劣等感のようなもの，実力のないものにかぎって出て来る［ A ］のようなものが，わたしにはある。実際，自分の文章を読んでみて，ここはうまく書けている，いくらか書けていると思うことはあるものの，まずさ，少なくとも，自分の書きたかったもののずっと手前でどたばたやっているのを見るのは楽しくない。しかし，わたしは文筆業者だから，ある締め切り日までになんでもかでも書き上げてしまわなければならぬ毎日を送っている。だからしかたがないのだ，といったその日その日を過ごすことになってしまう。ただ，いい文章を書きたい，［ B ］というのを持ちたいという願いは，強いものとして持っている。

生まれつきいい文章を書く能力を持った人間，そういう人間はどうもあるらしいようにわたしは思う。しかしそういうのは，そうでない人間にとって［ C ］。勉強し努力していい文章を書くようになった人，そういう人を見つけて勉強するほかない。少しでもまねをするほかはない。そういう点で自分で気をつけていることはある。気をつけていてもよくできぬのだから，自分の書いたものを突きつけられて，どこが気をつけているのだと言われればそれまでではあるが。

	A	B	C
①	頑固な気負い	自分の書き方	うってつけの手本となる
②	意固地な力み	自分の文体	手近な手本にはならない
③	意固地な力み	上手な文章	うってつけの手本となる
④	下手の横好き	上手な文章	手近な手本にはならない
⑤	下手の横好き	独得な語り口	かえってマイナスになる

No.11

（解答▶P.34）

文中の空欄Ａ～Ｃに入る語句の組合せとして，最も適切なものはどれか。

クレオパトラ[※1]の鼻が曲っていたとすれば，世界の歴史はその為に一変していたかも知れないとは名高いパスカルの警句である。しかし恋人と云うものは滅多に実相[※2]を見るものではない。いや，我々の［　A　］は一たび恋愛に陥ったが最後，最も完全に行われるのである。

アントニイもそう云う例に洩れず，クレオパトラの鼻が曲っていたとすれば，努めてそれを見まいとしたであろう。又見ずにはいられない場合もその短所を補うべき何か他の長所を探したであろう。何か他の長所と云えば，天下に我々の恋人位，無数の長所を具えた女性は一人もいないのに相違ない。アントニイもきっと我々同様，クレオパトラの眼とか唇とかに，あり余る償いを見出したであろう。その上又例の「彼女の心」！　実際我々の愛する女性は［　B　］飽き飽きする程，素ばらしい心の持ち主である。のみならず彼女の服装とか，或は彼女の財産とか，或は又彼女の社会的地位とか，――それらも長所にならないことはない。更に甚しい場合を挙げれば，以前或名士に愛されたと云う事実乃至（ないし）風評さえ，長所の一つに数えられるのである。しかもあのクレオパトラは豪奢と神秘とに充ち満ちたエジプトの最後の女王ではないか？　香の煙の立ち昇る中に，冠の珠玉でも光らせながら，蓮の花か何か弄んでいれば，多少の鼻の曲りなどは何人の眼にも触れなかったであろう。況やアントニイの［　C　］をやである。

（注）※1　クレオパトラ：エジプトの女王で，その美貌によってローマの権力者であったカエサルやアントニイ（アントニウス）に取り入り，王位を保持した女性（前60～前30）

（注）※2　実相：本当の姿

	A	B	C
①	自己批判	古今東西	鼻
②	自己暗示	古往今来	鼻
③	自己暗示	十人十色	眼
④	自己欺瞞	十人十色	唇
⑤	自己欺瞞	古往今来	眼

No.12

(解答▶P.35)

文中の空欄に入る文として，最も適切なものはどれか。

そういう創造のことを考えるごとに，私はいつも※ミケランジェロの仕事を思い出す。彼の作品が実際私にそういう印象を与えたのである。ギリシア彫刻の美しさや，その作者たちのすぐれた手腕を，彼ほど深く理解した人はないであろうが，その理解は同時に，ギリシア人と同じ見方，同じやり方では，到底先へは出られぬということの，痛切な理解であった。だから彼は意識してそれを避け，他の見方，他のやり方をさがしたのである。すなわちギリシア的様式の否定のうちに活路を見いだしたのである。「形」が内的本質であり，従って「内」が残りなく「外」に顕われているというやり方に対して，内が奥にかくれ，外はあくまでも内に対する他者であって，しかも内を表現しているというやり方，すなわちそれ自身において現われることのない「精神」の「外的表現」というやり方を取ったのである。従って作られた形象の「表面」が持っている意味は，全然変わってくる。［　　　　　　　　　　］。そういうやり方で彼は絶頂に到達した。

(注)　※　ミケランジェロ＝（1475～1564)。イタリア盛期ルネサンスの彫刻家・画家・建築家。「天地創造」「最後の審判」の壁画などが有名

① それは内なるものが奥底に埋没した表面である
② それは内なる精神が掘り起こされた表面である
③ それは内なるものが見えがくれする表面である
④ それは内なる深いものを包んでいる表面である
⑤ それは内なるものを失った空っぽの表面である

No.13

（解答▸P.35）

文中の空欄Ａ～Ｃに入る語句の組合せとして，最も適切なものはどれか。

世界観や社会的倫理がひとつの集団感情の「底」であるとすれば，趣味はひとりの個人が自己であるための感情の「底」であるといへる。そして，倫理や世界観が自然には発生しないやうに，趣味もまた個人の積極的な努力によつてその内面に構築されて行くものである。ひとはそのときどきの偶然的な好き嫌ひを記憶にとどめることによつて，しだいに自分の感情のなかに安定した［ A ］をつくりあげる。それは，揺れ動く波を支へる静かな水の層のやうなものだと見ることもできる。もちろん，趣味は人間の成長に応じて変はるものであるし，また個人はときに自分の趣味に叛逆（はんぎゃく）するやうな行動をとることもある。［ B ］さういふ場合に，ひとは明瞭に内部にひとつの調子の変化を感じるのであつて，むしろそのことによつて，彼は自分が一個の趣味のうへに生きてゐる事実に気づくことになる。それは美醜の判断に限らず人生上のあらゆる決定に関はるものであり，またほとんど無意識のうちに働くといふ意味で，人間の気質に似てゐるといへる。しかし，趣味はあくまでもその持ち主が積極的に作りあげるものであり，生理的条件よりも文化的な環境の影響を多く受けるといふ点で，気質そのものではない。［ C ］それは，訓練によつて養はれるといふ点で職業的な「かん」にも似てゐるが，「かん」が人生の一局面においてのみ働くのにたいして，趣味はひとりの人格のほとんど全体を浸して彼の行動を決定してゐるのである。

	A	B	C
①	反応の型	だから	たとへば
②	行動の型	そして	したがって
③	反応の型	しかし	また
④	気質の型	要するに	すなはち
⑤	人間の型	だが	また

No.14

（解答▸P.35）

文中の空欄Ａ～Ｃに入る語句の組合せとして，最も適切なものはどれか。

父は一人っ子であったから，やはり私のように，両親に甘やかされて育ったようである。一度も，叱られたことはなかったといい，またそれが祖父［資紀］の方針であったらしい。祖父は父にとって，あたかも［ A ］じみた対象であったから，祖父の行いはすべて規範のように受けつがれた。これは他にも書いたことだが，それを人にしいることは決してしなかった。何事も人にしいない，というのも規範の一つだったかも知れない。したがって子供の私は一度も叱られたことがなく，時には拘束のなさすぎる自由に，［ B ］な空気に似た息苦しさを感ずることもあった。これは母も同じおもいではなかっただろうか。そういう点では，殊にあの頃としては，ふつうの家庭とは正反対で，今から思えば私達の家庭はよほど変り種だったらしい。といって，今流行の恐妻家というのではなしに，何より平和を重んじた［ C ］の父は，母の自由に任せ，子供を放任することによって，暗におさえていたのである。ふたたびいうが，父の一家の長としての権力も，愛情も，空気のように私達の周囲を取巻いているだけで，反抗しようにもまったく抵抗といったものがなかったから，私のような性質のものにはまことに都合悪く，また，それだからこそどうにかこうにか間違いも起らないですんだのであろう。

	A	B	C
①	世帯	真実	常識家
②	信仰	稀薄	常識家
③	世帯	重厚	道徳家
④	年寄り	稀薄	楽天家
⑤	信仰	重厚	道徳家

No.15

（解答▸P.35）

文中の空欄Ａ～Ｃに入る語句の組合せとして，最も適切なものはどれか。

私は，野生の雀に毎日餌をやっている。しかし雀はなかなか馴れない。私が食堂で腰かけている所から四，五尺の距離に餌皿を置くが，十羽，二十羽，時に三十羽以上も集まって来る。私が静かにしていれば彼らは啼きながら，餌を食い，中には喧嘩を始める奴などあり，騒々しい位に賑かだが，私が立つとか，少し大きく身体を動かすと，彼らは急に黙って，パッと大きな羽音をたてて飛立ってしまう。そう遠くまでは逃げない。直ぐ前の土塀の屋根，植込みの中などで，少時様子を見て，最初，一羽用心深く［ A ］して餌皿に近づく，それについて，二，三羽，あるいは五羽という風に集まって来て，また元のように八釜（やかま）しく啼きたてながら餌を食い始める。

雀は仔飼いはよく馴れるが，少し育った奴はもう決して馴れない。西洋の公園でよく馴れた雀にパン屑をやる話などを聞くが，日本人は米を食う国民で，大昔から雀とは米を挟んで敵同士の関係が出来てしまった。農耕を業としない人間は割りに雀を愛する風があり，画や俳句にも，雀は好意を持って描かれているが，雀の方は人間の職業までは見別けられないから，［ B ］式にとにかく，用心する。それでも，この家へ越して殆ど四年，毎日餌をやり，一度も驚かした事がないから，私と客とは識別しているようだ。二階の寝室の前に枯れた朴（ほほ）の木があり，朝，その枝に二，三羽来て，頻りに啼いている事がある。そういう時，起きて見ると大概餌がなくなっているから，私に早く起きて［ C ］と催促するのではないかと思う。

	A	B	C
①	臥薪嘗胆（がしんしょうたん）	雀百まで踊り忘れず	餌をやってくれ
②	右往左往	君子危うきに近寄らず	顔を見せてくれ
③	無為徒食	背に腹はかえられぬ	餌をまいてくれ
④	四苦八苦	三つ子の魂百まで	顔を貸してくれ
⑤	左顧右眄（さこうべん）	人を見たら泥棒と思え	餌を作ってくれ

No.16

（解答▶P.36）

文中の空欄Ａ・Ｂに入る語句の組合せとして，最も適切なものはどれか。

（彼はやっかいな胃病にかかっていた）　利己的であると同時に気の弱い彼は，少なくとも人目にはたいした事ではないと思われるらしい胃病のために職務を怠っている事に対する人の非難を気にしていた。それで時々彼を見舞いに来る友人らがなんの気なしに話す世間話などの中から皮肉な風刺を拾い上げ読み取ろうとする病的な感受性が非常に鋭敏になっていた。たとえば彼と同病にかかっていながら盛んに活動している先輩のうわさなどが出ると，それが彼に対する直接の非難のように受け取られた。

そうした夜は夜ふけるまでその話を分析したり総合したりして，最後に，その先輩と自分との境遇の相違という立場から，二人のめいめいの病気に対する処置を［　　A　　］弁明しうるまで安眠しない事もあった。またたとえばある日たずねて来た二人が自分たちの近ごろかかった病気の話をしているうちに，その一人が感冒で一週間ばかり休んで寝ていたが，実に「いい気持ち」であったと言って，二人で顔を見合わせて意味ありげに笑った。そのような事でさえ彼の血管へ［　　B　　］を注射するくらいな効果があった。二人が帰って後にぼんやり机の前にすわったきりで，その事ばかり考えていた。そういう時には彼の口中はすっかりかわき上がって，手の指がふるえていた。そうして目立って食欲が減退するのであった。

	A	B
①	いずれも不問に付すこととして	多量の毒物
②	いずれも至当なものとして	多量の毒物
③	いずれも不当なものとして	一滴の毒
④	いずれも不問に付すこととして	適量の精神安定剤
⑤	いずれも至当なものとして	一滴の毒

No.17

（解答 ▸ P.36）

文中の空欄Ａ・Ｂに入る語句の組合せとして，最も適切なものはどれか。

　じっさい，こんにちの広告文化というものは，たんに商品を売るための手段なのではなく，ある種の生活様式・行動様式を消費者に売ることをその［　　A　　］としているかのようである。一定の生活様式が現実のものとして民衆のあいだに定着すれば，商品などは，だまっていても，その生活の一部として自動的に流通してゆくにちがいない――こんにちの広告業者たちは，そこまでかんがえているのだ。だから，かれらは，まず，イメージをつくり，イメージを売る。商品は，イメージのあとを追いかける。

　ぐあいのよいことに，イメージは「つくりもの」である。いくらでも製造することができる。こんにちの広告業だのＰＲ事業だのには，そうしたイメージづくりのための人材があつまり，おびただしい時間と資金を投入して，すこしの休みもなく，イメージを製造しつづけている。それらの人たちは，まるで魔術師のようだ。かれらは，おどろくべき虚構の演出者なのである。かつての社会では，民衆の想像力に刺戟（げき）をあたえたのは，小説家や思想家であった。こんにちのわれわれは，とうていさばききれないほどたくさんの想像の世界への刺戟を広告文化からうけとっているのである。われわれの精神は，多かれすくなかれ，［　　B　　］。

	A	B
①	窮極の目的	虚構のつくり手たちによって製造されているのだ
②	最善の手段	魔術師の作り出すイメージに惑わされているのだ
③	窮極の目的	虚構のつくり手たちによって演出されているのだ
④	最善の手段	虚構のつくり手たちによって規制されているのだ
⑤	当面の目標	小説家や思想家の刺激に振りまわされているのだ

No.18

（解答 ▸ P.36）

文中の空欄Ａ～Ｃに入る語句の組合せとして，最も適切なものはどれか。

［ A ］はその感情の要求に従って，その棲む時代の優秀な思想家の思想を読み取る。だから彼等はこれに動かされるといふより寧ろ自ら動く為にこれを狡猾に利用するのだ。だから思想史とは実は［ A ］の手によって変形された思想史に過ぎぬ。そこに麗々しく陳列されてゐるすべての傑物の名は，単なる悪い洒落に過ぎぬのだ。この［ A ］の狡猾を援助するために生れた一種不埒（ふらち）な職業を批評家といふのなら，彼等がいつも仮面的であるのは又已むを得ない。逆に，どんな［ B ］でもこの世にその足跡を残さうと思へば，何等かの意味で自分の生きてゐる［ C ］の協賛を経なければならない。言ひ代へれば［ C ］に負けなければならぬ。［ C ］は常に［ B ］に勝つ。思想史とは［ C ］の［ B ］に対する戦勝史に他ならぬ。ここには多勢に無勢的問題以上別に困難な問題は存しない。

	A	B	C
①	個人	社会	大衆
②	社会	個人	大衆
③	社会	大衆	個人
④	大衆	個人	社会
⑤	大衆	社会	個人

No.19

（解答▸P.36）

文中の空欄Ａ・Ｂに入る語句の組合せとして，最も適切なものはどれか。

人間のうちにある利己心というものは実に根強いもので，とうていその存在を否認することはできません。だれしもいちばん本気になって考えるのは，自分のことです。それは実に醜い様子を現わすことがあり，われわれが，満員電車などに先を争って乗り込もうとすることなどは，まさにそれですが，また一方から考えますと，何事にもあやふやなわれわれ人間が，このくらい本気になれるということは，不思議のような，また，たいしたことであるような気がしてきます。だいたい，人間がどんなにふしだらで，とりとめのない，底なし沼のようなものであるかということは，戦時・戦後において，われわれが身にしみて味わっていることです，行為に対する［　A　］の規準というものもなく，何をしでかすかわからない存在です。その人間が，自分のことになると目の色を変えて真剣になるというのは，不思議なことです。それを見て，あさましいと思うことはありますが，同時に，この利己心というささえがなかったら，人間はもっともっと手のつけられないものになっているのではないか，神様というものが存在するなら，この利己心とか自己保存欲とかを，世界の維持のための一つの柱としているのではないか，そこに神の深いたくらみが潜んでいるのではないかと，そんなことを考えることがあります。

さて，こうして見てくると，［　　　　B　　　　］しかしわたしは，それで問題が済んだと思っているのではありません。それだけでは割り切れないものが，やはりわれわれの中に潜んでいるようです。たとえば，意識的に利己心を動機としてわたしたちが行為をした時，その行為が成功しても失敗しても，わたしたちの中には，そういう自分をいやだと思う気持ちが起こってきます。

	A	B
①	唯一無二	われわれの本体はあさましく醜いものと考える傾向になりました。
②	確固不動	われわれの本体は利己心であると考えるような傾向になりました。
③	終始一貫	われわれの本体は利己心ではなく神なのだと考える傾向になりました。
④	確乎不抜	われわれの本体はもっと高次のものだと考える傾向になりました。
⑤	千編一律	われわれの本体は利己心をおいて他にないと考える傾向になりました。

No.20

(解答▸P.36)

文中の空欄A～Dに入る語句の組合せとして，最も適切なものはどれか。

スティブンソンというイギリスの作家に，「ジキル博士とハイド氏」という小説がある。これは愛と憎しみ，優美と［ A ］，神と悪魔とが同時に巣食っている人間の心そのものを明確に拡大して取り出してきたものである。このように，文学はあらゆるものの中にある特徴をつかみ出し，更にそれを高い普遍的な姿として造型する。造型することによって，人間の問題を最も普遍的な立場から追求し，解いてゆくのである。

もちろん，このスティブンソンのようなとらえ方では，人間の［ B ］に迫りながらも，なお人間をとらえることはできない。人間はジキルとハイドとの闘いであり，その闘いのただなかにおいて人間となる，という思想は，確かにこれまでになかった光を人間に当て，人間の姿をはっきりと照らし出しはした。しかし，はたして人間はこの二つのものの間に［ C ］ものとしてとらえることができるだろうか。

このように考えてゆくとき，直ちに現れてくるのは社会の問題である。これまで人の心の中深く入っていった光をそこから引き出して外に向けると，そこにもまた多くの人々の姿が浮き上がってくる。

ヴィクトル＝ユーゴーは，一片のパンを盗み取ることによって十何年の刑におとされる人間の問題を問い続けた。マクシム＝ゴーリキーは，自分たちにはなんの原因もないのに一日じゅう狭い一室に閉じ込められて，熱いかまどの前でパンを焼き続けなければならない労働者の生活をどこまでも見続けようとする。ジェイムズ＝ジョイスが，「ユリシーズ」によって人間の意識の流れの最も奥深いところまで入ったとすれば，エミール＝ゾラは，パリの洗たく女や炭坑のかみさんの生活の連鎖の輪を追い求めた。これらの作家たちによって，［ D ］が取り出され，既に私たちの前に文学作品として残されている。

	A	B	C	D
①	優雅	背信	引き縫われる	庶民の心をはぐくむ下層社会の姿
②	無残	真相	引き裂かれる	庶民の心をもてあそぶ時代の姿
③	矮小(わいしょう)	虚構	引き戻される	人間の心を踏みにじる社会の姿
④	端正	実態	引き戻される	人間の心と社会をめぐる正真の姿
⑤	残酷	真実	引き裂かれる	人間の心と社会をめぐる本当の姿

第1編

第5章 文章整序

No.1

（解答▸P.37）

次の（Ⅰ）と（Ⅱ）の文の間にＡ～Ｆの文を並べて，意味の通る文にする場合，最も適当なのはどれか。

（Ⅰ）ほんとのところ，「健康」という概念が，ぼくにはあまり理解できない。

A　これが，自分には何かの「異常」があるのではないかと，常に気にかけずにはおれない，健康強迫症の構造ではないか。

B　やせすぎず，ふとりすぎずとか，血圧は高からず，低からずとか，からだの中のあらゆる機能が，すべてにわたって「正常」であるというのが，ひどく奇妙な気がするのだ。

C　どちらかの方向に逸脱しても，その形で生きていて，なぜ悪いのだろう。

D　集団の中で，みんなが「正常」であらねばならぬ。

E　それに，「正常」というものが，「異常」を持たぬことでしか，定義できないような気がする。

F　この構造は，みごとに「いじめの構造」と相同的である。

（Ⅱ）それは「異常」を探して，「異常」を排除することで，達成される。

① F→D→C→E→B→A
② B→A→C→E→F→D
③ C→A→B→D→F→E
④ B→C→E→A→F→D
⑤ B→C→E→D→F→A

No.2

(解答▶P.37)

次のＡ～Ｅの文を意味の通るように並べ替えたとき，最も妥当なものはどれか。

A　けれども，その本体は，やはり何といっても農業地帯なのである。
B　西のポルトガルから東のロシアまで，イタリアとバルカン地方をも含めて，それは実に広大な農業地帯なのである。
C　工業ニッポンという言い方がもしあるものとすれば，ヨーロッパはいまだにまだ農業ヨーロッパと言ってよいものであろう，というのが私の実感である。
D　その間に，点々として工業地帯が存在することは，まことにその通りであり，当然なことでもある。
E　私がヨーロッパに住んでいて，別に日本との対比を考えるということではなく，“ヨーロッパ”ということばで思い浮かべる最初にして，またおそらくは最後のものも，それが，実に広大な農業地帯である，ということである。

① E→C→D→B→A　② E→B→D→A→C
③ C→A→E→B→D　④ C→E→A→D→B
⑤ C→D→E→B→A

No.3

(解答▶P.37)

次のＡ～Ｆの文を文意の通るように並べ替えたとき，最も妥当なのはどれか。

A　新たな名文は古典のなかに迎えられ，次代へと引きつがれてゆくだろう。
B　もっといえば文章を綴ることで，わたしたちは歴史に参加するのである。
C　ひとつひとつの言葉の由緒をたずねて吟味し，名文をよく読み，それらの言語の絶妙な組み合わせ法や美しい音の響き具合を会得し，その上でなんとかましな文章を綴ろうと努力するとき，わたしたちは奇蹟をおこすことができるかもしれない。
D　すなわち，いま，よい文章を綴る作業は，過去と未来とをしっかりと結び合わせる仕事にほかならない。
E　ヒトが言語を獲得した瞬間にはじまり，過去から現在を経て未来へ繋がって行く途方もなく長い連鎖こそ伝統であり，わたしたちはそのうちの一環である。
F　その奇蹟こそは新たな名文である。

① E→C→F→A→D→B　② E→B→D→C→F→A
③ C→F→A→E→B→D　④ C→A→F→E→B→D
⑤ A→B→C→F→E→D

No.4

（解答▶P.37）

次のA～Gの文を文章が通るように並べ替えたとき，最も妥当なのはどれか。

A　その事実から私の推理は二方向に発展した。

B　私は戦後間もなくアメリカに留学した際受けたカルチャ・ショックの体験から，「甘え」という言葉の不思議さに気が付いた。

C　なぜなら，たまたまある心理がある民族に顕著に見られるとしても，その心理自体が特殊であるということにはならないからである。

D　一つは，「甘え」の心理は日本語の方が表現しやすくわかりやすいとしても，本質的には人間一般に普遍的なものであるにちがいないということである。

E　以上二つの方向の中，前者は普遍性を目ざし後者は特殊性を目ざし，両者は一見矛盾するように見えるかもしれないが，しかし決してこの二つは矛盾するものではない。

F　というのは日本語で話している限り，「甘え」はそれ以上説明を要しないほど自明であるが，これが英語には容易に表現できない。

G　いま一つは，「甘え」が人間心理に普遍的なものに根ざしながら，日本語での方が英語よりも表現しやすいという事実は，日本人の心性についてのインデックスとなるであろうという見込みである。

① C→A→B→G→F→E→D
② D→G→E→A→B→C→F
③ B→C→A→D→G→F→E
④ B→F→A→D→G→E→C
⑤ B→F→A→D→C→G→E

No.5

(解答▸P.38)

次のＡ～Ｇの文を後の文に続く形になるように正しく並べ替えたものはどれか。

A　六歳の子どもは，どういう教育を受けたいかわからないはずです。

B　「小学校の一年生や二年生にも，どういう教育を受けたいかと聞くんですか？」とわたしは質問しました。するとその親は，そうです，と答えました。

C　たとえば算数や歴史についてどのように教えられればより興味が湧き，より理解できるようになるのか，そんなことが子どもにわかるわけがありません。

D　先週報告したNHKの教育特別番組の中で，どういう教育を受けたいか，子どもの意見や考えを取り入れて欲しい，ということを言った親がいました。

E　恐らくその親は，教師とのコミュニケーションのあり方について発言したのかも知れませんが，わたしは違和感をもちました。

F　十五歳の子どもにしてもそれは同じでしょう。彼らは教育のバリエーションを知りません。

G　子どもにどんな人生を望むか，という問いに対する「それは子ども自身が決めることだ」という答えは，どんな教育を受けたいか子どもの希望を聞くべきだ，という考え方と似た危険が潜んでいるような気がします。

> 同じように，人生の選択肢が充分に示されていない場合，子どもに生き方を決めさせるのは無理です。フリーターの増加の原因の一つには，どう生きればいいのかわからない，どういう職業を選択すればいいのかわからない，社会にはどういう職業があるのか知らない，ということもあるような気がします。

① D→A→C→B→F→G→E
② D→G→A→C→B→F→E
③ D→B→A→F→E→G→C
④ D→B→A→G→F→E→C
⑤ D→E→B→G→A→F→C

No.6

（解答 ▸ P.38）

次のＡ～Ｇの文を後の文に続く形になるように正しく並べ替えたものはどれか。

A　たとえ事実にのっとった話だったとしても，小説として発表するかぎり，だれも事実そのままとは信じない。

B　それは，好んでだまされる真っ正直な読者を除いて，人をだますことがないからだ。

C　もっと正確に言えば，事実であるかどうかが読者の意識にのぼってこないのである。

D　それは違う，と私はいう。

E　文章で嘘をついてはいけない。

F　事実とは違っても，小説だとことわることによって，嘘をつくことの責任を逃れる。

G　それじゃあ，小説はどうなのか，根も葉もない話だって，真実そうな顔で通っているじゃないか，と人はいうかもしれない。

小説というジャンルのなかでものをいうのは特殊なことだ。世間の言語生活といっしょにはできない。そこでは，まっかな嘘でも，それを嘘だと明言することにより，嘘をいうことのうしろめたさを免れる。

そのへんをあいまいにして話を進めると，ほんとに人をだますことになる。人をだまさないためには，そこで述べているのが，実際に体験したり目撃したり調査したりしたことなのか，それとも，なにかをもとにして自分が推察したこと，日ごろ考えていること，想像してみたことなのかを明確にしなければならないだろう。

① E→G→D→A→C→F→B

② E→D→F→G→B→A→C

③ E→A→B→C→G→D→F

④ F→A→B→G→C→D→E

⑤ F→C→A→D→G→B→E

No.7

（解答 ▸ P.38）

次のA～Fの文を文意の通るように並べ替えたとき，最も妥当なものはどれか。

A　緑の町というなら，いま私が住んでいる東京の一画のほうである。
B　ほんとうにそうだろうか。
C　東京の隅々までそうだとは言わないが，東京の町ではそういう風景はめずらしくない。
D　緑ゆたかな町というとパリを挙げる人が多い。
E　生け垣の灌木（かんぼく）が新芽をふき，曲がり角の山吹が色づき，家々の庭の木の枝が道に張り出して陰をつくっている。
F　私はパリの町を歩いたとき，緑の町というより石の町と感じた。

① F→B→D→A→C→E
② F→A→B→D→E→C
③ D→C→B→A→E→F
④ D→B→F→A→E→C
⑤ D→B→A→F→C→E

No.8

（解答 ▸ P.38）

次のA～Fを文意の通るように並べ替えたとき，最も妥当なものはどれか。

A　しかもいつかは必ずやってくる最終の経験なのです。
B　死とは何か。
C　もっとも死に瀕（ひん）した経験は持ちうるでしょうが，それは生の一事実で，死そのものを，われわれは実感として語ることはできない。
D　ここでは想像力が極度に働きます。
E　人はさまざまな経験を語りうるけれども，死の経験だけは語ることができません。
F　生きている人間の死の研究は，想像力に基礎を置いていることは確かで，これが恐怖の大きな源泉となります。

① E→A→B→D→C→F
② B→E→A→C→F→D
③ B→C→E→A→D→F
④ B→E→C→A→D→F
⑤ C→A→B→D→F→D

No.9

（解答 ▸ P.38）

次の(1)・(2)の文の間にＡ～Ｆを入れるとすると，どの順番が最も適当か。

(1) 日本は近代化したことになっている。

Ａ　借りものの文化，芸術をもってきても，近代化にはならない。

Ｂ　しかし，文化や芸術の面では機械を入れ工場を建てれば形式的に近代化が始まるのと違って，たんに外国のものをもってくればよいというわけのものではない。

Ｃ　外国の鎌によって伝統文化の草刈りを強行した。

Ｄ　たしかに，産業や経済では，欧米諸国なみになったから，これはほぼ完全に近代化に成功したと言ってよかろう。

Ｅ　いわゆる“近代化”ならできるかもしれないが，これはかえって本当の近代化をおくらせることになりかねない。

Ｆ　そしてできた空地に舶来文化の掘立(ほったて)小屋をつくる。

(2) そういうのを別にすると，日本はまだ本当の近代をもってはいない。近代という草刈りに夢中になっているうちに近代を忘れてしまっていたからである。

① Ｄ→Ｂ→Ｅ→Ｃ→Ａ→Ｆ

② Ｄ→Ｂ→Ａ→Ｅ→Ｃ→Ｆ

③ Ｂ→Ａ→Ｄ→Ｅ→Ｃ→Ｆ

④ Ｂ→Ｄ→Ａ→Ｅ→Ｆ→Ｃ

⑤ Ａ→Ｄ→Ｅ→Ｂ→Ｃ→Ｆ

No.10

（解答 ▸ P.38）

次のA～Gを文意の通るように並べ替えたとき，最も妥当なものはどれか。

A　しかし，もう少し詳しく具体的な事が知りたくなって，今度は温泉専門の案内書を捜して読んでみる。

B　もしもそれがわかるようならば，うちで書物だけ読んでいればわざわざ出かける必要はないと言ってもいい。

C　どこかへ旅行がしてみたくなる。

D　そこでまずかりに温泉なら温泉ときめて，温泉の部を少し詳しく見て行くと，各温泉の水質や効能，周囲の景勝名所旧跡などのだいたいがざっとわかる。

E　しかし別にどこというきまったあてがない。

F　そうするとまずぼんやりとおおよその見当がついて来るが，いくら詳細な案内記を丁寧に読んでみたところで，結局はほんとうのところは自分で行って見なければわかるはずはない。

G　そういう時に旅行案内記のたぐいをあけてみると，あるいは海浜，あるいは山間の湖水あるいは温泉といったように，行くべきところがさまざまありすぎるほどある。

① C→E→G→D→A→F→B
② C→A→G→D→E→F→B
③ C→A→D→E→F→G→B
④ C→E→D→A→G→B→F
⑤ C→E→G→A→B→D→F

No.11

（解答▶P.39）

次のＡ～Ｇの文を文意の通るように並べ替えたとき，最も妥当なものはどれか。

Ａ　当人たちにしてみれば，うろうろしているどころの段ではない。激しく動いているつもりであろう。

Ｂ　かような働きがなければ，むろん向上というものはないわけで，批評は創造の塩であるはずだが，この傾向が進みすぎると，いっこう塩がきかなくなるというおかしなことになります。

Ｃ　また，確かにこの働きはジャーナリズムのうえに現われて，そこに文化の花が咲いているように見えもしよう。

Ｄ　批評しようとする心の働きは，否定の働きで，あるがままのものをそのまま受け入れるのがいやで，これをこわしにかかる傾向である。

Ｅ　しかし，実は，およそこらえ性のない精神が，激しい消費に悩んでいるに過ぎず，しかも何かを生産しているようなふりを，大まじめでしているにすぎない。

Ｆ　批評に批評を重ね，解釈は解釈を生むというぐあいで，批評や解釈ばかりが，ねずみ算のようにふえ，人々はその中でうろうろして，出口がまるで見つからぬ，ということになる。

Ｇ　まことに巧みに巧んだ精神の消費形式の展覧である。

① Ｃ→Ｅ→Ａ→Ｂ→Ｆ→Ｄ→Ｇ
② Ｇ→Ｆ→Ａ→Ｃ→Ｄ→Ｂ→Ｅ
③ Ｄ→Ｂ→Ｃ→Ａ→Ｅ→Ｆ→Ｇ
④ Ｄ→Ｆ→Ａ→Ｃ→Ｂ→Ｇ→Ｅ
⑤ Ｄ→Ｂ→Ｆ→Ａ→Ｃ→Ｅ→Ｇ

No.12

(解答 ▸ P.39)

次の［　　　］の文の前にA～Eを並べ替えてつなげると意味の通った文章になるが，その順序として，最も妥当なのはどれか。

A：「日本史には，英雄がいませんね」

　と，私にいった人がいる。私が敬愛しているアメリカ人の学者で，この感想は正鵠(せいこく)を射ていると思った。

B：言いかえれば天下という「虚」なる主人のために番頭・支配人をつとめます，ということであり，もしそうでなければ，信長の配下といえども信長に愛想(あいそ)尽かししたにちがいない。

C：この場合の英雄とは，ヨーロッパや中国の近代以前にあらわれた人間現象のことで，たとえばアレクサンドロス大王や秦の始皇帝，あるいは項羽と劉邦といった地球規模で自己を肥大させた人物をさし，日本史における信長，秀吉，家康という，いわば「統治機構を整えた」という人達を指さない。

D：信長にとっても，天下は公だった。たとえばかれは早くから「天下布武」という楕円形の朱印を用いていたが，この意味は天下を私有したいということではなく，天下のために天下をととのえたいという宣言なのである。

E：世界史的典型としての英雄を日本史が出さなかった――というよりその手の人間が出ることを阻(はば)みつづけた――というのは，われわれの社会の誇りでもある。

日本史における自己肥大は信長をもって限度いっぱいと考えていい。そういう信長さえその部下に殺されざるをえなかった。光秀が殺したというよりも，日本史に働いている微妙なものが，信長を阻んだと考えていい。

① A→C→E→D→B

② A→E→D→B→C

③ E→A→C→B→D

④ E→C→B→D→A

⑤ E→D→A→C→B

No.13

（解答▶P.39）

次のA～Gの文を意味の通るように並べ替えたとき，最も妥当なものはどれか。

A　それではほんとうに対象を生き生きと描きだすということはできない。

B　基準はあくまでも描こうとする対象の方にあるのであり，作家の言葉の好みにあるのではない。

C　小説は言葉と文章によって人間をとらえ，事件を描いていくのである。

D　文章だけが対象からはなれて宙に浮いたようになってしまっては，それを読んだ人は，どうしてもその対象を正しく感じとることができないのである。

E　それゆえに小説を創造していくにあたっては，作家は自分の使う言葉をよく選択し，自分の描こうとすることがらを正確に表現していく必要がある。

F　その言葉の選択は，その言葉が作家の描こうとする対象に適しているかどうかということを基準にして行われる。

G　作家の好みにしたがって言葉を選ぶならば，描こうとする対象に適しない文章ができあがる。

①　D→E→F→G→B→A→C
②　D→F→B→G→A→C→E
③　C→A→D→F→B→G→E
④　C→E→F→B→G→A→D
⑤　C→E→B→G→A→F→D

No.14

（解答 ▸ P.39）

次のＡ～Ｇの文を意味の通るように並べ替えたとき，最も妥当なものはどれか。

A　ものを読むには必ず努力が要るが，古人の歌をなんでもかでも理解しようとするような努力はあまり実りあるものとも思われない。

B　古い時代の歌を一所懸命読んでみたが，退屈で退屈で，という人がよくいるのは，その証拠だろう。

C　古い時代の歌を読むとき私が評価の目安にするのは，その歌が私にとって何らかの意味で意外性をもっているかどうかということである。

D　受験勉強とはちがうのだから，何らかの意味でこちらの目に吸いついてくるような歌を漁（あさ）っていけばいいと私は思っている。

E　退屈するのが当り前だ。

F　ほかにもいろいろ目安のつけかたはあろうが，簡単に言って，「おや」と思わせる歌の作者でないと，つっこんで付合う気はおきない。

G　これは当り前のことのようだが，案外そうでもないらしい。

①　A→B→E→G→D→F→C
②　A→B→G→D→F→E→C
③　C→F→G→B→A→E→D
④　C→F→E→B→A→G→D
⑤　C→F→E→D→B→G→A

No.15

(解答 ▸ P.40)

次のＡ～Ｇの文を意味の通るように並べ替えたとき，最も妥当なものはどれか。

A　これは，まるで，ふろ屋のペンキ絵だ。芝居の書き割りだ。

B　どうにも注文どおりの景色で，わたしは，恥ずかしくてならなかった。

C　わたしは，一目見て，狼狽し，顔を赤らめた。

D　真ん中に富士があって，その下に河口湖が白く寒々と広がり，近景の山々がその両袖にひっそりうずくまって湖を抱きかかえるようにしている。

E　好かないばかりか，軽蔑さえした。

F　ここ※から見た富士は，昔から富士三景の一つに数えられているのだそうであるが，わたしは，あまり好かなかった。

G　あまりに，おあつらい向きの富士である。

（注）　※　ここ：海抜 1300 メートルの御坂峠の頂上の天下茶屋という茶店

①　D→F→E→B→G→A→C

②　F→D→E→B→A→G→C

③　F→E→D→G→A→C→B

④　F→E→G→D→C→A→B

⑤　D→F→G→D→C→A→B

No.16

（解答▸P.40）

次のＡ～Ｆの文を意味の通るように並べ替えたとき，最も妥当なものはどれか。

A　子供の片言でも，商品の広告文でも，法律の条文でも，幾何学の定理の証明でもそうである。

B　文学の内容は「言葉」である。

C　逆に，言葉で現わされたすべてのものがそれ自身に文学であるとは限らないまでも，そういうもので文学の中に資料として取り入れられ得ないものは一つもない。

D　言葉をなくすれば思惟がなくなると同時にあらゆる文学は消滅する。

E　ピタゴラスの定理の証明の出て来る小説もあるのである。

F　言葉でつづられた人間の思惟の記録でありまた予言である。

① B→F→D→C→A→E

② B→F→A→D→C→E

③ D→E→F→C→A→B

④ F→D→C→E→B→A

⑤ F→D→B→E→C→A

No.17

（解答▸P.40）

次のＡ～Ｇの文を意味の通るように並べ替えたとき，最も妥当なものはどれか。

A　思ひがけなく急に隠れる突起もあり，又陰の方から静かにあらはれてくる穹窿[※1]もある。

B　観る者が一歩動くとその輪郭が忽ち動揺する。

C　彫刻に面する時，観る者の方が動くから彫刻が動くのである。

D　その輪郭線の微妙な移りかはりに不可言[※2]の調和と自然な波瀾とを見てとつて観る者は我知らず彫刻のまはりを一周する。

E　一つの彫刻の前に立つと先づその彫刻の輪郭が眼にうつる。

F　彫刻の輪郭はまるで生きてゐるやうに転変する。

G　彫刻の四面性とは斯の如きものである。

（注）　※１　穹窿：やわらかな，丸みを帯びた形。
　　　　※２　不可言：なんとも言葉では言い表せない。

①　E→C→F→B→A→G→D
②　E→C→B→F→A→D→G
③　C→E→F→B→D→A→G
④　C→E→B→F→A→D→G
⑤　E→C→B→F→A→D→G

第２編

文章理解（英文）

第2編

第1章 内容把握

No.1

（解答 ▸ P.41）

次の英文の内容と一致しないものは次のうちどれか。

San Francisco is one of the most beautiful and unusual cities in the world, and it attracts many tourists, both American and foreign, all year around.

This fascinating town at the tip of a California peninsula is the western gateway of America. Historians call it "the city of the Golden Gate". Lovers call it "the city by the bay". Those who don't want to live there call it "Frisco*".

About one million people call it home.

＊ Frisco　San Francisco の軽べつ的な言い方

① サンフランシスコに住みたくないと思っている人たちは「フリスコ」と呼ぶ。
② サンフランシスコを訪れるのはアメリカ人よりも外国の人の方が多い。
③ 約百万人の人達はここを故郷と呼ぶ。
④ 歴史家達はここを「金門の都市」と言う。
⑤ カリフォルニア半島の先端にあるこの都市は，アメリカの西の玄関口でもある。

No.2

（解答 ▸ P.41）

An Arabian family lived in the desert. The family did not stay long in one place, but always moved around. They had many servants and a lot of things to carry around. One night a group of bad men came to their tent to rob. They could not find anything, so they took away the little girl. The father loved the girl very much. He loved her best of all. He ran after the bad men and said, “Give back my daughter ! I will give you all my treasures, if you give her back to me.”

上文から正しく言えることは次のどれか。

① このアラビア人の父には財宝より娘の方がたいせつであった。
② このアラビア人の家族は，父と少女の２人であった。
③ 泥棒は少女を連れ去ることが，初めからの目的であった。
④ このアラビア人の家族は，一度泥棒に入られてから引越しをたびたびするようになった。
⑤ 召使いたちは，主人の財宝をたくさん盗みだすことをたくらんだ。

No.3

（解答 ▸ P.41）

次の英文の内容として正しくないものは，次のうちどれか。

In an effort to produce the largest, fastest, and most luxurious ship afloat the British built the Titanic. It was so superior to anything else on the sea that it was called "unsinkable." So sure of this were the owners that they provided lifeboats for only 950 of its possible 3,500 passengers.

Many passengers were aboard the night it rammed an iceberg, only two days at sea and more than half way between England and the New York destination. Because the luxury liner was traveling so fast, it was impossible to avoid the ghostly looking iceberg. An unextinguished fire also contribute to the ship's submersion. Panic increased the number of casualties as people jumped into the icy water of fought to be among the few to board the lifeboats. Four hours after the mishap another ship, the Carpathia, rescued the survivor − less than a third of those originally aboard.

The infamous Titanic enjoyed only two days of sailing glory on its maiden voyage in 1912 before plunging into 12,000 feet of water near the coast on Newfoundland, where it lies today.

① 乗船していた人々の中のわずか３分の１の人々が犠牲となった。
② タイタニック号はニューファンドランドの近くに今でも沈んでいる。
③ タイタニック号は 1912 年に航海した最も速い船であった。
④ カーペシア号が生存者を助けてくれた。
⑤ 3,500 人の乗客に対して，950 人分の救命艇しかなかった。

No.4

（解答 ▸ P.41）

No.3の英文を読んで次の問いに答えよ。
タイタニック号は沈没するまでに何日航海したか。

① １日
② ２日
③ ４日
④ ６日
⑤ 12 日

No.5

（解答 ▸ P.41）

次の英文の内容と一致しないものは，次のうちどれか。

The European joke is:

Germany: Unless an action is specifically permitted, it must be taken as forbidden. In a park, for instance, unless there is a notice "Walking on the grass permitted", it is forbidden to do so.

Britain: Unless an action is specifically forbidden, it is permitted. Unless there is a notice "Walking on the grass forbidden", it is allowed.

Austrian, Italy, France: Whether the action is forbidden or permitted, simply do exactly what you like !

① ドイツの公園では，入っても良い芝生には「立ち入り可」の立札がある。

② 英国では，はっきりと禁止されていなければ許可されていることになる。

③ オーストリア，イタリア，フランスの公園では，立札がないので，芝生に立ち入って判断しなければならない。

④ ドイツの公園では，入ってはいけない芝生には立札がなく，イギリスでは逆に入っても良い芝生には立札がない。

⑤ オーストリア，イタリア，フランスでは本人の判断で芝生の立ち入りは自由に決められている。

No.6

（解答▸P.41）

本文の内容と一致しないものは，次のうちどれか。

What is your favorite color? It is yellow, orange or red? If it is, you must be an optimist, a leader, and an active person who enjoys life, people, and excitement. Do you prefer gray and blue? Then you are probably quiet, shy, and you'd rather follow than lead. You tend to be a pessimist. At least, this is what psychologists tell us; and they have been seriously studying the meaning of color preference, as well as the effect that colors have on human beings. They tell us, among other facts, that we don't choose our favorite color as we grow up − we are born with our preference. If you happen to love brown, you did so as soon as you first opened your eyes.

① 私たちは成長するにつれて色を選ぶのではなく生まれながらに色の好みを持っていると言われている。
② 灰色と青を好む人は，静かで内気な人である。
③ 黄色，だいだい色，赤色を好きな人は悲観論者に多い。
④ 心理学者は色の好みの意味についても真剣に研究している。
⑤ 茶色の好きな人は，初めて目を開けた時に茶色が好きだった。

No.7

（解答▸P.42）

本文の内容と一致するものは，次のうちどれか。

Both Father and Mother loved to have a good time. When they went to a dance or a dinner where they enjoyed themselves, they were full of high spirits. They showed their pleasure clearly, and they came home refreshed.

But in one way they were very different: Mother always wanted to go; Father never. Mother was always sure they would like it. Father said she had an idea that all parties were pleasant. He knew better. He said he didn't like them. Any of them. He always said he wouldn't go anywhere.

① 母は楽しく過ごすことが好きだったが，父は必ずしもそうではなかった。
② 楽しいダンスや食事などのパーティーに出かける時には，父も母も興奮していた。
③ ダンスや食事などのパーティーに出かけた時には，父も母も気分爽快で帰宅した。
④ 外出に関しては，父と母はすべての点で意見が一致していた。
⑤ 父は母よりも物事をよく知っていた。

No.8

（解答▸P.42）

次の英文の内容と異なっているものは，次のうちどれか。

An American who comes home after living for a time in such a place as Tokyo is likely to find Americans not at all friendly. In addition to being friendly, Tokyo is a much safer city than New York, of course, or indeed than any large American city. New York is probably the American city in which the visitor from outside feels the most insecure. Tokyo is also a gentler place than New York.

① 東京はニューヨークより穏やかな都市である。
② 東京から帰郷するアメリカ人は自国の人々が親切ではないと感じるだろう。
③ 東京はニューヨークより安全な都市である。
④ 外部から来た人にとってニューヨークは安全な都市と思われている。
⑤ 東京は他のアメリカのどの都市よりも安全である。

No.9

（解答 ▸ P.42）

Remarks about the weather are safe way of opening communication with a stranger. When I go abroad, to a country where I can't speak the language, I always try to learn a few phrases, like 'Good morning', 'Good afternoon', 'Isn't it a nice day?', 'Please' and 'Thank you'. People are suspicious of strangers who are completely silent.

上文から言えることとして最も妥当なものはどれか。

① 言葉の通じない外国へ行ったときは，「おはよう」とか「ありがとう」のようなわずかばかりの言葉を使うだけでも，黙っているよりは人々とうまくいくものだ。

② 外国へ行くと，まず「おはよう」「ありがとう」などをその国の言葉でいえるようにしている。すると知らない人と話をする道が開けてくる。

③ 外国で知らない人と話をするコツは，「おはよう」「ありがとう」など少数のあいさつの言葉を上手に使うことである。

④ 外国で知らない人と話をするには，まず天気の話をするのが無難で，簡単な言葉ぐらいは覚えたい。外人が黙っていると人は変に思うものだ。

⑤ 外国へ旅行するときは，天気のことに注意したほうがよい。いろいろなあいさつの言葉の中にも天気に関連したものがあり，完全に使いこなすのはむずかしい。

No.10

（解答 ▸ P.42）

The differences between the English language and the American language may not be so many or so deep as we often imagine. Or what seemed typically American in the past may come to seem no less typically English in the present. For language is always changing, like the men who speak it; and the men are always influencing one another.

上文の趣旨として正しいものは，次のうちどれか。

① 言語と人間との間には，言語が人間を作り，人間が言語を作り上げていくという相互作用がある。

② 人間と同様に，言語も常に変化する。長い年月のうちに，英語と米語とは大いに異なるものとなった。

③ 英語と米語はその言葉から受けるイメージが異なるため，両国間の人々の意思の疎通は困難である。

④ 英語と米語は互いに影響を及ぼしあい，両者の差異は縮小する傾向にある。

⑤ 英語と米語の違いは，われわれがイメージしているよりもはるかに大きいものである。

No.11

(解答 ▸ P.42)

In England you always have to buy matches. They are never given away free in pretty little boxes by bars and coffee shops, as in Japan. In banks, just present your cheque at the counter, and the clerk will pay you at once with money. You do not have to sit down and wait until your name is called, as in Japanese banks. There are no tropical fish and no television sets in British banks.

In a British hotel, you may leave your shoes outside your door when you retire for the night. Curiously enough, however good they are, your shoes will not be stolen. If you sometimes find them gone, don't telephone for the police. It simply means that the bootboy has taken them away to be polished. They will be there again in good time for your departure in the morning.

上文の内容と一致するものは，次のうちどれか。

① イギリスは日本に比べて一般にサービスが悪い。

② イギリスの銀行は客を待たせない。

③ イギリスのホテルは治安維持のため，警察と密接な連絡をとっている。

④ イギリスのホテルに宿泊するときは靴を室内に置いたほうがよい。

⑤ イギリスの酒場や喫茶店の無料マッチは旅のよい思い出になる。

No.12

（解答▶P.43）

次の英文を読み，B 会社が A さんを解雇した理由として最も適当なものは，次のうちどれか。

Mr. A was an employee at B Company. One day in September, 1967 he was ordered to work overtime. The order came fifteen minutes before the end of regular working hours. Mr. A had an appointment for that evening. He worked one hour overtime and then left to keep his appointment. The next night he worked until 9:00 p.m. to finish the job. As punishment for refusing the order to work overtime, he was suspended from work for two weeks.

The story did not end there. B company demanded that Mr. A write a letter stating that he repented his action and promising not to refuse overtime again. Mr. A said he was willing to cooperate with the company, but would no sign a paper saying that workers have no right to refuse overtime. For this, he was fired.

① ９時まで残業を命じられたにもかかわらず，残業をしなかったこと。
② 労働者は残業を拒否できるという趣旨の文書に署名したこと。
③ 自分が悪かったことを認める文書を書かなかったこと。
④ ２週間の停職処分を受けた後に，会社に戻って仕事をしなかったこと。
⑤ 被雇用者は，会社の命令を守らなければいけないと言ったこと。

No.13

（解答▶P.43）

次の英文の内容と一致しないものは，次のうちどれか。

If the food in a restaurant is poor, the Englishman says nothing, pays the bill and never comes back again. A Frenchman calls the manager, and Belgian is said to erupt like a volcano. They do not mind other people looking at them, in fact they may rather enjoy it. They feel they are doing something to raise the standard of the food in that restaurant and that the other customers will appreciate this. It is all very embarrassing to an English companion, who probably has been taught from childhood never to "make a scene".

① レストランでまずい食事を出されたとき，イギリス人は黙ってお金を払うが，二度とその店には行かない。
② イギリス人は子供のころから大騒ぎをしないようにしつけられている。他の客はそういう態度を立派だと感じている。
③ レストランでまずい食事が出たら，フランス人はマネージャーを呼びつけ，ベルギー人は烈火のごとく怒ると言われている。
④ まずい食事が出たら，文句を言うことがそのレストランの食事の質を向上させるとフランス人やベルギー人は思っている。
⑤ レストランでフランス人やベルギー人がするような事は，イギリス人にとっては大変困ったものである。

No.14

（解答▶P.43）

次の英文の内容と合致するのはどれか。

A security guard at a warehouse in the nearby town of Casdia had more faith in big cats than watchdogs, police discovered. Police making a check Saturday night at a strange site for tanks of liquid gas, were greeted by the roar of two lions on guard duty. Watchman, Pasquale Renzi later explained that he raised the animals from cubs for just that purpose, saying that they had him feel "more secure."

① 警備員は仕事のために，ライオンを計画的に飼育していた。
② 猫はペットとしてだけではなく，ときには犬よりも役立つことがある。
③ 猫や番犬を襲ったのは，警察の調べによると２匹のライオンであった。
④ 警察が現場検証をしているとき，警察官が２匹のライオンに襲われた。
⑤ 警備員は警備する場所によっては犬だけでなく猫も連れていった。

No.15

（解答 ▸ P.43）

次の英文で，筆者はどんなことについて述べているか。

In recent years many countries of the world have been faced with the problem of how to make their workers more productive. Some experts claim the answer is to make jobs more varied. But do more varied jobs lead to greater productivity? There is evidence to suggest that while variety certainly makes the worker's life more enjoyable, it does not actually make him work harder. As far as increasing productivity is concerned, then, variety is not an important factor.

Other experts feel that giving the worker freedom to do his job in his own way is important, and there is no doubt that this is true. The problem is that this kind of freedom cannot easily be given in the modren factory with its complicated machinery which must be used in a fixed way. Thus while freedom of choice may be important, there is usually very little that can be done to create it.

To what extent does more money lead to greater productivity? The workers themselves certainly think this is important. But perhaps they want more money only because the work they do is so boring. Money just lets them enjoy their spare time more. A similar argument may explain demands for shorter working hours. Perhaps if we succeed in marking their jobs more interesting, they will neither want more money, nor will shorter working hours be so important to them.

① 労働者と労務管理について
② 合理化の必要性について
③ 職業選択の自由について
④ 労働時間の短縮と余暇について
⑤ 生産性の向上について

No.16

(解答▸P.43)

If you ever attend classes with American students, you will notice many differences between them and Japanese students right away.

One big difference is that American students don't generally speak to each other in class. They pay attention to what the teacher is doing. Also, if an American student doesn't know an answer, another student will not usually whisper it no him or her.

Another difference is that American students like to challenge the teacher. They often ask questions. They disagree with the teacher if they think the teacher is wrong. If they don't understand something, they ask the teacher to explain again.

If you go to an American classroom, there is a very simple thing you can learn to help you fit in. Just learn to raise your hand.

本文の内容と一致するものは，次のうちどれか。

① It will take you a little time to notice the difference between American students and Japanese students.

② The American teacher doesn't care whether or not the students pay attention to what he is doing.

③ If an American student cannot answer the question, the teacher will tell him the answer at once.

④ American students are fond of arguing with their teacher in class.

⑤ Even if American students don't understand something, they don't ask the teacher to explain again.

No.17

（解答▸P.43）

次の英文の内容と一致しないものは，次のうちどれか。

Language is certainly an important factor in understanding others. As my Japanese language ability improves, so does my understanding of the people. This was also true in learning French, my major in graduate school. It was not until I was fluent in French that I really got to know and appreciate French people. I do not say this is always the case, but language does give insights into a foreign culture, that would not be possible otherwise, especially in the case of Japanese who attach much importance to expressions of politeness and agreement.

But to come back to the subject of Japanism, it may be different only by degree from that of other nationalities — a bit stronger perhaps. All people feel some nationalism or patriotism, but in Japan these feelings are perhaps deeper and more subjective. What is needed is to transform nationalism into rational humanism — not just in Japan but in the U.S.A. and other nations as well.

① 言語は他の言語を理解する重要な要因である。
② 日本人は礼儀と協調を表に現すことを重視する。
③ 日本人の特質は他の国より国民性が少し目立っている。
④ 多くの人が自国に対して多少愛国心を抱いている。
⑤ 日本やアメリカは他の国と同様に民族主義を人道主義に変える必要がある。

No.18

(解答 ▸ P.44)

The princess thought of the frog sleeping in her pretty clean bed and began to cry. But the king said. "You must be kind to him, for he helped you when you were in trouble."

She picked the frog up with her two fingers, carried him upstairs to her room and put him in a corner. But when she was in bed, he came up to her bed and said, "I am tired and sleepy. Please take me up on your bed, or I'll tell your father."

Then the princess got very angry. She caught the frog and threw him with all her might against the wall.

When he fell to the floor, he was not a frog, but a handsome prince with beautiful eyes.

Then he said to her, "I was changed into an ugly frog by a bad witch and you alone could help me to get out of the spring."

Soon the prince married the princess and took her to his own country. They lived happily together.

本文の内容に合うように次の文を完成させよ。

The princess didn't want

① the frog to begin to cry.

② the king to be kind to him.

③ the frog to sleep in her bed.

④ the prince to get out of the spring.

⑤ the frog to carry him upstairs to her room.

No.19

（解答 ▸ P.44）

Every afternoon, as they were coming from school, the children used to go and play in the Giant's garden.

In spring, the garden, with soft green grass, was very beautiful. Here and there over the grass stood beautiful flowers like stars. Many birds came and sang so sweetly that the children playing in it used to stop their games to listen to them. They were very happy there.

One day the Giant came back. He had been away from his own castle for seven years. When he came home, he saw the children playing in the garden. He got very angry and cried out to them, "What are you doing here?" The children ran away. The Giant said to them, "I will allow nobody to play in it but myself." So they could not play in it. The poor children had now nowhere to play.

Summer, autumn and winter passed. Spring came again, and all over the country there were little blossoms and little birds. But in the garden of the Giant it was still winter. The birds did not care to sing in it as there were no children, and the trees forgot to blossom.

One morning the Giant was lying awake in bed when he heard some lovely music. It was really only a little bird, but it sounded so sweet to his ears. Because it was so long since he had heard a bird sing in his garden that it seemed to him to be the most beautiful music in the world.

本文の内容と一致するものは，次のうちどれか。

① The Giant got very angry when he saw the birds singing in the garden.
② The children were very sad in the garden while the Giant was going out to do some shopping.
③ When spring came again, the Giant and the children played in the garden.
④ The children were very happy in the garden while the Giant was away from home.
⑤ The children went to the Giant's castle when school was over every afternoon.

No.20

（解答 ▸ P.44）

Once upon a time there lived a woman who was not good and very ugly. She had two daughters. She loved the elder girl because she looked very much like her mother. The younger was not like her sister; she was very good and beautiful. So, her mother did not love her and made her do all the hard work.

上文の下線部の訳として正しいのは，次のうちどれか。

① 彼女は，むずかしい仕事を全部やりとげた。
② 彼女は，その仕事をするのは無理であった。
③ 彼女に，つらい仕事を全部やらせた。
④ 彼女は，むずかしい仕事を一生懸命やった。
⑤ どんなにつらい仕事でもやれるように彼女を育てた。

No.21

（解答 ▸ P.44）

次の英文の主旨として最も適当なのはどれか。

The American teacher does not want the children in her class to sit with their hands folded quietly and to say nothing. She wants them to listen carefully, to ask questions, to answer questions, and to give their own opinions. She knows that what the children learn from books is important. She also knows that it is necessary for them to know how to use this learning for their growth and development.

① アメリカの教師は他のどの国の教師よりも，生徒に対して厳しい。
② アメリカの教師は生徒がいつも礼儀正しくすることを期待している。
③ アメリカの教師は生徒の自主性を重んじ，決して生徒をしからない。
④ アメリカの教師は生徒を巧みに指導し，親たちの大きな信頼を得ている。
⑤ アメリカの教師は生徒が主体的に学び，知識を活用することを望んでいる。

No.22

（解答 ▸ P.44）

本文の内容と一致するものはどれか。

Do you often dream at night? Most people do. When they wake in the morning they say to themselves, "What a strange dream I had ! I wonder what made me dream that."

Sometimes dreams are frightening. Terrible creatures threaten and pursue us. Sometimes in dreams, wishes come true. We can fly through the air or float from mountain-tops. At other times we are troubled by dreams in which everything is confused. We are lost and can't find our way home. The world seems to have been turned upside-down and nothing makes sense.

① 多くの人は友達に「なんて変な夢を見たのだろう」と言ってまわります。
② 夢で空中を飛んだり，山の頂から舞うことなどできません。
③ 恐ろしい動物達と一緒に夢の中で遊びます。
④ 私達は夢の中で道に迷っても，帰ることができます。
⑤ 夢の中では世界が逆さまになり，すべてわけが分からなくなることがあります。

No.23

（解答 ▸ P.44）

下線部の意味を最もよく表しているものは，次のうちどれか。

I have been living in Japan for many years. So of course I have seen many things that seem strange to me. For example, when I first came to Japan, I lived with a Japanese family. <u>The way the mother in this family treated her children surprised me.</u> She was very different from Canadian mothers. In Canada, children must do some work at home. But this Japanese mother did everything for her children. I think she did too much for them.

① この家庭のお母さんが子供たちを扱うのを見た時私はびっくりした。
② この家庭のお母さんが子供たちを進ませた道は私をびっくりさせた。
③ この家庭のお母さんの子供たちに対する扱い方に私はびっくりした。
④ この家庭のお母さんはびっくりした私を自分の子供のように扱ってくれた。
⑤ この家庭のお母さんが私のことを子供扱いしたのでびっくりした。

No.24

（解答 ▸ P.45）

Grandfather had become gentle and happy since Mary came back to the mountain to live with him. Mary was a lovely little girl, and his lost son's daughter. They loved each other dearly. Grandfather made up his mind to spend a better life with Mary, for he had been bad and wild when he was young.

上の英文と同じ内容をもつものは，次のうちどれか。

① Mary's father was dead.
② Grandfather was living in a town.
③ Mary disliked Grandfather.
④ Grandfather was seventy years old.
⑤ Mary's mother was dead.

No.25

（解答 ▸ P.45）

次の英文から正しいと言えるのはどれか。

He worked without stopping and ate little. When work was over, he sat silently, looking upwards. He hardly went in to the street, spoke only when necessary, and neither joked nor laughed.

① 彼は町へ行きにくかったので，ただ黙ってぼんやりとしていた。
② 彼の町へ行くために，ほとんど休みなしに夢中で働いた。
③ 彼は冗談を言ったり笑ったりしながらもよく働いた。
④ 彼は町へ出かけても常に仕事のことを考えていた。
⑤ 彼は少食だがよく働き，めったに町へ出かけることもなかった。

No.26

（解答 ▸ P.45）

One of the miracles of life is the way green plants use from the sun to make food. Green plants make food in their leaves by a process called photosynthesis. Plants need light, carbon dioxide from the air, and water and salts from the earth. Each leaf works like a tiny factory. Each one contains special cells which change the carbon dioxide and water into a form of sugar, using sunshine energy.

上の英文を読み，誤っているものはどれか。

① 緑色植物は光エネルギーを使って栄養をつくる。
② 植物は光と空気中の酸素と地中の水と塩を必要とする。
③ 植物の各々の葉が，工場のような働きをする。
④ １枚ずつの葉の中には，二酸化炭素と水を糖の一種に変える細胞がある。
⑤ 光エネルギーを利用して，二酸化炭素と水を糖の一部に変える。

No.27

（解答 ▸ P.45）

次の英文として妥当なのは，次のうちどれか。

Living in our modern world is different from what living was when our grandparents were young. Learning to use machines is very important today. Only a century ago, most of the work was done by hand. Today we use machines for everything. Machines have affected in many ways the lives of people all over the world.

① ほんの10年前までは，仕事はすべて手で行われた。
② 今日世界中の人々の生活は，機械に影響されているので，我々は機械を使えるようになることが大切である。
③ 今日では，機械が何でもしてくれる世の中であるから，我々は手で仕事をしない方が良いのである。
④ 現代社会も，我々の祖父母の若い頃も，機械は別として余り変わっていないのである。
⑤ 今日世界では，我々は機械に支配されてしまっているので，我々の祖父母の若い頃のように手で仕事をするように心がけねばならない。

No.28

（解答▶P.45）

次の詩の内容として適当なものはどれか。

The sun is rising out of bed,
And in the east the sky is red;
Then up and awake each sleepy head,
So early in the morning.
'Tis shame to dream the hours away,
When all the world is bright with day,
And nature calls to work and play,
So early in the morning.

① 太陽が明るく輝いている。この朝の清新な空気のなんとさわやかなことか。
② 朝になったのだ。さあ起きよう。いつまでもねぼけまなこでいるのはみっともないよ。
③ ああ，もう朝になった。寝苦しい夜だった。私の心はまだ夢みている。
④ 朝になったが，まだ眠い。もう少し寝ていたいものだ。
⑤ 朝になった。太陽も自然も目ざめたらしい。今日一日の活動に心が踊る。

No.29

（解答▶P.45）

The man we saw was none other than the President. He gave us nothing other than a soft smile.

上の英文から言えるのは次のどれか。

① 私たちが見たのは，大統領に似ても似つかない感じの悪い人物だった。
② 私たちが見たのは，まさしく大統領だったが，感じの悪い人物だった。
③ 私たちが見たのは，大統領に似ても似つかない人だったが，こちらを見て微笑んだ。
④ 私たちが見たのは，まさしく大統領で，その人はこちらを見て微笑んだ。
⑤ 私たちが見たのは，まさしく大統領で，その人は私たちに微笑みを強要した。

No.30

(解答 ▸ P.45)

The starting point of the famous English sense of humor is modesty[*1], and great enemy is conceit[*2]. Its ideal is the ability to laugh at oneself — at one's own faults, one's own failures and embarrassments[*3], even at one's own ideals.

＊1　modesty　謙虚　　＊2　conceit　うぬぼれ　　＊3　embarrassment　当惑，きまり悪さ

上の英文によると，イギリス人のユーモアの感覚で良しとされないものは次のどれか。

① 自分を必要以上に押し出さない。
② 自分を実力以上に評価する。
③ 自分の失敗を笑う。
④ 自分の欠点を笑う。
⑤ ときには自分の理想さえも笑いの対象にする。

No.31

(解答 ▸ P.45)

To other Europeans, the best known quality of the English is "reserve". A reserved person is one who does not talk very much to strangers, does not show much emotion[*1], and seldom gets excited[*2]. It is difficult to get to know a reserved person; he never tells you anything about himself, and you may work with him for years without ever knowing where he lives, how many children he has and what his interests are. English people tend to be like that.

＊1　emotion　感情　　＊2　get excited　興奮する

上の英文中にある下線 A reserved person の説明として適当でないものは，次のうちどれか。

① 知らない人にでもすぐに話しかける。
② 感情をなかなか表にださない。
③ 自分のことを語りたがらない。
④ 家族のことも話さないまま何年も過ぎることがある。
⑤ イギリス人によくあるタイプ。

No.32

（解答▶P.45）

次の英文は人口の高齢化に関する話題である。内容と一致しないものはどれか。

The ageing of the population reflects*1 the two main factors*2: first, the downward trend in the birth rate*3, so that the proportion*4 of older people is very much larger than the proportion of children in the population. Second improvement in life expectancy*5 (an increase of 20 years over the course of the twentieth century in the case of Britain）.

＊1　reflects　反映する　　＊2　factors　要因　　＊3　birth rate　出生率
＊4　proportion　割合　　＊5　life expectancy　平均寿命

① 人口の高齢化の要因は複雑で特定できない。
② 人口の高齢化の要因の一つは，出生率の低下傾向にある。
③ 平均寿命が伸びたのも，人口の高齢化の要因に挙げられる。
④ イギリスでは，この100年間に平均寿命が20年も伸びている。
⑤ 人口の高齢化には二つの大きな要因がある。

No.33

（解答▶P.46）

When we talk about intelligence*1, we do not mean the ability*2 to get a good score on a certain kind of test, or even the ability to do well in school; these are at best only indicators*3 of something larger, deeper, and far more important. By intelligence we mean a style of life, a way of behaving in various situations, and particularly in new, strange and troublesome situations. The true test of intelligence is not how much we know how to do, but how we behave when we don't know what to do.

＊1　intelligence　知性　　＊2　ability　能力　　＊3　indicators　指標

上の英文中で「本当の知性」とされているのは次のどれか。

① 学校でよい成績を修める能力。
② テストで高得点を取る能力。
③ 物事を行う方法を，いろいろ知っていること。
④ 生き方，特に未知の状況においてどのように行動するか。
⑤ より深刻な状況と，そうでない状況を見極める能力。

No.34

（解答▸P.46）

No creature — besides human beings[*1] — exhibits a preference for one hand (or paw[*2], or claw) across the entire species[*3]. Individual[*4] animals may prefer[*5] one paw to another, but they are easily affected[*6] by such conditions as the positions of an object[*7] they are reaching for. Human beings, however, are generally right-handed all over the world, in all races and cultures. Scientists have long tried to find out the reason for this.

＊1　human beings　人類　　＊2　paw　犬，猫などの足　　＊3　species　種（しゅ）
＊4　individual　個々の　　＊5　prefer A to B　B よりも A を好む
＊6　affect　影響をする　　＊7　object　物体

上の英文で論じられている内容に合致しないものはどれか。

① あらゆる種の中で人間以外のどんな生物も，習慣的に一方の手だけを優先させて使うものはいない。
② 人間は，世界中で全ての人種で，たいてい右利きである。
③ 科学者は長いことかかって人類が右利きであるのは，文明と関係があると解明した。
④ 個々の動物が一方の足を他方より好んで使う場合は，置かれた状況によることが多い。
⑤ 人間は，世界中さまざまな文化の中で，たいてい右利きである。

No.35

(解答 ▸ P.46)

A sense of humor is an attitude to life rather than the mere ability to laugh at jokes. This attitude is never cruel or disrespectful or malicious*1. The English do not laugh at a disabled person or a mentally ill person, a tragedy or an honorable failure. Sympathy*2 or admiration*3 for artistic skills are felt to be stronger than laughter.

＊1　malicious　悪意のある，意地の悪い　　＊2　sympathy　共通の念
＊3　admiration　賞賛（の気持ち）

上の英文の内容に合致しないものはどれか。

① ユーモアで最も大切なのは冗談を即座に理解することである。
② ユーモアのセンスとは，冗談の理解力というより，生活に対する態度で決まる。
③ 残酷や不敬はユーモアのセンスからは程遠い。
④ イギリス人は悲惨な事や名誉ある失敗を笑ったりはしない。
⑤ 芸術的な技能に対しては，笑うより共感の念が強くなる。

No.36

(解答 ▸ P.46)

個人と会社の関係について，次の英文で記述されているものはどれか。

We Japanese take comfort from the security*1 provided by the relationship between the individual and the corporation*2. It adds a desired element of stability*3 to their lives. Americans much prefer the freedom enabled by keeping their work and personal identities separate and being able to change their circumstances*4 when they believe the situation requires it.

＊1　security　安心，保証　　＊2　corporation = company
＊3　stability　安定　　＊4　circumstance　環境

① 日本では，個人が会社に頼りすぎる傾向があり，是正されなければならない。
② アメリカでは，会社が個人に対し冷淡すぎるので，それは変えていく必要がある。
③ アメリカ人は会社と距離を保ち，状況に応じて環境を変えたいと思っている。
④ 日本の会社がこれまで発展してこられたのは，個人が努力を惜しまなかったからだ。
⑤ 最近では日本の会社もアメリカ式に，個人と距離を保つ傾向になってきた。

No.37

（解答 ▸ P.47）

次の英文は，国民所得と医療費に関するものであるが，内容と合っているものは次のうちどれか。

Japan now spends about 41% of its national income on health care and pensions*1. Economists predict this figure will rise to 60% or higher by the year 2020. This will have serious results for the nation's economy*2. Above all, it will squeeze*3 the budgets*4 of local governments*5. It will also squeeze the private savings rate of 14% — money used in the past for economic investment*6.

＊1　pension　年金　＊2　economy　経済　＊3　squeeze　（経済的に）圧迫する
＊4　budget　予算　＊5　local government　地方自治体　＊6　investment　投資

① 日本は現在，医療費と年金に国民所得の大半を費やしている。
② 医療費と年金の増加の影響は，地方財政には及ばない。
③ 個人の貯蓄率は，これからも順調に伸びると予測されている。
④ 医療費と年金のための費用が増えれば，日本経済は大変な影響を受ける。
⑤ 医療費や年金の増加に対応する政策が早急に望まれている。

No.38

（解答 ▸ P.47）

Language is the most sophisticated[*1] creation[*2] in the story of human beings. Nobody knows who, when or where it was invented, but everybody knows why. People need language, because they need and want to communicate[*3]. Language is precious[*4]. Women and men have often talked about it as if it were a divine gift[*5]. They have loved the harmony that language can bring and have feared the discord[*6] that it can spread.

＊1　sophisticated　洗練された　　＊2　creation　創造物
＊3　communicate　コミュニケーション（意思伝達）を図る
＊4　precious　貴重な　　＊5　divine gift　神様からの贈物　　＊6　discord　不調和

上の英文の下線 it は何を指すか。

① harmony
② language
③ discord
④ divine gift
⑤ sophisticated creation

No.39

（解答 ▸ P.47）

The amount of domestic waste[*1] produced each day in the industrialized societies[*2] is enormous[*3]; these countries have sometimes been called "throw-away societies" because the volume of items discarded as a matter of course is so large. For instance, food is mostly bought in packages that are thrown away at the end of the day. Some of these can be reprocessed[*4] and reused, but most cannot.

＊1　waste　廃棄物　　＊2　industrialized society　先進工業化社会
＊3　enormous　莫大な　　＊4　reprocess　再処理する

上の英文の下線 "throw-away societies" に対する著者の見解として最も適当なものはどれか。

① 肯定的である。
② 批判的である。
③ ゴミ問題よりもっと重要な課題がある。
④ 企業の努力を促している。
⑤ 消費者の努力を促している。

No.40

（解答 ▸ P.47）

One problem we all face in common is environmental*1 pollution*2. The societies of the earth have become much more interdependent*3 than ever before. As travelers on "spaceship earth", no matter where we live, we are all threatened*4 by pollution of the environment.

＊1 environmental 環境の　＊2 pollution 汚染
＊3 interdependent 相互依存の　＊4 threaten 脅威にさらす

上の英文の記述を正しく表していないものは次のうちどれか。

① 環境汚染に関する問題は，人類全てが直面している。
② 今日，地球上では，歴史上これまでになく，相互依存の度合いを増している。
③ 人類は全て，地球上のどこに住んでいようと環境汚染に脅かされている。
④ 旅行者として世界各地を巡るときにも，あちこちで環境汚染の問題に遭遇する。
⑤ 地球号という宇宙船で旅を続ける人類にとって環境汚染の問題は避けて通れない。

No.41

（解答 ▸ P.48）

Lately the lifetime employment system shows some signs of change in Japan. According to research by Japan Manpower, 60% of Japanese office workers would like to change companies, <u>if the right opportunity came along</u>. Japan Manpower and other headhunting firms*1 are trying to encourage*2 this trend.

＊1 headhunting firms 人材スカウト会社　＊2 encourage 激励する，助長する

下線部の訳として正しいのはどれか。

① 辛抱強くチャンスを待って
② 適切な機会がくれば
③ すばらしい機会がきたからには
④ たとえ自分で機会をつくってでも
⑤ 良い機会がくるまでは

No.42

(解答▶P.48)

Japanese tourism has many interesting characteristics*1. The most famous among them is the group trip Japanese take when they tour Japan or overseas. Although independent*2 trips are becoming more and more popular these days, group trips such as school trips, company trips or community*3 trips are still so common that you will find a lot of tourist groups at every scenic spot*4 in Japan. Most Japanese people seem to think that a trip means a group trip.

＊1　characteristic　特徴　　＊2　independent　個人の，独立の
＊3　community　地域社会　　＊4　scenic spot　観光地

上の英文の記述にないものは，次のうちどれか。

① 日本人の旅行の最も顕著な特徴は，団体旅行である。
② 日本国内の観光地のどこに行っても団体を見かける。
③ 個人旅行を好む日本人はほとんどいない。
④ 概して，日本人にとっては，旅行といえば団体旅行だ。
⑤ 日本人の団体旅行は，国の内外を問わず見られる。

No.43

(解答▶P.48)

"There's a South Pole*1." said Christopher Robin, "and I expect there's an East Pole and West Pole, though people don't like talking about them."

Pooh was very excited when he heard this, and suggested*2 that they should have an expedition*3 to discover the East Pole, but Christopher Robin has thought of something else to do with Kanga; so Pooh went out to discover the East Pole by himself.

＊1　South Pole　南極点　　＊2　suggest　提案する　　＊3　expedition　遠征

上の英文の中で，キーワードは次のどれか。

① South Pole　　② East Pole　　③ expedition
④ Kanga　　⑤ Christopher Robin

No.44

（解答▸P.48）

It is interesting to study the clothing*1 people buy. Most men who work do not feel it is necessary to be dressed differently every day, and so they tend to*2 buy clothing that is as good as possible, even though they do not buy a lot of it. Working women, however, seem to feel embarrassed*3 if they have to wear the same dress very often, and as a result they may put more emphasis*4 on quantity than on quality.

＊1　clothing　衣服　　＊2　tend to…　…しがちである
＊3　embarrassed　きまりが悪い　　＊4　emphasis　重要性

上の英文の内容と合っていないものは，次のうちどれか。

① 働く男性の大部分は，毎日服を替える必要はないと考えている。
② 働く女性は，しょっちゅう同じ服を着ることを嫌うようだ。
③ 男性，女性にかかわらず，服は毎日替えたほうがよい。
④ 女性が服を買うときに，質より量を重視するには，それなりの理由がある。
⑤ 男性が服を買うときは，量より質を重視する。

No.45

(解答 ▸ P.49)

America is a country on the move-literally*1. People of all ages are running, walking, swimming, skiing, and otherwise exercising their way to better health.

According to the latest figures, 59 percent of American adults exercise regularly*2 up 12 percent from just two years ago and more than double the figures of 25 years ago. Even non-exercisers believe they would be more attractive*3 and self-assured*4 if they were more active.

＊1 literally 文字通り ＊2 regularly 定期的に
＊3 attractive 魅力的な ＊4 self-assured 自信にあふれた

上の英文の内容と異なるものは次のどれか。

① アメリカでは成人の約60%が定期的に何らかの運動をしている。
② 定期的に運動はしていない人でも，もっと運動をすれば魅力的になると考えている。
③ 25年前は，現在と比べて，半分くらいの成人しか運動をしていなかった。
④ ２年前は，運動をする成人は50%に満たなかった。
⑤ 定期的に運動をしている人は，自信にあふれている。

No.46

(解答 ▸ P.49)

次の英文を読み，本文の内容と一致するものはどれか。

In the fifteenth century America was discovered as the result of the search for spices. In those days Europe wanted to establish safe trade routes with the Orient. That was why Columbus set sail westwards. Though he did not succeed in his objects, such foods as Europe had never seen were discovered. Today it is estimated that more than half the America's agricultural production consists of plants which were discovered in the New World.

① 15 世紀にアメリカは黄金探しの結果，発見された。
② コロンブスは，ヨーロッパにはなかった食物を発見した。
③ その当時ヨーロッパでは東洋と安全な貿易ルートが確立されていた。
④ 今日世界の農産物の半分は新世界で発見されたものである。
⑤ コロンブスは自分の目的を完全にはたした。

No.47

(解答 ▸ P.49)

Americans like to think of themselves as independent*1 people. From an early age, children are taught to "stand on your own feet." Many young people feel the need to move out of their parents' home as soon as they finish school. Many parents, too, feel that the presence*2 of a grown-up child in the home is something shameful. The reason in both cases is the idea that young people should learn to be independent.

＊1 independent　独立した，自立した，人に頼らない　　＊2 presence　存在

上の英文の内容と一致しないものは，次のうちどれか。

① アメリカでは，幼い頃から，人に頼らないことを教えられる。
② アメリカでは，子供達は学校を卒業すると両親の家を出て独立するのが普通である。
③ アメリカでは，成人した子供が親の家に居るのは恥ずべきことだとされている。
④ アメリカ人は，独立心の強い国民だ。
⑤ アメリカ人が自立心が強いのは，学校教育の成果である。

No.48

(解答 ▸ P.49)

次の英文の内容として最も適当なものは，次のうちどれか。

I doubt if there is anything in my life that I regret more bitterly than I do my frequent failure as a boy to bring delight to my parents by showing them how pleased I was. Time after time, I realize now, I must have brought them bewilderment, dismay, and aching disappointment, by failing to respond adequately to some treat they planned for me.

① 私は私の両親を，いわれもなく疑ってしまったことを後悔している。
② 私の両親は，私のことをいつも疑うような視線で見ていた。
③ 私は少年時代，両親を喜ばせなかったことを後悔した。
④ 私は両親がせっかく計画してくれたことに喜びを示さずに，落胆させたに違いない。
⑤ 私は両親を喜ばせようとしたが両親はそれに反応してくれず，深く傷ついた。

No.49

(解答 ▸ P.49)

次の英文の内容と一致しているものは，次のうちどれか。

I've been going home for lunch ever since I started school. I never liked eating in the cafeteria; although in seventh grade, because all the other boys were doing it and thought it was cool, I washed dishes in the junior high school lunchroom once in a while in exchange for a free lunch. But I like going back to my house at noon.

① 私は，皆と一緒にカフェテリアで昼食を取るのが好きです。
② 私の学校のランチルームはとてもすばらしく，男の子たちも大勢います。
③ 私は無料のランチと交換に，皿洗いをしたことがあります。
④ 皆もそうしているように，お昼に家に帰ります。
⑤ 私はかっこ悪い皿洗いなんかしたことがありません。

No.50

（解答 ▸ P.50）

次の英文の内容として最も適当なものはどれか。

Out of a thousand persons who say, "I have read this." or "I have read that." there is not one perhaps who is able to express any opinions worth hearing about what he has been reading. Again and again I hear students say that they have read certain books; but if I ask them some questions about the book, I find that they are not able to make any answers, or at best, they only repeat something that somebody else has said about what they have been reading.

① 何千と言う多くの人が，自分で読んできた本を自慢している。
② 自分が読んできた本について，聞く価値のある意見を言える人はほとんどいない。
③ 自分が読んだ本について説明する人は，こちらの質問にほとんど答えられる。
④ どんな本を読みましたか，という問いに，まともに答えられない人が多い。
⑤ 自分が読んだ本について，誰かの説明を繰り返す人はいない。

No.51

（解答 ▸ P.50）

There was a time in my boyhood[*1] when I felt that Father has handicapped[*2] me severely in life by naming me after him "Christopher". I asked Mother why I had been named Christopher too. It hadn't been her choice, Mother said. She had suggested all sorts of names to Father, but there seemed to be something wrong with each one. When she had at last spoken of naming me after him, however, he had said at once that that was the best suggestion yet − he said it sounded just right.

＊1 boyhood 少年時代 ＊2 handicapped 不利を負わせる

著者はどういう経緯で Christopher という名になったか。

① 母が選んで決めた。
② 父が選んで決めた。
③ 母が提案して，父が決めた。
④ 父が提案して，母が決めた。
⑤ 長男は父親と同じ名前を付けるのが社会的慣習だった。

No.52

（解答▶P.50）

There are some places on the earth which gets very little rain. Nevertheless, they do not necessarily become deserts. This is because some grass and other plants are able to grow there. In regions*1 with a dry climate*2, such greenery*3 is very important.

*1 region 地域 *2 climate 気候 *3 greenery 草木，緑樹

上の英文に合致する記述はどれか。

① 地球上で降雨の少ない地域はたちまち砂漠化する。
② 砂漠化の原因のひとつは人間の無制限な伐採による。
③ 草木の中には雨が少ない地域でも育つものもある。
④ いったん砂漠化した地域は，元に戻す事は不可能だ。
⑤ 人がいくら努力しても砂漠化は食い止められない。

No.53

（解答▶P.50）

次の英文の主旨として最も適当なものはどれか。

I need hardly tell you that the greatest force in England is public opinion — that is, the general national opinion, or rather feeling, upon any subject of the moment. Sometimes this opinion may be wrong, but right or wrong is not here the question. It is a power that decides for or against war; it is a power that decides for or against reform. It is a power that to a great degree influences England foreign policy.

① 世論は多くの場合正しく，政治家の意志決定に大きく影響している。
② 世論はイギリス政府の外交政策を決定する大きな力である。
③ 世論はいつも正しいとは限らないが，イギリスにおける最大の力である。
④ 世論は時として間違っていることもあるが，国の政策決定には無視できないものになっている。
⑤ 世論が正しいか間違っているかは大きな問題ではない。

No.54

（解答▶P.50）

次の英文中の peach と nut は，何を表すのに用いられているか。

Would you rather be called a peach or a nut? A very attractive and likeable person might be called a peach, but a nut is a person who is a little bit odd and amusing. A very strange person can be called, "as nutty as a fruitcake."

① 柔軟な考えの人と頭の固い人
② 若い人と年をとった人
③ 柔軟な態度ときっぱりとした態度
④ 魅力的な人と変わり者
⑤ 人に好かれる人とやさしい人

No.55 （解答 ▸ P.51）

次の英文の内容と合致するものとして最も妥当なものはどれか。

Differences in American schools compared with those found in the majority of other countries lie in the fact that education here has long been intended for everyone—not just for a privileged elite. Schools are expected to meet the needs of every child, regardless of ability, and also of society itself. This means that tax supported public schools offer more than academic subjects. It surprises many people when they come here to find high schools offering such courses as typing, sewing, radio repair, computer programming, or drive training, along with traditional academic subjects such as mathematics, history, and languages. Students choose their curricula[*1] from a tremendous "smorgasbord[*2]" of courses, depending on their interests, future goals, and level of ability. The underlying goal of American education is to develop every child to the utmost of his (her) own possibilities, however great or small these may be, and to give each one a sense of civic and community consciousness.

＊1 curricula 教科課程　＊2 smorgasbord バイキング料理，寄せ集め

① アメリカの学校教育では，一般教養の科目以外も提供され，エリートの養成に重きが置かれてきた。
② アメリカの学校教育は，個人の能力を最大限に伸ばし，市民意識を養うことが基本となっている。
③ アメリカの公立学校では，一般教養の科目よりも実用的科目の方が多く設置され，学生は将来の目的に合わせて選択する。
④ アメリカの公立学校は，子供の能力よりも社会の要請を考慮して，実用的科目を重視してきた。
⑤ アメリカの公立学校では，将来の目標を見失った子供たちが社会に適応できるように，実用科目が設置されている。

No.56

(解答▸P.51)

次の英文の内容と合致しないものはどれか。

The spirit of curiosity changes its form as the child develops. About the age of two or three it takes the more intellectual form of asking questions: "What is this? What is that?" At the age of four the child wants to know the reason for things. "What is the use of that? Why does Daddy go to work? Why does Mummy put powder on her face?" His questions should, of course, be answered, for it is well to encourage his curiosity and thirst for knowledge. But if we do not know the answer we should say so; or, better still, find out together with the child by looking it up. To do this not only improves our own knowledge but forms a good habit in the child.

① 好奇心は2，3歳の頃は，「これは何？」というような質問の形で現れる。
② 4歳ぐらいになると子供は物事の理由を知りたがるようになる。
③ 子供の質問にはすぐに答えず，子供に考えさせることが大事である。
④ 子供の質問の答えが分からない時は，分からないというべきである。
⑤ 子供と一緒に質問の答えを見つけ出すことは，子供にとっても親にとってもいいことである。

No.57

(解答▸P.51)

次の文の内容と合致しないものはどれか。

It is true that any child can learn any language, as long as he starts early enough. But it is almost certain that children would develop no language at all without continuous and lengthy lessons from an expert. There is, in fact, a critical period during which an infant's developing brain is able to master, by experience, the skill of talking. If he has no contact with speaking people before the age of about seven, a child will have the greatest difficulty in learning language later on.

① 子供なら誰でも，どんな言葉でも覚えることができる可能性がある。
② 子供が言葉を身につけるには，周りに長く継続的に話しかける人が必要である。
③ 幼児の発達しつつある頭脳には，経験によって話をする能力を身につけることのできる大事な時期がある。
④ 7歳ごろまでが言葉を覚えることができる一番大切な時期である。
⑤ 7歳ごろまでに，話をする人と接触を持たなければ，後に言葉を学ぶことは不可能である。

No.58

（解答 ▸ P.51）

次の英文中の下線部の表す内容として最も適当なのはどれか。

Kate was driven to a small village seventy miles north of Johannesburg. The driver stopped in front of a small frame house, and Kate went inside. Banda was waiting for her. He looked exactly the same as when Kate had last seen him. And he must be sixty years old, Kate thought. He had been on the run from the police for years, and yet he appeared serene and calm.

He hugged Kate and said, "You look more beautiful every time I see you." She laughed. "I'm getting old. I'm going to be forty in a few years." "<u>The years sit lightly on you</u>, Kate."

① 何年も君の事を思っていたよ。
② 年なんて君には関係ないよ。
③ 年をとって君は少しやせたね。
④ 過ぎ去った日々もあっという間だ。
⑤ 君に会えない日々は本当につらかった。

No.59

(解答▶P.51)

次の英文は，ある女性からの新聞の「身上相談」への手紙であるが，相談内容として最も適切なのはどれか。

My fiance, "Bob." and I have been together nearly two years, and we are going through a rough patch. My father and Bob have not been getting along for the past few months. Now, Bob refuses to go to any event that includes my family. Honestly, my father is ready to put it all behind him and work on a healthier relationship, but Bob is too stubborn to back down.

It hurts me that Bob cannot be friendly with my family. My aunts, uncles, cousins and grandparents absolutely love the guy, but now he won't see them. I love Bob very much. We are both young (in our very early 20s), but we've invested a lot in this relationship, and this is the major rough spot we've hit. Any advice would be greatly appreciated.

① 婚約者と自分の父親がお互い仲が悪いこと。
② 婚約者の父親が結婚に反対していること。
③ この女性の父親は仲直りする気があるが，婚約者がそれを受け入れないこと。
④ この女性のおじ，おば，祖父母がみんな婚約者をとても気に入っていること。
⑤ 婚約者が自分の家族に受け入れてもらえないこと。

No.60

(解答▶P.52)

次の英文中の下線部 this development が指す最も適当なものはどれか。

Nowadays older people present an important challenge and opportunity to social work. They have moved to one of central importance to the social work. A combination of forces associated with demography*, social attitudes and legislative change, have assisted <u>this development</u>.

＊ demography　人口統計学

① 平均寿命が延び，高齢者の数が増加してきたこと。
② 様々な働きかけで，社会福祉事業が充実してきたこと。
③ 高齢者が社会福祉事業にとって重要な問題の一つになってきたこと。
④ 研究が進み，人口統計学が発達してきたこと。
⑤ 社会福祉事業に対する世論が変化してきたこと。

No.61

（解答 ▸ P.52）

次の文の内容と合致するものとして最も妥当なものはどれか。

The United States is a huge nation, the fourth largest in the world. Within its borders, there are vast regional differences in climates, geography, and historical experience. Each section of the United States is often thought to have its own customs and attitudes, and stereotypes have developed about the people of each region. For example, the New Englander is described as stern and self-reliant, the Southerner as gracious and leisurely, and the Westerner as casual and friendly.

Most regional distinctions, however, have been erased by modern transportation, communication, and mass production.

① アメリカは広大な国で，気候や地理，歴史的経験という点では地域的に差はあるが，人々の生活様式や考え方に大きな差はない。
② アメリカ合衆国は広大な国で，４つの地域に分かれている。
③ アメリカは広大な国で，各地域で独特の習慣や考え方があると考えられるが，たいていの地域差は現代の転送，伝達，大量生産によってなくなりつつある。
④ ニューイングランドの地域の人々は，南部の人より頑固であるが，人には親切である。
⑤ 近年の大量生産や，輸送や伝達手段の発達にも関わらず，各地域の独特の習慣や考え方は変わらず，地域的な差は依然大きい。

No.62

（解答 ▸ P.52）

次の英文の主旨として最も妥当なものはどれか。

Television, it is often said, keeps one informed about current events, allows one to follow the latest developments in science and politics and offers endless information. The most distant countries and the strangest customs are brought right into one's sitting room. It could be said that the radio performs this service just as well; but on television everything is much more living, much more real.

① テレビの長所について。
② テレビの弊害について。
③ テレビの長所と弊害について。
④ ラジオの利点について。
⑤ テレビとラジオの共通点について。

No.63

（解答 ▸ P.52）

次の英文の内容と合致するものとして最も妥当なものはどれか。

Bill Taylor telephoned for a taxi to take him to the railway station.

When the taxi arrived, it started to rain. Big drops of rain covered the windscreen wiper. The taxi moved off slowly, but soon it became faster. The road seemed very slippery, but the driver seemed to be a good driver. About a mile from Bill's house, they reached a sharp curve in the road. The driver turned the steering wheel, and they started to go round the curve. Suddenly the taxi slipped on the wet road. It slid across the road, struck against a wall, and turned over onto its side. Men seemed to come out of nearby houses, and a crowd arrived quickly.

Bill and the taxi driver tried to get out, but the doors seemed to be too heavy. When some men in the crowd saw this, they climbed up onto the taxi and pulled the door open. Then they helped Bill and the taxi driver to climb out.

① 運転手は乱暴な男で，ビルがタクシーに乗るや否や，急発進してビルを驚かせた。
② ビルがタクシーに乗ってしばらくすると急に激しく雨が降り始め，タクシーは角を曲がりきれずに横転してしまった。
③ ビルはタクシーに乗って事故に遭い，予定の列車に間に合わなかった。
④ ビルと運転手が横転したタクシーから自力で脱出すると，周りにはものすごい人だかりがあった。
⑤ ビルと運転手は見物人の助けで横転したタクシーから脱出することができた。

No.64

（解答 ▸ P.53）

次の英文の内容と合致するものとして最も妥当なものはどれか。

A few years ago a survey was taken of English people's entertainment. Television undoubtedly served as the main form of entertainment for practically all the families in the working-class sample. In this sample only one family did not have a television set – "the landlady won't allow it" – and this was one of the reasons for their desire to move. 79 percent said they watched every evening, and for many the television set was on all day.

① イギリスではあらゆる階級の人々にとってテレビは最も代表的な娯楽である。
② この調査では，テレビを持っていない家庭は１％だけであった。
③ この調査では，79％の家庭がテレビを持っていた。
④ この調査でテレビを持っていないと答えた家庭は，「テレビをあまり見ないから」というのがその理由の一つであった。
⑤ この調査で，多くの人が一日中テレビをつけっぱなしにしていることが分かった。

No.65

（解答 ▸ P.53）

次の英文の内容と合致するものとして最も妥当なものはどれか。

Americans invite their friends to their homes more than most people in Europe. Parties for children and for grown-ups are constantly occupying the leisure hours, usually with something to drink. In their new suburbs Americans are extremely friendly and hospitable. They are also very interested in each other, and when a new family moves into a suburban house the neighbors will be calling at once to see if they can help in any way.

① アメリカ人はヨーロッパ人よりも自分の家に人を招待するのが好きである。
② アメリカでは大人向けのパーティーと子供向けのパーティーは別である。
③ アメリカでは，パーティーには飲み物を持参することが多い。
④ アメリカ人がパーティーをするのは，近所の人と仲良くなるためである。
⑤ アメリカの新興の郊外に新しい家族が引っ越してくると，近所の人はすぐにパーティーを開く。

No.66

（解答▸P.53）

次の英文の主旨として最も妥当なものはどれか。

In choosing an occupation, you determine many things that involve your happiness and satisfaction in life. The home you make, the community in which you will live, the standard of living that you will maintain, the recreation you pursue, and the environment in which your children will grow up will largely depend upon your choice of vocation.

① 職業を選ぶ時は，自分の適性に合っているかをよく考えることが大切だ。
② 人は幸せで満ち足りた人生を送るために，仕事をするのである。
③ 職業選択は人生の幸せや満足を左右するものである。
④ 仕事よりも，家庭や子育て，地域活動への参加などのほうが重要である。
⑤ 職業を安易に選ぶと，後になって後悔するのでよく考えるべきだ。

No.67

（解答▸P.53）

次の英文の内容と合致するものとして最も妥当なものはどれか。

The Eskimos have always had good range of vision and well suited to the arctic climate. The slits of the eyes are very small and as an added protection against snow blindness the Eskimos have used snow spectacles, cut from wood or bone with a narrow slit to see though. But the change in diet brought about by contact with modern civilization, have ruined the sight of many Eskimos.

Examinations of the eyes of Canadian Eskimos have shown that when Eskimos children are moved to parts of a town and live on foods containing starch poor in proteins, the children begin to suffer seeing only near object distinctly.

① 各種の有害物質にさらされるようになった現代のエスキモーたちの中には，視力障害に苦しむ人が増加している。
② 極地における過酷な風土から目を守る道具を知らないため，視力障害に苦しむエスキモーたちが急増している。
③ 貧困から生ずる栄養不足のために視力障害に苦しむエスキモーが増加している。
④ 食生活の変化に伴う栄養の偏りは，エスキモーたちの視力低下の原因となっている。
⑤ 急激な文明の変化についていけないエスキモーたちの中には，目の病気に苦しむ人が多くなっている。

No.68

(解答 ▸ P.53)

次の英文の内容と合致するものとして最も妥当なものはどれか。

The growth of the trailer industry results not so much from the use of the trailers for holiday purposes as from their increased use for housing. Trailers are produced the way automobiles are. In fact, the trailer business is an appendage of the automobile and truck industry. Moreover, it frees people from all the trouble of building a permanent house.

① トレイラー産業の発展は，休日を過ごすのに車ではなくトレイラーを利用する家庭が増えた結果である。

② トレイラー産業の発展は，今や自動車やトラック産業をしのぐ勢いである。

③ トレイラーを休暇を過ごすために利用するというよりは，住まいとして利用する人が増えた。

④ トレイラーは手に入れたからといって，家を建てることをやめる人は少ない。

⑤ 今では多くの人が永久的な家を持ち，トレイラー産業は低迷している。

No.69

(解答▸P.53)

次の英文の主旨として最も妥当なものはどれか。

Confusion about what it means to own a book leads people to a false reverence for paper, binding, and type — a respect for the physical thing — the craft of the printer rather than the genius of the author. They forget that it is possible for a man to acquire the idea, to possess the beauty, which a great book contains, without stating his claim by pasting his bookplate inside the cover. Having a fine library doesn't prove that its owner has a mind enriched by books; it proves nothing more than that he, his father, or his wife, was rich enough to buy them.

① 最近は本の価値が，その内容ではなく表紙等の印刷技術で評価されるようになっているが，それは時代の流れであり仕方のないことである。

② 現代の印刷技術のおかげで書物が見直されるようになったことは，喜ばしいことである。

③ 書物を所有することの素晴しさは，それを何度も読み返しその内容を自分のものにできるということだけでなく，製本，装丁の美しさをいつでも楽しめるということである。

④ 本をその内容ではなく，製本や装丁の美しさで評価する人がいるが，それは間違っている。また同様に立派な蔵書が心の豊かさを示す訳でもない。

⑤ 本を読んでその著者の考えや知識を自分のものにしたいなら，その本を買い何度も読めるように自分の手元においておくことが必要である。

No.70

（解答 ▸ P.54）

次の英文の内容と合致しないものはどれか。

Being a good student is learning to be aware of the state of one's own mind and the degree of one's own understanding. The good student may be one who often says that he does not understand, simply because he keeps a constant check on his understanding. The poor student, who does not, so to speak, watch himself trying to understand, does not know most of the time whether he understands or not. Thus the problem is to make them aware of the difference between what they know and what they don't.

① よくできる生徒は，自分が理解できていることとできていないことがわかっている。
② よくできる生徒は，「わからない」とよく言うことがあるかもしれない。
③ できない生徒は，理解しようと努力するがすぐあきらめる。
④ できない生徒は，自分が理解できているかどうかわかっていないことが多い。
⑤ 生徒には，何が理解できていて何が理解できていないのかを考えさせることが大切である。

No.71

（解答 ▸ P.54）

次の英文の内容と合致するものとして最も妥当なものはどれか。

The stage-coaches brought new life to the English towns and villages through which they passed. Their progress helped much to give vitality to the backward life of the ancient countryside. They brought also a touch of gaiety and adventure. The sound of the horn of the approaching stage–coach made all the village maidens' hearts beat faster; the farmer paused from his ploughing and looked up to see the coach go by. Wherever it passed it drew smiles, and hands were waved in greeting. It brought the sense of speed, the breath of liberty; above all it brought news.

① 駅馬車の登場はイングランドの町や村に新しい生活をもたらしたが，それを歓迎しない人たちもいた。
② 駅馬車の進出のおかげで，昔ながらの田舎の遅れた生活は大いに活気づき，やがて人々の生活になくてはならないものとなった。
③ 駅馬車はスピード感と自由の息吹だけでなく，陽気な気分と冒険心をももたらした。
④ 近づいてくる駅馬車の角笛を聞くと，誰もがこぞって乗ろうと手を振った。
⑤ 駅馬車は時には人々が歓迎しないニュースをもたらした。

No.72

（解答 ▸ P.54）

次の英文の内容と合致するものとして最も妥当なものはどれか。

You may say that this business of marking books is going to slow up your reading. It probably will. That's one of the reasons for doing it. Most of us have been taken in by the notion that speed of reading is a measure of our intelligence. There is no such thing as the right speed for intelligent reading. Some things should be read quickly and effortlessly, and some should be read slowly and even laboriously. The sign of intelligence in reading is the ability to read different things differently according to their worth.

① 本に書き込みをする作業は，読書のスピードを落としてしまうので，なるべくしない方がよい。
② 読書のスピードは知能の尺度である。
③ 知的な読書のための適切なスピードなどはない。
④ 本の中には速く楽に読まれるべきものも，ゆっくりと丁寧に読まれるべきものもあるが，いずれにしても書き込みはしない方がよい。
⑤ いろいろな本をその本の価値に応じていろいろな方法で読む能力は，できるだけたくさんの本を読むことで得られる。

No.73

（解答 ▸ P.54）

次の英文の内容と合致するものとして最も妥当なものはどれか。

Foolishly arrogant as I was, I used to judge the worth of a person by his intellectual power and attainment. I could see no good where there was no logic, no charm where there was no learning. Now I think that one has to distinguish between two forms of intelligence, that of the brain, and that of the heart, and I have come to regard the second as by far the more important.

① 私は愚かにも人の価値を知的な能力や業績によって判断していたことで，多くの過ちを犯した。
② かつては外見がどれほど魅力的でも，学のない人に興味を見いだせなかった。
③ かつて私は，知性には頭脳の知性と精神の知性があると考えていた。
④ 人間は頭脳の知性と精神の知性の両方を持ち合わせて生まれてくるものである。
⑤ 私は頭脳の知性よりも精神の知性の方を重要だと考えるようになった。

No.74

(解答▶P.54)

次の英文中の下線部の表す内容として最も妥当なのはどれか。

As far back as 750,000 years ago some primitive men had mastered the use of fire. This signified a great mental advance, for it is natural to all animals to fear fire, and only by combining together and passing on acquired knowledge could men conquer this fear and turn what had been a cause of terror to their own advantage.

① あらゆる動物が火を恐れること。
② あらゆる動物が火を恐れるのは当然のことであるということ。
③ 昔，原始人が火を使うことを覚えたこと。
④ 火を使うことで人は精神的に大きな進歩をとげたということ。
⑤ 人間が火への恐怖心を克服したこと。

No.75

(解答▶P.55)

次の英文の内容と合致しないものはどれか。

Because Mexico is south of the United States, many Americans think the entire country must be hot. If all the land in Mexico were low and flat, it would be a very hot country, because it is not far from the equator. But temperature also depends from the altitude, the height of the land. Average temperatures fall about ten degrees with each 3,000 feet of altitude.

Because of its differences in altitude, Mexico has three different temperature zones. The hot lands include the area below 3,000 feet, such as the coastal areas and much of the Yucatan.

① メキシコは合衆国の南部にあり，赤道からもあまり離れていないので，国全体がとても暑い国である。
② もしメキシコ全土が低く平らであれば，メキシコはとても暑い国であるだろう。
③ 平均気温は高度が3,000フィート増すごとに約10度下がる。
④ メキシコは土地の高さの違いで，3つの温度帯がある。
⑤ 沿岸地帯やユカタン半島の大部分は高度3,000フィート以下である。

第2編

第2章 空欄補充

No.1

(解答 ▸ P.55)

次の英文を読んで，後の問に答えよ。

She sometimes read novels, but she read mainly those which would, she believed, state some practical problems the solution of which seemed to her to be of importance. Apart (イ) these she occasionally read, with little hope or gratification, some novels which she heard well spoken (ロ).

(1) 下線部の和訳として最も適当なものは次のうちどれか。

① 彼女は，自分が信じられる，解決の重要と思われる実際的な問題を述べている小説を主として読む。
② 彼女は，実際問題として，自分が信じ，かつ重要と思われる小説を主として読む。
③ 彼女は自分が信じ，かつ解決が重要だと思われる実際的な問題を述べている小説を主として読む。
④ 彼女は，その解決が自分には重要だと思われる実際的な問題を述べていると信じる小説を主として読んだ。
⑤ 彼女は，その解決は自分が重要性をもつことであるように思える実際的な問題を信じ，かつ述べている本を主として読んだ。

(2) 空欄（イ），（ロ）に入る語で正しいのは次のうちどれか。

	イ	ロ
①	from	of
②	to	of
③	to	by
④	from	by
⑤	with	to

No.2

(解答▸P.55)

次のA，Bの対話が自然に意味が通るようにするとき，空所に適する文として妥当なのはどれか。

A：Excuse me, but does this express stop at the next station?

B：I'm afraid I don't know. I'm a stranger here myself.

A：I see. (　　)

① Many thanks.

② You're welcome.

③ I'm sorry.

④ Thanks just the same.

⑤ Don't mind.

No.3

(解答 ▸ P.55)

次の文にはいずれも「思う」という言葉が使われているが，その各々の英文の（　　）内に次のイ～ホの中から適語を選ぶとしたら，その組合せで正しいのはどれか。

A　またお目にかかれたらよいと思います。

I（　　）I shall be able to see you again.

B　彼がそれを受け入れるかしらと思いました。

I（　　）whether he would accept it.

C　雪になるのではないかと思います。

I'm（　　）it is going to snow.

D　そんなにうまくいくとは夢にも思いませんでした。

I couldn't（　　）of succeeding so well.

E　すこしスペイン語がしゃべれたらよいと思いますが。

I（　　）I could speak Spanish a little.

イ．wish　　ロ．hope　　ハ．dream　　ニ．wondered　　ホ．afraid

	A	B	C	D	E
①	ロ	ホ	イ	ニ	ハ
②	ロ	ニ	ホ	ハ	イ
③	イ	ロ	ニ	ハ	ホ
④	ハ	ホ	イ	ニ	ロ
⑤	ロ	ホ	ニ	ハ	イ

No.4

（解答 ▸ P.55）

次の日本文の意味にあうようにＡ～Ｅの中に次のイ～ホの中から適当な語句を選んだとき，その組合せとして正しいのはどれか。

たいていの人にとって，趣味はその職業と無関係なのが普通である。

To most people, [A] [B] [C] [D] [E] .

（イ）have

（ロ）to do with

（ハ）their hobbies

（ニ）their occupations

（ホ）nothing

	A	B	C	D	E
①	ハ	イ	ニ	ロ	ホ
②	ハ	ロ	ニ	イ	ホ
③	ニ	イ	ハ	ロ	ホ
④	ハ	イ	ホ	ロ	ニ
⑤	ニ	イ	ロ	ホ	ハ

No.5

（解答 ▸ P.55）

次の（　　）内の語句を並べ替えて文を作ると，上に書いてある文とほぼ同じ意味になる。その場合の正しい組合せはどれか。なお，文頭におくべき語も小文字にしてある。

It took him twenty minutes to go to the bus stop on foot.

＝（1. walk　2. him　3. twenty　4. minutes　5. brought）to the bus stop.

① 1→3→4→2→5

② 3→4→1→5→2

③ 3→4→5→2→1

④ 1→3→4→5→2

⑤ 2→1→5→3→4

No.6

（解答 ▸ P.55）

次の（　　）内の語句を並べ替えて文を作ると，上に書いてある文とほぼ同じ意味になる。その場合の組合せとして正しいのはどれか。

My grandmother lived to be eighty.
= My grandmother（1. she　2. till　3. eighty　4. was　5. lived）.

① 5→2→1→4→3
② 1→4→5→2→3
③ 4→3→2→1→5
④ 5→2→3→1→4
⑤ 4→1→5→2→3

No.7

（解答 ▸ P.55）

次の１～５の文は順序がばらばらになっている。配列例のうち，どの配列にすれば最も意味が通る文章になるか。

1. "Oh, it's only a very little one, dear. I'm not making a false excuse. My throat really is sore. It's quite painful."
2. "Shall I phone and tell your secretary you're not coming today?"
3. "Do you want me to tell a lie? You're not in bed?"
4. "Then put that cigarette out. It's very foolish of you to smoke when you've got a sore throat."
5. "Yes, please, dear. Tell her I've got a cold and a sore throat, but I hope to be back in a day or two. You'd better say I'm staying in bed."

① 3→5→2→1→4
② 3→4→5→2→1
③ 2→5→3→1→4
④ 2→3→5→4→1
⑤ 1→4→2→3→5

No.8

(解答 ▸ P.56)

Our bus had to pass (A) several narrow one-way streets to get to the hotel where our group was staying. Often we held our breath as the bus almost grazed parked cars. Then we came to an even narrower street, with parked cars making it impossible for the bus to get through. The driver sat and got impatient. Suddenly one of the passengers got an idea. He and several other men got (B) the bus, picked (C) a small car and put it (D) the sidewalk, enabling the bus to move (E) a bit. Then they put the car (F) in its parking place. In this manner they continued moving and replacing cars, until the bus was out of the crowded area.

ア. back　イ. off　ウ. up　エ. on　オ. backward
カ. with　キ. at　ク. to　ケ. through　コ. forward

文中の（A）～（F）に入れる語をア～コから選んで正しい文にする組合せとして適切なものはどれか。

	A	B	C	D	E	F
①	ケ	イ	ウ	エ	コ	ア
②	ケ	キ	ウ	イ	オ	カ
③	ケ	ク	ウ	イ	コ	ア
④	ケ	キ	ウ	カ	コ	ア
⑤	ケ	イ	ウ	ク	オ	カ

No.9

(解答 ▸ P.56)

次の英文の（　）内の語句を並べ替えて文を作ると，上に書いてある文とほぼ同じ意味になる。その場合の正しい組合せはどれか。

As he was honest, he was trusted by his master.
= His honesty (1. trusted　2. his master　3. him　4. made　5. by).

① 4→1→2→5→3
② 4→2→1→5→3
③ 4→3→1→5→2
④ 1→2→4→3→5
⑤ 1→2→4→5→3

No.10

（解答▶P.56）

次の日本文を英語にするとき，空欄A～Eに入る適当な語句の組合せで，正しいものはどれか。

海の水の量は陸地の水のほぼ40倍である。

There is（ A ）（ B ）（ C ）in（ D ）（ E ）land.

1. on　2. much water　3. the sea as　4. about　5. forty times as

	A	B	C	D	E
①	4	5	2	3	1
②	5	4	2	1	3
③	2	5	4	1	3
④	5	2	3	4	1
⑤	4	5	1	2	3

No.11

（解答▶P.56）

次の（　）内の語句を並べ替えて文を作ると，上に書いてある文とほぼ同じ意味になる。その場合の正しい組合せはどれか。

He said to me, “Let us take a walk after school.”

= He suggested (1. take 2. to me 3. we 4. that 5. should) a walk after school.

① 4→3→5→2→1

② 2→3→5→1→4

③ 4→3→5→1→2

④ 4→5→3→1→2

⑤ 2→4→3→5→1

No.12

（解答 ▸ P.56）

次の各英文で，誤っているものはどれか。

① The whole class were deeply impressed by his speech.
② Ten kilometers is too far for me to walk.
③ My family are all early risers.
④ His good advices were always helpful to me.
⑤ His proposal is out of the question.

No.13

（解答 ▸ P.56）

次の（　）内の語句を並べ替えて英文を作ると，上に書いてある文とほぼ同じ意味になる。その場合の正しい組合せはどれか。

He is not so much a poet as a novelist.
= He (1. than　2. a poet　3. a novelist　4. rather　5. is).

① 5→4→2→1→3
② 5→2→4→1→3
③ 4→5→3→1→2
④ 5→3→4→1→2
⑤ 4→1→2→5→3

No.14

（解答 ▸ P.56）

次の和文の英訳として正しいものはどれか。

「私は今日の午後３時には，この本を読み終えているでしょう。」

① I shall read this book by three o'clock this afternoon.
② I will read this book by three o'clock this afternoon.
③ I have read this book by three o'clock this afternoon.
④ I shall have read this book by three o'clock this afternoon.
⑤ I shall have read this book till three o'clock this afternoon.

No.15

（解答▸P.56）

次の英文のうち，正しいものはどれか。

① They are troubling with the noise of construction.
② I know her since I was a child.
③ The train already left hardly when I reached the station.
④ I don't know if she will come tomorrow.
⑤ She comes back recently from her hometown.

No.16

（解答▸P.56）

次の英文で，誤っているものはどれか。

① It's waste of money buying things you don't need.
② In Japan you have to get used to drive on the left.
③ He tried writing to her, but she did not reply.
④ She helped me to solve the problem.
⑤ Thanks to the fire engine, we could easily extinguish the fire.

No.17

（解答▸P.56）

次の英文を読み，本文の内容に最も一致しているものはどれか。

"I love flowers." Jane said, when John gave her a bunch of red roses. "And these are my favorites. Thank you very much."

① Jane only liked roses.
② John was Jane's favorite.
③ Jane liked roses better than any other flower.
④ John liked roses better than Jane did.
⑤ John gave roses to Jane on her birthday.

No.18

（解答 ▶ P.56）

次の英文のうち，正しいものはどれか。

① He left from Tokyo for Hokkaido.

② Did you enjoy yourself at the drama?

③ Will you marry with me?

④ Please answer to my question.

⑤ He demanded me to go there at once.

No.19

（解答 ▶ P.56）

次の英文の下線部が正しいものはどれか。

① Take care to yourself.（体に気をつけなさい。）

② It is my duty for him.（彼に対する私の義務だ。）

③ I met him at his house on the river.（川っぷちの彼の家で，彼に会った。）

④ I am not used for speaking in public.（人前で話すのに慣れていない。）

⑤ The paper is made of wood.（この紙は木からできている。）

No.20

（解答 ▶ P.56）

次の英文を読み，本文の内容に最も一致しているものはどれか。

Jane filled a bowl with fresh water and placed the roses in it. She thought her arrangement looked very attractive.

① Jane placed the roses in a tall jar.

② Jane was pleased with the way she arranged the roses.

③ Jane thought she looked very attractive.

④ Jane was not very happy about her arrangement of the roses.

⑤ Jane placed the roses in the bowl without water.

No.21

（解答 ▸ P.56）

次の英文のうち，内容的にみて正しいものはどれか。

① There are four seasons in a year. They are spring, summer, autumn, and winter.
② In autumn the weather becomes warm, trees and bushes have beautiful flowers.
③ In spring it becomes cool and leaves turn red or yellow.
④ In winter it is hot and all the tree are pretty with green leaves.
⑤ In summer it is very cold, we often have snow and ice.

No.22

（解答 ▸ P.56）

Benjamin Franklin was not only a very famous statesman but also a great scientist. He liked to study and learn about new things. One day he heard from a friend that something black holds heat better than something white. He wanted do find out if this was true or not.

上文と同じ意味をもつものは，次のうちどれか。

① Franklin was not a statesman.
② Something white holds more heat than something black.
③ Something black is cooler than something white.
④ Franklin was eager to acquire any kind of knowledge.
⑤ Franklin was a philosopher.

No.23

（解答 ▸ P.56）

次のア～オの文の後半に続く文として最も適当なものをＡ～Ｅより１つずつ選んだとき，その組合せとして正しいものはどれか。

ア　Time flies

イ　He had enough self-control

ウ　He works hard

エ　We spent our holiday in the town

オ　Scarcely had he gone to bed

A　to hide his real feelings.

B　lest he should fail in the test.

C　before he heard footsteps.

D　which had suffered such disastrous floods.

E　when we are doing something interesting.

	ア	イ	ウ	エ	オ
①	E	C	A	C	D
②	D	A	B	E	C
③	C	A	B	E	D
④	C	B	A	E	D
⑤	E	A	B	D	C

No.24

(解答▸P.56)

One cold day in December, 1620, a small sailboat came to America from England. The Mayflower was the name of the boat. In the boat there were one hundred and two men and women from their home country. We call them Pilgrim Fathers.

上文から正しくいえることは，次のうちどれか。

① The Mayflower went to England from America.
② Pilgrim Fathers went to America on the Mayflower.
③ When the Mayflower came to America, it was very hot.
④ America was Pilgrim Father's home country.
⑤ There were 102 men and 102 women in the boat.

No.25

(解答▸P.57)

次の（　）に入る正しい組合せはどれか。

I (A) carefully but couldn't (B) what they were saying.

	(A)	(B)
①	heard	listened
②	hear	listen
③	heard	listen
④	listened	hear
⑤	listen	heard

No.26

（解答▸P.57）

It is necessary（ A ）his advice.
It is careless（ B ）you to forget your homework.

上の（　　）に入る正しい組合せはどれか。

	A	B
①	of you to follow	for
②	your following	with
③	for you to follow	of
④	you following	by
⑤	you to follow	on

No.27

（解答▸P.57）

If I（ A ）the truth, I would tell you.
（本当のことを知っていれば，君に話すのに）

If I（ B ）the truth, I would have told you.
（本当のことを知っていたなら，君に話したのに）

上の文の（　　）に入る正しい組合せはどれか。

	A	B
①	know	have known
②	knew	have known
③	know	had known
④	knew	had known
⑤	know	knew

No.28

（解答 ▸ P.57）

Some people would say that the Englishman's home is no longer his castle*1; that it has become his workshop*2. This is partly because the average Englishman is keen*3 on working with his hands and partly because he feels, for one reason or（ア few, イ not, ウ others, エ little, オ another）, that he must do for himself many household*4 jobs for which, some years ago, he（カ must hire*5, キ would have hired, ク could be hired, ケ should be hired, コ may hire）professional help. The main reason for this is financial*6 one: the high cost of labor.

＊1　castle　城　　＊2　workshop　作業場　　＊3　keen　熱心な，大好きな
＊4　household　世帯，所帯の　　＊5　hire　雇う　　＊6　financial　財政上の

上の文中の（　　）に入る最も ふさわしい語の組合せはどれか。

① ア，コ
② イ，ク
③ ウ，カ
④ エ，ケ
⑤ オ，キ

No.29

（解答 ▸ P.57）

Doesn't Mary's mother complain about（　　）every night?

上の（　　）に入る最も適切な語句は，次のうちどれか。

① for your calling her up
② your calling up her
③ you call her up
④ your calling her up
⑤ your call her up

No.30

（解答▸P.57）

"I saw Ken at Osaka Station this morning."

"You (A) have. He is still on vacation in Guam."

└─ア．couldn't　イ．didn't　ウ．could

"I really hope it'll rain tomorrow."

"From (B) you just said, it seems you don't want to go on the picnic."

└─カ．that　キ．what　ク．which

上の空欄A，Bに入る適切な語句の組合せはどれか。

	A	B
①	ア	カ
②	イ	キ
③	ウ	ク
④	イ	カ
⑤	ア	キ

No.31

(解答 ▸ P.57)

I (1) my coat to a friend of my brother's, and I never saw it again.
Does Taro still have that book he (2) from the library?
We (3) an apartment when we lived in London, but it was expensive.

上の文章の空欄（　1　），（　2　），（　3　）に入れる語や語句が，下のA～Cで示されている。最も適した組合せは，次のうちどれか。

A. borrowed　　B. lent　　C. rented

	(1)	(2)	(3)
①	A	B	C
②	B	C	A
③	C	A	B
④	B	A	C
⑤	A	C	B

No.32

(解答 ▸ P.57)

次の語群のうち，同意語の組合せでないのはどれか。

①	famous	well-known
②	kind	generous
③	wonderful	fantastic
④	disagree	accept
⑤	follow	obey

No.33

(解答▶P.57)

次の語群は，２組とも同意語，もしくは２組とも反対語を組合せたものである。組の種類が違っているものはどれか。

① answer − respond, question − inquiry
② sickness − disease, steal − rob
③ receive − refuse, difficult − hard
④ angel − devil, paradise − hell
⑤ wide − narrow, sunrise − sunset

No.34

(解答▶P.57)

You are late. The meeting finished half an hour (A) .
I recognised him at once, as I had seen him (B) .
"Has the movie started?" "Yes, it has (C) started."

上のA，B，Cに入る適当な副詞の組合せはどれか。

	A	B	C
①	ago	before	already
②	before	ago	already
③	before	ago	since
④	ago	before	yet
⑤	before	ago	yet

No.35

(解答▶P.57)

次の文のうち，間違っているものはどれか。

① He decided to marry her.
② I managed to open the bottle.
③ Why keep me waiting for such a long time?
④ We hope to know the truth.
⑤ I am looking forward to see you soon.

No.36

（解答▸P.58）

Don't speak ill（ア　of　イ　for）others.　人の悪口を言わないの。
I'm satisfied（ウ　of　エ　with）the result of the exam.　試験の結果に満足している。
His plan resulted（オ　in　カ　at）failure.　彼の計画は失敗に終わった。
Can I pay（キ　for　ク　of）the book now.　本の代金を今，支払ってもいいですか。
I congratulate you（ケ　on　コ　for）your success.　うまくいって，おめでとう。

上の各英文が文末の和文の意味になるようにしたいとき，（　　）から正しい語の組合せを選んだものとして妥当なのはどれか。

① イ，ウ，カ，キ，コ
② ア，ウ，オ，キ，コ
③ イ，ウ，カ，ク，ケ
④ ア，エ，カ，ク，ケ
⑤ ア，エ，オ，キ，ケ

No.37

（解答▸P.58）

次の各文が文末の日本語の意味を持つようにしたいとき（　　）に入る適当な語句の組合せはどれか。

（ A ）I did not like him, but now I do.　最初は（状況の変化）
（ B ）I will tell you the outline of the story.　まず第一に（順序）
（ C ）you should wash your hands before eating.　なによりもまず（強意）
（ D ）I won the first prize.　初めて（機会）

ア　At first　　イ　First of all　　ウ　Firstly　　エ　For the first time

	A	B	C	D
①	イ	ア	ウ	エ
②	ア	ウ	イ	エ
③	エ	ウ	イ	ア
④	ウ	エ	イ	ア
⑤	ア	イ	ウ	エ

No.38

（解答 ▸ P.58）

次の各組の英文の中で誤っている英文はどれか。

1. a. I'm afraid something is bad with him.　身体の具合が悪い
   b. I will pick you up at four tomorrow.　車で迎えに行く
   c. It's a long time since I saw you last.　久しぶり
2. d. Please give my best regards to your parents.　よろしくお伝えください。
   e. I advise you to accept his advice.　彼の忠告を受け入れるよう，君に忠告する。
   f. "May I borrow the bathroom?" "Sure."　お手洗いをお借りできます？

① b − d　② b − f　③ c − e　④ a − e　⑤ a − f

No.39

（解答 ▸ P.58）

I have been in love with*1 books ever since I can remember. At first, my parents read to me a lot—an unusual*2 practice in America at the time, because the popular*3 understanding of the 1940s was that a child who is introduced to intellectual*4 things at an early age will not show interest when entering school.

＊1　be in love with　…が大好きである　＊2　unusual　普通でない，変わった
＊3　popular　普通の，ありふれた　＊4　intellectual　知的な

上の文中の下線 practice の意味として正しいものはどれか。

① 練習
② 訓練
③ 儀式
④ しつけ
⑤ 習慣

No.40

（解答 ▸ P.58）

次の文は，人の右脳と左脳の働きの話である。（　　）に入れる最も適当なものはどれか。

The human brain is divided into*1 two sides called the right brain and the left brain. The two sides (　) together, but each one specializes*2 in certain ways of thinking. The left brain is concerned with*3 the analytical*4 function*5, such as calculation, while the right brain is concerned with creative function, such as imagination.

＊1　divide into　分かれる　　＊2　specialize　専門とする
＊3　be concerned with　関係する，関わっている　＊4　analytical　分析的な　＊5　function　機能

①　assist　　②　work　　③　help　　④　damage　　⑤　hurt

No.41

（解答 ▸ P.58）

When I was young, I was a fairly good judge*1 (　A　) age. No longer. Everyone between twenty and forty looks more (　B　) less the same to me, and so does everyone between forty and sixty. But (　C　) some reason I can tell the ages of children very accurately*2: I can see the difference between three and a half and four, or eight and nine.

＊1　judge　判断できる人　　＊2　accurately　正確に

上の英文の（　　）に入るものとして，正しい組合せは次のうちどれか。

	A	B	C
①	by	or	with
②	of	and	for
③	of	or	for
④	by	or	in
⑤	of	and	with

No.42

（解答 ▸ P.58）

He is（ A ）to do the work.
He is（ B ）of doing the work.
It is（ C ）for him to do the work.

上の英文を全て同じ意味を表すようにしたとき，正しい組合せは次のうちどれか。

	A	B	C
①	able	capable	possible
②	able	possible	capable
③	capable	able	possible
④	capable	possible	able
⑤	possible	able	capable

No.43

（解答 ▸ P.58）

As a child, when I asked my mother her age she smiled uneasily*1 and tried to avoid*2 giving a（ A ）answer; in our family, the ages of women were never spoken（ B ）. My father liked to boast*3 of his age among other people, as if the combination of his years and his energy were important.

＊1 uneasily きまり悪そうに，当惑して　＊2 avoid 避ける　＊3 boast 自慢する

上の英文の（　　）に入る語の正しい組合せは，次のうちどれか。

	A	B
①	clear	aloud
②	vague	aloud
③	clear	along
④	vague	along
⑤	wrong	about

No.44

（解答 ▸ P.59）

The "Do-It-Yourself Movement" began with home decorating[*1] but has since spread into a much wider field. Nowadays there seems to be very few things that cannot be made by the DIY method. A number of magazines and handbooks exist to show hopeful handyman[*2] of all ages just how easy it is to build anything from a coffee table to a fifteen feet sailing boat. All you need is a hammer and a few nails.

＊1　decorate　装飾する，ペンキを塗る　　＊2　handyman　器用な人

上の英文中の下線 it が指しているのはどれか。

① home decorating
② a much wider field
③ the DIY method
④ to show hopeful handyman of all ages
⑤ to build anything from a coffee table to a fifteen feet sailing boat

No.45

（解答 ▸ P.59）

One night I happened to enter a little antique shop[*1], where an oil painting[*2] in the farthest corner of the shelf caught my eye. I kept visiting the shop. For six months I watched to see if it was still there. Eventually[*3] I asked the owner the price. He said 150,000 yen. Bargaining[*4] is not usual in Japan, but in a shop with so few customers it seemed worth a try. So I offered 110,000 yen. In the end[*5], we agreed on 130,000 yen.

＊1　antique shop　骨董店　　＊2　oil painting　油絵　　＊3　eventually　やがて
＊4　bargain　値切る　　＊5　in the end　結局

著者が初めて骨董店に入って行ったとき，どういうことがあったか。

① He bargained for a painting which he liked.
② He came across a painting which attracted him.
③ He found a painting which he had admired some years before.
④ He learned the story of the painting in the corner.
⑤ He found that the owner of the shop was his old friend.

No.46

(解答 ▸ P.59)

Since[*1] the population of China is so large, Chinese is spoken by more people than any other language. Second to[*2] Chinese is English. (　1　), this is not because there are a lot of English people. (　2　), the population[*3] of England is rather small.

＊1　since（接続詞）…なので　＊2　second to　…に次いで　＊3　population　人口

上の英文の空欄（1），（2）に入れる語や語句の組合せとして，正しいものは次のうちどれか。

A　Furthermore　B　However　C　In conclusion　D　In fact　E　Therefore

	(1)	(2)
①	A	C
②	A	D
③	B	C
④	B	D
⑤	C	E

No.47 （解答 ▸ P.59）

Throughout the world, people enjoy telling each other stories about imaginary[*1] monsters. (　1　) these are creatures[*2] with strange and horrible bodies. (　2　) such monsters touch our deepest fears, they are very popular. It seems that people like to be scared[*3].

＊1　imaginary　想像上の，架空の　　＊2　creature　生き物　　＊3　scare　怖がらせる

上の英文の空欄（1），（2）に入れる語や語句の組合せとして，正しいものは次のうちどれか。

A　Although　　B　Despite　　C　Often　　D　Then　　E　Therefore

	(1)	(2)
①	C	A
②	C	B
③	D	A
④	E	B
⑤	E	D

No.48

(解答 ▸ P.59)

The desire for peace is common to almost all human beings. History has shown, (1), that lasting*1 peace is difficult to achieve*2 (2) disagreements*3 and misunderstandings*4 between people and countries.

＊1 lasting 永続的な　＊2 achieve 達成する
＊3 disagreement 意見の不一致　＊4 misunderstanding 誤解

上の英文の空欄（1），（2）に入れる語や語句の組合せとして，正しいものは次のうちどれか。

A because of　B but　C for example　D though

	(1)	(2)
①	B	A
②	D	A
③	B	C
④	D	C
⑤	D	B

No.49

(解答 ▸ P.60)

My parents (A) me to go out when it's fine and sunny.
His parents always (B) their children do what they want to do.
Her mother used to (C) her do the homework before going out to play.

上の英文の空欄A，B，Cには，いずれも“させる”という意味の動詞が入るが，正しい組合せは次のうちどれか。

	A	B	C
①	allow	let	make
②	allow	make	let
③	let	make	allow
④	let	allow	make
⑤	make	allow	let

No.50

（解答 ▸ P.60）

a. Wear what clothes you please.

b. What wonderful houses they are !

c. I told him what I had told you.

d. Lend money what you can.

e. What he says is true.

上の５つの英文のうち，同じ用法・機能の what の組合せは次のうちどれか。

① a c

② c e

③ d e

④ a b

⑤ c d

No.51

（解答 ▸ P.60）

The lifetime*1 employment system requires an employee to show strong loyalty*2 to his company, and to sacrifice his personal life for the company.

(　　), the company considers the employee part of the “family” and would never fire him.

＊1 lifetime 終身（の） ＊2 loyalty 忠誠心

上の英文の（　　）に入る最も適切な語句は次のうちどれか。

① In addition

② In fact

③ In other words

④ In return

⑤ In conclusion

No.52

（解答 ▸ P.60）

次の A，B の英文に最も近い意味の文の組合せとして正しいのは，次のうちどれか。

A　There was no one who did not cry upon learning of his death.

ア）Nobody cried upon learning of his death.

イ）A few people cried to learn of his death.

ウ）Everyone cried upon learning of his death.

B　I never see these pictures without thinking of the good old days.

カ）As soon as I see these pictures, I think of the good old days.

キ）Whenever I see these pictures, I think of the good old days.

ク）After seeing these pictures, I think of the good old days.

	A	B
①	ア	カ
②	イ	カ
③	ウ	キ
④	ア	キ
⑤	ウ	ク

No.53

(解答▶P.60)

次の英文の（　　）に入る最も適切な語句の組合せとして正しいのはどれか。

A　The number of traffic accidents（ア　are　イ　is）on the increase.

B　I as well as she（ウ　am　エ　is　オ　are）tired of the work.

C　Not only my parents but also my sister（カ　are　キ　is）against my opinion.

D　Would you mind（ク　to open　ケ　opening　コ　open）the window for me?

E　I often enjoy（サ　to listen　シ　listening　ス　listen）to pop music after supper.

	A	B	C	D	E
①	イ	ウ	キ	ケ	シ
②	イ	オ	カ	ケ	シ
③	ア	エ	キ	ク	シ
④	イ	ウ	キ	コ	サ
⑤	ア	エ	カ	ケ	ス

No.54

（解答▸P.60）

次の英文の（　　　）に入る最も適当な語句の組合せとして正しいのはどれか。

Pollution* is not a new word or a new idea. Water pollution,（ A ）, is a very old problem. The problem of finding and bring（ B ）water to people and getting rid of（ C ）water is as old as man. The problem becomes much more important when many people（ D ）in a small area.

＊ pollution 汚染

ア especially　イ however　ウ dirty　エ pure　オ live　カ life

	A	B	C	D
①	ア	ウ	エ	オ
②	イ	エ	オ	カ
③	ア	エ	オ	カ
④	ア	エ	ウ	オ
⑤	イ	エ	ウ	オ

No.55

（解答▸P.61）

次の英文のうち，間違いのあるものはどれか。

① I don’t like cats and my sister doesn’t , too.
② He still doesn’t understand what I told him yesterday.
③ “Has the church bell rung?” “Yes, it has already rung.”
④ “Have you ever been to Italy?” “Yes, I've been there twice.”
⑤ I mostly have fruit for breakfast.

No.56

(解答 ▸ P.61)

In Japan, wherever you are, whether in a big city or in the country, you can get in touch with the police by just dialing 110. By doing so, a patrol car will come rushing to your help sounding a siren within three minutes. The police often perform acts of kindness which may not involve a criminal case, so, dial 110 at once it something should happen. In case of sudden illness or injuries, however, (　　　　　　　　　　　　　　　　　　　　)

(　　) に入る英文として適当なものは次のうちどれか。

① dial 110, and a patrol car will arrive immediately.
② dial 110, and a policeman will arrive immediately.
③ dial 110, and a fire engine will arrive immediately.
④ dial 119, and an ambulance will arrive immediately.
⑤ dial 111, and a doctor will arrive immediately.

No.57

(解答 ▸ P.61)

次の英文の空欄に当てはまる語句として最も適当なものは，次のうちどれか。

My cousin Jack (　　) in South America.

① is growing　② was growing up　③ grew　④ grew up　⑤ growing

No.58

(解答 ▸ P.61)

次の英文のうち，訳文が誤っているものはどれか。

① He has few friends.　彼には友達がほとんどいない。
② He has a few friends.　彼には友達が数人いる。
③ Not a few of his friends were present.　かなりの人数の彼の友達が出席した。
④ Quite a few friends were present.　ほんの少数の友達が出席した。
⑤ No fewer than fifty friends were present.　50 人もの友達が出席した。

No.59

（解答 ▸ P.61）

Can you make yourself (A) in English?

The boy screamed for help but couldn't make (B) .

上の（　　）に入るものとして，正しい組合せはどれか。

	A	B
①	understood	himself heard
②	understand	himself hear
③	understanding	him heard
④	to understand	hear
⑤	to be understood	him hear

No.60

（解答 ▸ P.61）

Everyone knows (ア) will happen (イ) two Englishmen (ウ) have never met before come face to face in a railway compartment*[1] — they start talking about the weather. In some cases this may simply be because they happen to find the subject*[2] interesting.

＊1　compartment　列車の客室　　＊2　subject　話題

上の（　　）に入る適当な関係詞を次の中から選ぶとき，正しい組合せはどれか。

A. which　B. where　C. what　D. who　E. when

	ア	イ	ウ
①	A	B	C
②	C	E	D
③	A	E	D
④	C	B	A
⑤	A	E	B

No.61

（解答 ▸ P.61）

次の語群のうち，反対語の組合せでないのはどれか。

① light —— dark
② slow —— fast
③ popular —— common
④ fat —— thin
⑤ generous —— greedy

No.62

（解答 ▸ P.61）

Don't make（ア　fun　イ　full）of your sister.　妹をからかわないの
Study hard so that you can catch（ウ　up　エ　on）with him.　追いつくように
Our car ran（オ　away　カ　out）of gas after 10 minutes.　ガソリンがなくなった
Please be sure to turn（キ　off　ク　on）the light before you go out.　明かりを消す
I must learn this poem（ケ　by　コ　for）heart by tomorrow.　暗記する

上の各英文が文末の意味になるようにするとき，（　　）に入る正しい語の組合せはどれか。

① ア，ウ，カ，キ，ケ
② ア，ウ，カ，キ，コ
③ イ，ウ，カ，ク，ケ
④ ア，エ，カ，ク，ケ
⑤ イ，エ，カ，キ，コ

No.63

（解答 ▸ P.61）

次の英文の（A）～（C）に入る語の組合せとして最も適当なものはどれか。

By the time I was thirteen or fourteen I began to try to know myself, what sort of person I was, what I could attempt successfully, and the things that I was no good (A) and that I must not waste time over. I knew that I was not quick-witted; I must give myself time to look at a problem carefully (B) deciding how I would deal (C) it.

	A	B	C
①	at	after	of
②	at	before	with
③	by	before	for
④	to	after	for
⑤	to	before	of

No.64

（解答 ▸ P.61）

次の英文の（　　）にＡ～Ｄの文を入れて意味が通るようにするのに，最も適した配列として適当なものはどれか。

All scientific explanations are based on the idea that there is an order in nature which can be understood by the human mind.（　　）And science did not develop in these cultures.

A　Thus there have been great cultures where art and literature flowered, but no idea of lawful nature existed.

B　But the idea is foreign to many other civilizations.

C　People in the western world take this for granted because it has long been a part of their cultural heritage.

D　There the belief is commonly held that some mystery lies at the base of natural phenomena.

① B → C → A → D
② B → D → C → A
③ C → A → D → B
④ C → B → A → D
⑤ C → B → D → A

No.65

（解答 ▸ P.62）

次の英文の（ア）（イ）に入る語の組合せとして最も適当なものはどれか。

Language exists in order that people may communicate with one another. Often, (　ア　), language may be a source of misunderstanding, (　イ　) between individuals and between peoples. One reason for this, of course, is that the world has so many languages. Most words have more than one meaning, and if a translator selects the wrong one, he may cause an international crisis.

	ア	イ
①	in short	either
②	however	either
③	for this reason	both
④	however	both
⑤	for this reason	neither

No.66

（解答 ▸ P.62）

次の対話文の（ア）～（エ）には，A～Dのいずれかの会話文が入るが，その組合せとして最も適当なのはどれか。

Mike: Hi, Ann.

Ann: Hi, Mike. What are you doing with those bags?

Mike: (ア)

Ann: Oh, I didn't know there was one in the neighborhood.

Mike: It opened just this week. We're supposed to take used aluminum cans and tin cans — bottles, too.

Ann: (イ) There was a special program on TV about how dangerous the mercury is and how important it is not to throw batteries away with the other garbage.

Mike: (ウ) The first Saturday of every month from now on you should take your used batteries to the same center. There's a special container marked "batteries".

Ann: You've really got the latest information. Thanks a lot! But when did you become so concerned about recycling? I remember you used to toss drink cans out of your car and drop paper all the way across campus !

Mike: (エ) I was pretty careless, not thinking at all about the other people around who have to clean up the mess.

A: Here's the answer !

B: Yeah, you're right.

C: I wish I knew what to do with used batteries.

D: I'm taking them to the recycling center down the street.

	ア	イ	ウ	エ
①	B	D	A	C
②	D	B	C	A
③	D	B	A	C
④	D	C	A	B
⑤	D	C	B	A

No.67

(解答▶P.62)

次の対話文の（　　）に入るものとして最も適当なのはどれか。

A: Reception. May I help you?
B: Yes. I wonder (　). I'm expecting someone to deliver a package.
A: Let me check. Yes, there is a package here for you.
B: Good. I'll come down and get it.

① how long I have to wait
② how many packages you have there
③ if there is a guest for me
④ if there's any mail for me
⑤ why you don't call me

No.68

(解答▶P.62)

次の英文のA，Bに入る表現の組合せとして最も適当なものはどれか。

Sarah, a friend who was an investment banker, lost her job about half a year ago. She spent about three months looking for a job in the same field and then realized that (A). She is an excellent cook and had always wanted to study cooking. Sarah went to a famous cooking school in Paris for two months. Now she is back in New York and has landed a job as a chef in a small but successful restaurant. She is quite pleased with the changes in her life, and says that (B) that ever happened to her.

① A: she was not a good banker
B: to alter the course of life was the hardest thing
② A: she had never really enjoyed her job
B: being fired from her job was the best thing
③ A: she wouldn't have succeeded as a banker
B: cooking is the most enjoyable thing
④ A: getting a position of banker was no longer possible
B: the loss of work is like a traffic accident
⑤ A: the economy in the nation was getting worse
B: to become a chef in a restaurant is the best luck

No.69 （解答▸P.63）

次の英文中の（　　）に入る語句として最も適当なのはどれか。

A human being has been defined as a tool-using animal. The earliest evidence of the prehistory of our species shows the tool as part of human life, almost literally a part of a human being. Hammer, shovel, knife are extensions of human arms, specialized attachments permitting the human to do the work more effectively than with their unaided（　　）. Tools permit human beings to surpass themselves and to perfect the efforts of their naked hands.

① fire and water
② tools and stones
③ teeth and nails
④ heads and noses
⑤ knowledge and wisdom

No.70 （解答▸P.63）

次の文の（ア）～（ウ）に入る語の組合せとして最も適当なのはどれか。

In fact it is quite mistaken to divide languages into "living" and "dead" languages. You might say that a living language was one which is being spoken by a community in which the members understand one another, and that Latin is（　ア　）a dead language since there is no Latin nation.（　イ　）Latin is still being spoken in parts of the community of the Roman Catholic Church. It is absurd to suggest that when men die, their thought dies with them even（　ウ　）they have written it down.

	ア	イ	ウ
①	however	Yet	if
②	however	Otherwise	until
③	therefore	Yet	if
④	therefore	Yet	until
⑤	therefore	Otherwise	if

No.71

(解答 ▸ P.63)

次の英文の（　　）には，あることわざをふまえてそのことわざの中で用いられている語句が入る。その語句を含むことわざはどれか。

When the waiter brought me cold soup, it was (　　) and complained to the manager.

① Let sleeping dogs lie.
② Birds of a feather flock together.
③ The nail that sticks out gets banged down.
④ It is the last straw that breaks the camel's back.
⑤ A bird in the hand is worth two in the bush.

No.72

(解答 ▸ P.63)

次の英文の（ア）～（ウ）に入る語の組合せとして最も適当なのはどれか。

Our picnic was (　ア　) by an unusual snowfall.
His wife is in hospital because she was (　イ　) in a car crash.
His car was seriously (　ウ　) when he backed into a parking lot.

	ア	イ	ウ
①	injured	spoiled	damaged
②	spoiled	injured	damaged
③	spoiled	damaged	injured
④	damaged	injured	spoiled
⑤	damaged	spoiled	injured

No.73

(解答▸P.63)

次の英文のうち，文法的に最も適切なのはどれか。

① How do you call this fish in English?

② It has been three years since I came to live here.

③ I am looking forward to see you.

④ I don't like cats and my sister doesn't, too.

⑤ He decided marrying her.

No.74

(解答▸P.64)

次の対話文の（　　）に入るものとして最も適当なのはどれか。

A: How goes it in your office since your new boss arrived?

B: (　　　)

A: How come?

B: He always criticizes us behind our backs.

① Oh, he is neither good nor bad.

② It's terrible ! Everyone hates him.

③ It's good. He is already respected by all of us.

④ Only so so. He isn't paid so much attention to.

⑤ Splendid ! He is the envy of all his subordinates.

No.75

(解答 ▸ P.64)

次の対話文の（　　）に入るものとして最も適当なのはどれか。

A: Ms. Brown's office. May I help you?

B: Yes, please. This is John Howard of ABC Bank calling. May I speak to Ms. Brown, please?

A: I'm sorry, but（　）. May I take a message?

B: Yes, please. Would you ask her to call me later this afternoon?

① she's not with us today

② she's not in right now

③ she's not available today

④ she takes a day off today

⑤ she's on vacation this week

No.76

(解答 ▸ P.64)

次の英文のうち，文法的に最も適切なものはどれか。

① She is too honest girl to do that.

② When have you seen him last?

③ I was stolen my wallet on my way to office.

④ He came to home late last night.

⑤ She said she had met him three years before.

No.77

（解答▶P.64）

次の英文の（　　）にA～Dの文を入れて意味が通るようにするのに，最も適した配列として適当なものはどれか。

When Burton and Speke explored Lake Tanganyika in East Africa in 1858, they were not the first outsiders to do so.（　　）The 650–kilometer–long lake flows in fact west–ward into the Atlantic.

A. They were wrong.
B. Arab traders had already developed ivory and slave trades there 50 years earlier.
C. The explorers had hoped to prove that Lake Tanganyika was the source of the Nile.
D. Indeed they provided the British explorers with food and equipment, as well as guidance.

① B → C → A → D
② B → D → C → A
③ C → A → B → D
④ C → A → D → B
⑤ C → B → D → A

No.78

（解答▶P.64）

次の（　　）内の語句を並べ替えて意味が通じるようにするとき，5番目にくる語句として最も適当なのはどれか。

彼は２，３分歩いたら動物園に出た。
(walk ／ him ／ the zoo ／ brought ／ few ／ to ／ minutes' ／ a).

① walk
② him
③ brought
④ few
⑤ to

No.79

（解答 ▸ P.64）

次の英文の（　　）に入る語で，最も適当なものはどれか。

A: It's three days since your language class started at U.C.L.A. Is everything all right?
B: Sure. Only there are a few things that have surprised me.
A: Oh, really? What are they?
B: I found that the Japanese are the poorest speakers of English class.
A: Is yours a mixed nationality class?
B: Yes. The students come from five different countries. Most of the students from other countries speak fluently, but we the Japanese are not so good at all. We are quite disappointed.
A: Never give up. (　　)
B: You are right. Well, there is still another thing. Our class is very noisy. The teachers don't mind the students disagreeing with them. In Japan we usually keep quiet in class.

① A rolling stone gathers no moss.
② Practice makes perfect.
③ Make hey while the sun shines.
④ Necessity is the mother of invention.
⑤ There is no accounting for tastes.

No.80

（解答 ▸ P.65）

次の英文の訳として適当でないのはどれか。

① Few people know how to do it.
それの使い方を知っている人は少しもいない。
② He became so excited that what he said made no sense at all.
彼はとても興奮していたので彼が言ったことは意味を成さなかった。
③ He is not a poet but a novelist.
彼は詩人ではなく小説家だ。
④ The more you have, the more you want.
多くを持てば持つほど，ますます欲しくなる。
⑤ The meeting will have broken up by the time you arrive there.
その会議はあなたがそこに着く頃までには終わってしまっているだろう。

No.81

(解答▸P.65)

次の（　　）内の語句を並べ替えて意味が通じるようにするとき，５番目にくる語句として最も適当なのはどれか。

彼は彼女の言葉を聞いて怒らずにはいられなかった。
(He ／ her ／ not ／ angry ／ words ／ help ／ could ／ at ／ getting).

① her
② angry
③ words
④ help
⑤ getting

No.82

(解答▸P.65)

次の英文の（　　）にＡ～Ｄの文を入れて意味が通るようにするとき，最も適した配列として適当なものはどれか。

Two experiments were done on what tastes newborn babies like. (　　) These facts show that even very young babies strongly prefer sweet tastes.

A　While they accepted the plain water, they always tried harder to drink the sugar water.
B　In this latter case, they tried to refuse the unsweetened water.
C　In the other, they were given plain water immediately after sweetened water.
D　In one, babies were given both plain and sweetened water at different times.

① D → A → B → C
② D → A → C → B
③ D → B → A → C
④ D → C → A → B
⑤ D → C → B → A

No.83

（解答 ▸ P.65）

次の対話文の（ア）～（エ）には，a～dのいずれかが入るが，その組合せとして最も適当なのはどれか。

A：Did you have a good time at your grandfather's house?
B：It wasn't exciting － just peaceful and quiet.
A：Peaceful and quiet.（　ア　）
B：No, I was never bored.（　イ　）
A：（　ウ　）
B：Oh, there weren't a lot of cars or people around.（　エ　）

a：But wasn't it boring?
b：It's way out in the country.
c：Then what do you mean by peaceful?
d：There were lots of things to do.

	ア	イ	ウ	エ
①	a	b	c	d
②	a	d	c	b
③	b	d	c	a
④	c	b	a	d
⑤	c	d	a	b

No.84

（解答 ▸ P.65）

次の英文の（　　）に入れるものとして，最も適当なのはどれか。

If there is much traffic in the streets, we say in English that the traffic is（　　）.

① big
② jam
③ busy
④ great
⑤ heavy

No.85

（解答▶P.65）

次の英文中の（　　）に入れる３つの文が，順不同で下のＡ～Ｃに示されている。意味の通る英文にするのに最も適当な配列のものはどれか。

There has always been some form of education but there have not always been schools. (　　) The peasant in the village learnt the arts and skills of farming, together with much tranditional wisdom about the earth and sky and living things.

A　But this lack of literacy does not mean the people were uneducated.
B　Four hundred years ago, few people in England went to school or learnt to read and write.
C　In some ways they were better educated than their descendants today.

① A → B → C
② C → A → B
③ A → C → B
④ C → B → A
⑤ B → A → C

No.86

（解答▸P.65）

次の会話のア，イ，ウ，エには，A～Dのいずれかが入るが，その組合せとして適当なものはどれか。

X: Hello. Jack's Auto Repair Service. Can I help you?

Y: Yes, please.（　ア　）Could you send someone to help me?

X: We'll send a truck right away.（　イ　）

Y: I'm on Highway 102, a couple of miles north of Springfield, just past the bridge（　ウ　）

X: Do you know what's wrong with your car?

Y:（　エ　）It suddenly stopped and I can't get it started again.

A: I have no idea.

B: Look for a white station wagon.

C: My car's broken down on the highway.

D: Where are you?

① B，A，D，C
② B，D，C，A
③ C，B，A，D
④ C，D，A，B
⑤ C，D，B，A

No.87

(解答 ▸ P.66)

次の英文の（ア）～（ウ）に入る語の組合せとして最も適当なのはどれか。

One of the greatest advances in modern technology has been the invention of computers. They are already widely used in industry and in universities, and the time has come when it is possible even（　ア　）ordinary people to use them as well. Computers are capable（　イ　）doing extremely complicated work in all branches of learning. They can solve the most complex mathematical problems or put thousands of unrelated facts（　ウ　）order.

	ア	イ	ウ
①	too	to	in
②	for	of	in
③	for	in	on
④	from	by	under
⑤	from	of	on

No.88

(解答 ▸ P.66)

次の英文の（　　）に入れるものとして最も適当なのはどれか。

There is an interesting difference between the way parents（　　）children in the United states and the way they do so in Japan. When a child does something wrong in America, he/she is usually sent to his room and is not allowed to leave the room until he/she has apologized. In Japan, however, parents send their children outside the house and do not let them come in until they have apologized. To Americans, to be kept inside his/her room deprives the child of his/her freedom. To the Japanese child, however, to be deprived of the warmth and security of the home is more frightening than not having freedom.

① praise　　② surprise　　③ encourage　　④ discipline　　⑤ discourage

No.89

（解答 ▸ P.66）

次の文は店員Ａと客Ｂとの会話文である。（　　）に入る組合せとして最も適当なのはどれか。

A: May I help you with something?

B: Yes. (1) a dress to wear to my son's graduation. I'd like something formal, but not severe.

A: We have some lovely dresses. For this season, I'd recommend a linen suit in a light color. May I show you one in your size?

B: Yes, thank you. I wear size 12. (2) ?

A: This is very easy to care for because the fabric is a linen-polyester blend so it doesn't wrinkle*1 so easily as 100 percent linen and requires little or no ironing. You can wash the suit by hand or machine-wash it on the gentle cycle. I think you'll find this fabric durable*2 and quite easy to look after.

B: Sounds good. And it has a very nice texture and it's certainly the right weight for this season. (3)?

A: Of course. The fitting room is right here on thje left.

＊1　wrinkcle　しわになる　　＊2　durable　丈夫な

(1)　ア：I am looking forward to
　　イ：I am looking for
　　ウ：I am looking after

(2)　ア：Is linen difficult to take care of
　　イ：Is linen expensive
　　ウ：Can I wash it at home

(3)　ア：May I see another one
　　イ：Where can I get this
　　ウ：May I try it on

	(1)	(2)	(3)
①	ア	ア	イ
②	イ	ア	ウ
③	イ	ウ	ア
④	ウ	ア	イ
⑤	ウ	イ	ウ

No.90

（解答▸P.66）

次の各文がそれぞれ日本語の意味になるようにするとき，（ア）～（エ）に当てはまる語の組合せとして最も適当なのはどれか。

If the car breaks（ア）we'll walk. もし車が故障すれば歩くつもり。

You can do away（イ）these old papers. これらの古い書類を処分していいよ。

An old friend of mine dropped（ウ）on me.　旧友が私のところへ立ち寄った。

He was looked（エ）by a nurse. 彼は看護師に世話をしてもらった。

	ア	イ	ウ	エ
①	up	with	in	for
②	up	with	out	after
③	up	from	in	after
④	down	from	out	after
⑤	down	with	in	after

No.91

（解答▸P.66）

次の（　　）内の語句を並べ替えて意味が通じるようにするとき，４番目と８番目にくる語句の組合せとして，最も適当なのはどれか。

彼は決して他人の悪口を言うような人ではない。

（is ／ of ／ to ／ ill ／ the ／ he ／ others ／ person ／ speak ／ last）.

	４番目	８番目
①	ill	person
②	ill	speak
③	person	ill
④	last	others
⑤	last	ill

No.92

(解答▶P.67)

次の英文のうち，文法的に最も適切なのはどれか。

① Please call on me when you are convenient.
② I must write down his address before I don't forget it.
③ The ears of a rabbit are longer than those of a cat.
④ She is impossible to have killed herself.
⑤ She was married with a rich man.

No.93

(解答▶P.67)

次の英文の訳として最も適切なのはどれか。

① Nothing is so presious as time.
時間は大切なものである。
② What he says is false.
彼が何を言ってもうそに違いない。
③ There is no rule but has exceptions.
例外ばかりのルールはない。
④ Unless he comes, we'll go.
もし彼が来ないなら，我々が行こう。
⑤ Were I a bird, I would fly to you.
鳥だったら，あの時君の所へ飛んで行けたのに。

No.94

（解答 ▸ P.67）

次の英文中の（　　）に入れる３つの文が，順不同で下のＡ～Ｃに示されている。意味の通る英文にするのに最も適当な配列のものはどれか。

Physical gestures may have different meanings in different cultures, and misunderstanding these signals can sometimes be embarrassing. (　　) But one of them became quiet and looked puzzled. When I asked him what was the matter, he replied, "In my coutry, we count with our eyes. We use our fingers to count pigs."

A　I counted them with the index finger, which is common in Japan.

B　I once had an experience which I have never forgotten.

C　Some years ago, I took a small group of foreign students to Kyoto.

① A → B → C
② A → C → B
③ B → C → A
④ B → A → C
⑤ C → B → A

公務員試験
地方初級・国家一般職（高卒者）問題集　国語・文章理解　第４版

2013年３月１日　初　版　第１刷発行
2024年２月15日　第４版　第１刷発行

編著者　ＴＡＣ株式会社（出版事業部編集部）
発行者　多田敏男
発行所　ＴＡＣ株式会社　出版事業部（ＴＡＣ出版）
〒101-8383
東京都千代田区神田三崎町3-2-18
電話 03（5276）9492（営業）
FAX 03（5276）9674
https://shuppan.tac-school.co.jp/
印刷　株式会社　ワコー
製本　東京美術紙工協業組合

ISBN 978-4-300-11057-7
N.D.C. 317

TAC出版 書籍のご案内

TAC出版では、資格の学校TAC各講座の定評ある執筆陣による資格試験の参考書をはじめ、資格取得者の開業法や仕事術、実務書、ビジネス書、一般書などを発行しています！

TAC出版の書籍

＊一部書籍は、早稲田経営出版のブランドにて刊行しております。

資格・検定試験の受験対策書籍

- 日商簿記検定
- 建設業経理士
- 全経簿記上級
- 税　理　士
- 公認会計士
- 社会保険労務士
- 中小企業診断士
- 証券アナリスト
- ファイナンシャルプランナー(FP)
- 証券外務員
- 貸金業務取扱主任者
- 不動産鑑定士
- 宅地建物取引士
- 賃貸不動産経営管理士
- マンション管理士
- 管理業務主任者
- 司法書士
- 行政書士
- 司法試験
- 弁理士
- 公務員試験(大卒程度・高卒者)
- 情報処理試験
- 介護福祉士
- ケアマネジャー
- 社会福祉士　ほか

実務書・ビジネス書

- 会計実務、税法、税務、経理
- 総務、労務、人事
- ビジネススキル、マナー、就職、自己啓発
- 資格取得者の開業法、仕事術、営業術
- 翻訳ビジネス書

一般書・エンタメ書

- ファッション
- エッセイ、レシピ
- スポーツ
- 旅行ガイド（おとな旅プレミアム/ハルカナ）
- 翻訳小説

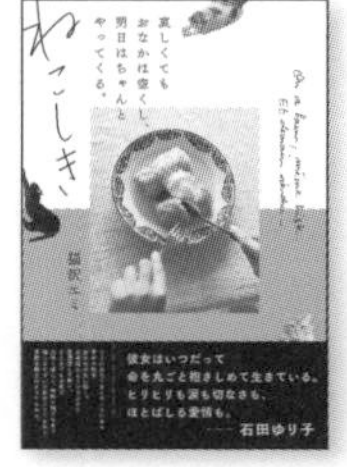

書籍のご購入は

1 全国の書店、大学生協、ネット書店で

2 TAC各校の書籍コーナーで

資格の学校TACの校舎は全国に展開!
校舎のご確認はホームページにて

資格の学校TAC ホームページ
https://www.tac-school.co.jp

3 TAC出版書籍販売サイトで

CYBER BOOK STORE TAC出版書籍販売サイト

24時間ご注文受付中

https://bookstore.tac-school.co.jp/

新刊情報をいち早くチェック!

たっぷり読める立ち読み機能

学習お役立ちの特設ページも充実!

TAC出版書籍販売サイト「サイバーブックストア」では、TAC出版および早稲田経営出版から刊行されている、すべての最新書籍をお取り扱いしています。

また、無料の会員登録をしていただくことで、会員様限定キャンペーンのほか、送料無料サービス、メールマガジン配信サービス、マイページのご利用など、うれしい特典がたくさん受けられます。

サイバーブックストア会員は、特典がいっぱい!(一部抜粋)

通常、1万円(税込)未満のご注文につきましては、送料・手数料として500円(全国一律・税込)頂戴しておりますが、1冊から無料となります。

専用の「マイページ」は、「購入履歴・配送状況の確認」のほか、「ほしいものリスト」や「マイフォルダ」など、便利な機能が満載です。

メールマガジンでは、キャンペーンやおすすめ書籍、新刊情報のほか、「電子ブック版TACNEWS(ダイジェスト版)」をお届けします。

書籍の発売を、販売開始当日にメールにてお知らせします。これなら買い忘れの心配もありません。

書籍の正誤に関するご確認とお問合せについて

書籍の記載内容に誤りではないかと思われる箇所がございましたら、以下の手順にてご確認とお問合せをしてくださいますよう、お願い申し上げます。

なお、正誤のお問合せ以外の**書籍内容に関する解説および受験指導などは、一切行っておりません。**

そのようなお問合せにつきましては、お答えいたしかねますので、あらかじめご了承ください。

「Cyber Book Store」にて正誤表を確認する

TAC出版書籍販売サイト「Cyber Book Store」の
トップページ内「正誤表」コーナーにて、正誤表をご確認ください。

URL:https://bookstore.tac-school.co.jp/

2 1の正誤表がない、あるいは正誤表に該当箇所の記載がない ⇒ 下記①、②のどちらかの方法で文書にて問合せをする

★ご注意ください★

お電話でのお問合せは、お受けいたしません。

①、②のどちらの方法でも、お問合せの際には、「お名前」とともに、
「対象の書籍名(○級・第○回対策も含む)およびその版数(第○版・○○年度版など)」
「お問合せ該当箇所の頁数と行数」
「誤りと思われる記載」
「正しいとお考えになる記載とその根拠」
を明記してください。

なお、回答までに1週間前後を要する場合もございます。あらかじめご了承ください。

① ウェブページ「Cyber Book Store」内の「お問合せフォーム」より問合せをする

【お問合せフォームアドレス】

https://bookstore.tac-school.co.jp/inquiry/

② メールにより問合せをする

【メール宛先 TAC出版】

syuppan-h@tac-school.co.jp

※土日祝日はお問合せ対応をおこなっておりません。
※正誤のお問合せ対応は、該当書籍の改訂版刊行月末日までといたします。

乱丁・落丁による交換は、該当書籍の改訂版刊行月末日までといたします。なお、書籍の在庫状況等により、お受けできない場合もございます。

また、各種本試験の実施の延期、中止を理由とした本書の返品はお受けいたしません。返金もいたしかねますので、あらかじめご了承くださいますようお願い申し上げます。

(2022年7月現在)

〈冊子ご利用時の注意〉

以下の「解答・解説冊子」は、この色紙を残したままていねいに抜き取り、ご使用ください。

また、抜き取りの際の損傷についてのお取替えはご遠慮願います。

解答・解説

国語・文章理解

Japanese language & Literal realization

TAC出版編集部編

問題集

目次

第１編　文章理解（国語）

第１章　現代文の内容把握

（問題，本文２ページ）

No.1

①先人の子供時代の画を模倣。②先人の指導を子供時代から受ける。③子供としての信頼。④先人に拘束されることなく。が誤りの部分。

答　⑤

出典：小林秀雄『金閣焼亡』

No.2

①は本文５～６行目のとらえ違い。詩の内容の時間軸ではない。推敲と添削は「異本形成」の性質において同じ作業であるといっている。「時間軸において」とは「時間を経て」の意。また③は４～５行目に反する。④「ある程度の時間」「沢山の人の目」といった，添削推敲の方法についてはふれていない。⑤添削と推敲の比較はしていない。

答　②

出典：外山滋比古『省略の文学』中央公論社

No.3

設問に注意。合致しないものを選ぶ。①２～３行目に合致。②結果として『源氏物語』『枕草子』と異質なものになったのであって，それを芭蕉が「目指した」とは筆者は言っていない。③３～４行目「世に発表して名声～気の全くない彼」に合致。④１～２行目に合致。⑤は文全体から読みとることができる。

答　②

出典：田辺聖子『文車日記―私の古典散歩』新潮社

No.4

①日本座敷が墨絵に描かれるという話ではないのでこれが答え。②③④⑤はすべて文中の内容と合致する。

答　①

出典：谷崎潤一郎『陰翳礼讃』中央公論社

No.5

本文前半では筆者はカリフォルニアでの「すばらしい一週間」を体験している。しかし，後半（「ところが」以降）では，古典文学の授業に「つまずいてしまう」。その原因を筆者は13～14行目「窓に映る，きのうも今日も～ひどく気になってか」，15行目「まわりの現実とテキストのズレ」によってと分析していることに注目。「毎日はあけぼの，年中はあけぼの。」とは何を意味しているのか。選択肢を見ていくと，①学生側に問題があるわけではない。②このような内容は書かれていない。③「歴史的な認識が不可欠」が×。④正解。⑤近代文学との比較はしていない。

答　④

出典：リービ英雄『「there」のないカリフォルニア』

No.6

筆者の主張は13～15行目に述べられる。（「この荒廃の真因はいったい何なのでしょうか。」「私の考えでは，これは西欧的な論理，近代的合理精神の破綻に他なりません。」）①「避けて通れない」とは述べていない。②「文明的な生活を離れ」ることが「荒廃から立ち直る唯一の方法」とはいっていない。③手を出しあぐんでいる状況を憂いてはいるが，何の解決にもならないと切り捨ててはいない。④東洋の文化や精神は日本には必要かもしれないが，この文脈だけで深読みしてはならない。また他の先進国にまで求められることではない。

答　⑤

出典：藤原正彦『国家の品格』新潮社

No.7

第一段落では物理学は「疑いの学」とし,「暗は無限大であって明は有限である。～悲観する人はここに至って自棄する」と述べている。物理学の「知」が「暗」を覆いきれないことから「学問をあざけ」る人もいるとして，第二段落において「しかし」,「人知」は「無限大」であり,「疑いは知の基である」と主張を展開する。第二段落の内容と合致するものはどれか。

答　③

出典：寺田寅彦『知と疑い』

No.8

①反抗心を持つことになるとは言っていない。②干渉しすぎを問題にしているわけではない。もっと具体的に，クリーンで安全なことについて行き過ぎをたしなめている。③町づくりが問題の中心ではない。④地域の取り組みについては触れていない。

答　⑤

出典：外山滋比古『学校で出来ること出来ないこと』読売新聞社

No.9

設問文に注意。合致しないものを選ぶ。6行目からが芥川の文で，①については，「今日の僕等の心理にも如何に彼等の心理の中に響き合う色を持っているであろう。」とあるので○。②は後半の段落内容に合致。③は2～3行目「彼はこの物語中での三面記事～すべてこの部のものである。」に合致。⑤は芥川の文の引用箇所の後半部分から読み取れる。

答　④

出典：吉田精一『「羅生門・鼻」について』

No.10

科学と批評の，共通点と異なる点を説明した文章。7～8行目に科学が目指すのは，「一般的な真理」で,「どんな経験的事実もゆるがせには出来ぬし，どんな理論的帰結も無視できない」とある。また批評については，10～11行目「批評の対象として取り上げた経験的事実」は「既にある特殊な事実」「沢山の事実を無視して，はじめて選べた事実」と述べている。さらに，その方法は「理論的というよりむしろ実践的」，目的は「説得にある」としている。

①は本文2～3行目に「科学的批評とか客観的批評とかいう言葉が，しばしば使われるが，悪い洒落なのである。」とあるので不適。②6～7行目に「批評の方法は，科学の方法の厳密にならう必要はない」「むしろならって誤るものだ」とあるので不適。③本文に合致。④「理論的な正確さ」は科学の方法。⑤末尾の文に，批評においては「証明」は「過ぎれば，説得力を欠く恐れがある」とある。

答　③

出典：小林秀雄『無私の精神』文芸春秋

No.11

羅列されている人名や作品名などにまどわされず,各段落の初めと終わりの部分を押さえて，(1)何について（二十世紀の小説），(2)どのように述べているか（前世紀の小説形式の動揺），を的確にとらえること。これができれば，正答は容易に得られるはずである。

①は，後半部の「批評作品ばかり」が誤り。ここでは,「二十世紀前半の文学（小説）」が話題となっている。②も後半部の「終結を迎えた」が誤り。「独創的な,冒険的な試みが行われ」て，小説形式はゆさぶられ，「動揺」した，とある。③は,「リアリズム小説」が誤り。第二段落の書き出しの「こうした傾向」とは,「十九世紀的なリアリズム」の形式が破壊されたこと，を指す。④は，末尾の「否定的な」が誤り。「難解孤高」とはあるが,「否定的」という表現はない。⑤は合致する。文章の末尾の「二十世紀の前半……動揺の深刻さ」の内容と一致する。

なお,文中の「ヴァレリ」は,バレリー（1871～1945）。フランスの詩人・思想家・批評家。人間の精神の根源の厳格な探究を試みた人であった。

答　⑤

出典：辻邦生『小説への序章』中央公論社

No.12

「目は口ほどに物を言う」とは，情のこもった目つきは，口に出して言うよりも，深く相手の心に自分の気持ちを伝えることができるというたとえ。問題文は，このような五感が総動員された人間どうしのコミュニケーションについて問題を提起したものである。

①は妥当ではない。末文では，これとは逆のことを述べ，「それでいいのだろうか」と問題を提起している。②は「ナンセンス」の意味を取り違えており，全体的に適切でない。「ナンセンス」は，フランス語ではノンサンス。無意味なこと。ばかげた行動。しばしば相手の考えや言葉を否定するときに使われる。③は妥当ではない。「現代にはない」以下は誤り。④は妥当である。⑤は妥当ではない。「コミュニケーションの動物化」の意味が不明である。「……考察するにあたって」役立つのは，上の④の内容である。なお，③に引用された言葉の「目つき」は，愛する恋人に切ない思いを訴えるそれで，いつの時代にもあり得るものであろう。

答　④

出典：高田宏『言葉の影法師』筑摩書房

No.13

書き出しの一文「また，文章をその……立場もある」から，この文章はここまでにいろいろな名文観をあげて，それに対してコメントを加えてきたものであることがわかる。指示語・接続語を手がかりにして，文脈を正しく把握することが正解への近道である。

①は妥当ではない。これは「……価値とみる習慣がないかぎり，……わかりにくい」とあり，この限りでは「名文」とはなり得ない。②は，どのような規定なのか具体性がないから，妥当ではない。③は妥当である。これは，「作者の信念，生活，体臭が伝わってくる」を修正したものであり，その「価値」（筆者の精神の充実・躍動）によって「悪文が名文となる」という文脈。選択肢①は，「作者の生の信念，生活，体臭」に「価値」を認められなかったため，「名文」とされなかったわけである。④の内容は，前の段落の「文章の……届ける（選択肢③）文章」を現代風に書き換えた（補足した）もので，この部分は文脈上（　）に入れることができる。文脈としては選択肢③は，この(　)を越えて「そのため」に結びつくと考えられる。⑤は，関係がない。

答　③

出典：中村明『名文』筑摩書房

No.14

随筆の特色について述べたもので，終わりの部分の「ほんとうをいえば青年のものでない」は自論。やはり人生経験豊かな中年以後の人の作品に魅せられることが多いのであろう。

①は合致する。本文では，「……意味をもっていて，はじめて，随筆文学という名目の中に入れそうである」と述べている。②は合致しない。「佳作ぞろいで」は言い過ぎで，本文には「……が出て来るのがふつう」とある。すべて出て来るとまでは言っていない。③は合致する。「筆者の素肌の匂いや考え方が，なまのままで出る。そのために，結局筆者の人間的価値が……」とある。④は合致する。本文には「書き手の性格，職業，趣味などによって，或いは知識的，科学的になり，……」とある。⑤は合致する。選択肢に書かれた随筆の特色は，ごく一般的なもので，“素肌に浴衣がけ”といった言葉がぴったりあてはまるもの。だからこそ，書き手の本音が出，随筆をおもしろくさせるのであろう。

答　②

出典：吉田精一『随筆とは何か』創拓社

No.15

まず，書き出しの意識の内容を「忠実に言葉に移すことは，……困難である」，および文末の「『はっきりさ』については，目的と場合に応じて，その『適度』を心がける他ない」の各文をしっかりと押さえること。なお，この二文の間に「意識と言葉の対応における『明確さ』には限界があるから」などの一文を置くと，前後の文がつながりそうである。「一義的」とは，（表現に幅をもたせず），それ以外に意味や解釈が考えられないさま。

①は合致しない。第一「忠実な再現は不可能」と述べているし，「意識の変化」についてはふ

れられていない。②は合致する。③は合致しない。本文には「明確さを追求する姿勢」の重要性などについての記述はなく，また本文の趣旨とは逆である。④は合致しない。本文における「はっきり」は，言葉の意味の「明確さ」を言っているのであって，選択肢の「はっきり」は，自分の気持ちを遠慮なく，率直に表現する意味に近い。⑤は合致しない。本文における「適度」は，明確さの度合いであり，意味を取り違えている。

答　②

出典：加藤周一『称心独語』新潮社

No.16

後半部の「例えば」の直前の一文，「そして，……思われる」を押さえ，「例えば」以下の補説に注意して要旨をつかむ。この文章は，要するに「親子のみ無条件に他人ではなく，それ以外の関係は親子関係から遠ざかるにしたがって他人の程度を増す」ということを述べたもの。

①は「他人の本質は第一に血縁がないということ」とあり，「疎遠」でも親子は親子だから誤り。②は，友人を人間関係の中でどう位置づけるか，本文では何も言及していないから，「親しい友人」について述べるのは誤り。③は，「いかなる……できない」という全否定の構文に注意する。例えば，夫婦は元は他人でも，「ある人間関係の性質が親子関係のように濃やかとなればなるほど関係は深ま」るのだから，「実現することはできない」は言い過ぎ。④個人的，あるいは仕事上を問わず，「つきあい」については，本文では何も触れていないから，本文の内容と合致しない。⑤は合致する。「日本では」に，特に注目したい。

答　⑤

出典：土居健郎『甘えの構造』弘文堂

No.17

①「間違い」は言い過ぎ。場合によって「慈」「悲」を考えよ，という文脈。②筆者は「慈」と「悲」を区別している。無責任に「はげまし」をしてはならないと言っている。③前向きか受け身かという区別ではない。④性格の問題でもない。⑤○

答　⑤

出典：五木寛之『天命』幻冬舎

No.18

都（東京）の雨を見て，馬鈴薯の花に降っていた雨を思い出している。

答　④

出典：石川啄木『一握の砂』

No.19

島村と娘がどこにいるのか。これを判断するために，二人のいる場所から「風景」がどのように見えているか，がポイントとなる。「映画の二重写しのように動く」「夕景のおぼろな流れ」といった表現から風景が動いて見えること，「その二つが～この世ならぬ象徴の世界」「娘の顔のただなかに野山のともし火がともった」といった表現からガラス（窓）等に風景が二重写し，つまり二枚のガラスを通して写し出された風景を見ているということ，そして「窓ガラス越し」に風景を見ているので屋外にはいないということがわかる。これらの表現から列車の窓から外を見ている様子に結びつけられるかどうか，ということである。

答　③

出典：川端康成『雪国』

No.20

健三と島田夫婦の，養子と養父母の関係を正確に捉え，島田夫婦の健三に対する不安の内容を読み取る。「おとっさん」「おかっさん」が自分たちであることを健三に答えさせて満足しているのだから，その質問はどのような不安から起こるものか。④が正解。②のように実家に帰ってしまうという具体的な行動に対する不安ではない。①健三が「もらい子であることの引け目を感じ」る様子はこの文にはなく，⑤「悩みを持っている」様子もない。また島田夫婦の③「好意の裏にある意図」も全く読み取れない。

答　④

出典：夏目漱石『道草』

No.21

①第二段落の内容から妥当ではない。②③は「遊びの楽しさ」「しつけのため」といった観点から言っているが，本文は幼児の時間の観念についての文。正解は⑤。④は「いつも短い」としている点が誤り。

答　⑤

出典：河合隼雄『子どもの「時間」体験』

No.22

①「他者を受け入れない強情さ」は言い過ぎ。13行目「当たり前の顔で構いませんなら載せて頂いても宜しゅう御座います」とあり，「私」は歩み寄りも見せている。同じ理由で③⑤も言い過ぎ。③については「粋な職人気質」という表現もおかしい。本文から読み取れる「私」は「雑誌の男」に対して，このような肯定的評価はしていない。④「軽薄さ」の根拠がない。

答　②

出典：夏目漱石『硝子戸の中』

No.23

②は元々の正しい解釈のほうの説明。③「沢山の意味があり」「使い分けるべき」といったことは，本文には書かれていない。④のような感情的な理由で認めているわけでもない。⑤は言い過ぎ。筆者は好意的にとらえてはいるが「必要である」とは言っていない。

答　①

出典：池田弥三郎『暮らしの中の日本語』筑摩書房

No.24

傍線部の後に④の内容が述べられている。次の文の「いわば～皮肉な構造」にも注目。「それがまだ成就されていないあいだにだけ成立し，完全に成就された瞬間に消滅する」と書いている。

答　④

出典：山崎正和『柔らかい個人主義の誕生』中央公論社

No.25

傍線部の前に理由が述べられる。13～14行目「彼らの技術的未熟～～～あたらない」や，16～17行目「彼らがいずれも『先輩や師匠』たちの作品を通して人間を見ることを学んだからである」などに注目。

答　①

出典：高階秀爾『近代美術における伝統と創造』

No.26

言い過ぎや叙述されていない内容を含むものを消去し，正解に迫る。ものの本質を見とおす「詩人たち」の目で周囲を見ている「私」は，級友たちとの摩擦を避けるために自己の本心を隠し，しかも同級生の俗物性を見ぬいて，彼等のような「世間並の型」から身を守るために「ウブで世間知らず」の自分を演じて一線を画している。ここをしっかりと押さえた上で①～⑤を吟味すると，②はその前半が，③～⑤は後半部が誤っていることがわかる。

答　①

出典：伊藤整『若い詩人の肖像』新潮社

No.27

かつて，キリスト教の手ごわい異端であったグノーシス主義は，実は単なる異端ではなく，その立場は東方の諸宗教とのシンクレティズム（折衷形態）であったが，今日，この異端グノーシス主義への関心が高まり，再評価がなされている。これは，時代のどのような動きと関連しているのか。第二段落からそのポイントをしっかりと読み取ろう。

①は，後半部の「正統から最も離れた存在になり，迫害を免れてきた」が誤り。本文には，最も近くの，最も危険な敵とある。②は後半部の「異端をつくりだす正統キリスト教の側こそが，実は本当の異端であった」は，本文には書かれていない。③も，後半部が問題。本文には「東方の諸宗教とのシンクレティズム」とある。この「折衷形態」に注意しよう。④は妥当である。単なる「寛容・共存」を超えた「人類の英知の発見・動員」に今日的な意味がある。⑤は，この主義は教理を根本原理として文字どおり信じ

る立場であるが，本文にはこのような記述はない。第三段落，特にその後半部に注意すること。

答　④

出典：中村雄二郎『術語集Ⅱ』岩波書店

No.28

二段落からなっているが，前段（「平等」の問題点）は前置き。筆者の考えは後段（「不平等」と「個性」）に述べられている。末尾の「こんなわけで」以下が重要である。

①は，必要なのは「子どもたちの目から見た平等」ではなく，不平等の訴えを「ゆっくりと受け容れて聞いてや」る態度。それによって，子どもの「個性の発見というほうに話」を向かわせることを提案している。②は，「個性ということを考えるので，きょうだい間の差も意識され」不平等の訴えが出てくる，とあるから，「不平等→個性の発見」は逆の考え方である。③は，「訴えを聞かない方がよい」は，これも逆で「少し辛抱して話を聞いてやると面白いことが案外出てくる」とあるように，訴えを聞くことを支持する態度をとっている。④は妥当である。⑤は，「きょうだいの存在が不可欠である」は言い過ぎ。子どもたちに「自らの個性の存在に気づ」かせるのは「きょうだいの存在」だけというような限定は文中のどこにもない。「不可欠」のような意味の重い表現には，注意が必要。

答　④

出典：河合隼雄『家族関係を考える』講談社

No.29

各段落の要点を指示語・接続語，あるいは具体例などに注意して的確に把握する。第一段落では，「きく・読む＝他人の役割を経験する＝相手の言葉を解読する＝うけとる＝もうひとりの自分になる＝相手の身になる」の図式，第二段落では「本をよみながら感動する＝『もうひとりの自分』が読み，『こちら側の自分』が感動する」，つまり二人の自分がいることなどを十分に理解したい。

①は合致する。スピーカーの場合，マイクにはいった音を再生するだけとある。②は，第二段落の内容どおりで，合致する。③も合致する。④は合致しない。第三段落において，人間コミュニケイションが，電気通信機と同じように「高忠実度再生だけですむなら」とある。人間としての「理解」がむずかしいのは，一人の人間の内部で，二人の人間の対話が行われ，さまざまな「人間的反応」を引き起こすためと言えよう。なお「人間コミュニケイション」とは，人と人との間の思想・意志・感情の伝達をいう。⑤は合致する。これは，①と同じ趣旨のものである。

答　④

出典：加藤秀俊『人間関係』中央公論社

No.30

「他人を他人としてみとめるという生活の立てかた」（第三段落）の重要性を述べた文章である。「～に大事にしたい」，「もっともたいせつなのは」など，重要性を強調した前置きや結びに十分注意すること。

①は，本文の「つきあいというかたちをもたない他人としての隣人という存在」ということと「一切のしがらみを断って気楽に過ごす」ということとは一致しない。「一切の」などという表現は警戒に値する。②は，筆者は「家庭もまた他人の集まり」と見ているから，「家族関係と同様に」は矛盾する。また，「互いに感情を」以下の考えは本文中に書かれていない。③は，筆者は「つきあいにささえられる『隣近所』という意識には，他人としての隣人をどこかにゆるさないようなやりきれなさが生まれやすい」と述べており，「無関心であることは避け，助け合いたい」など論外である。「他人を他人としてみとめる」ことが，筆者の考えの根本。④は，親子でもやっぱり他人だと突き放しているから，「突き放すのではなく」は誤り。⑤は正しい。

答　⑤

出典：長田弘『一人称で語る権利』平凡社

No.31

日本語における「説明」と「叙述」の区別について述べた文章。第二段落の「事実の『叙述』は，かならずしも，意味を持たせぬ，ということではない」を，しっかりと押さえること。なお，「枯枝に烏のとまりたるや秋の暮」は，寂しい秋の夕暮れ。ふと見ると，一羽の烏が枯枝にとまっている。秋の夕べの寂しさが，ひとしお身にしみて感じられる，ほどの意（単なる事実の句ではない）。

①は妥当ではない。青年は，この句を単なる事実の句として受けとめただけ。「情景」を理解してはいない。②は妥当ではない。「説明」を避けたのではなく，ヨーロッパ語と日本語の性格の相違を思い知ったのが原因。③も妥当でない。「説明と叙述をあえて厳密に区別する」は誤り。ヨーロッパ語は区別を設けない。④は，日本の俳句を外国人に教える態度については，本文ではふれられていない。⑤は妥当である。文章の末尾の「あらためて思い知ったのだ」を押さえ，このときの筆者の思いをつかむ。なお，俳句は短歌とともに，広義の「叙情詩」に含まれる。

答　⑤

出典：森本哲郎『日本語根ほり葉ほり』新潮社

No.32

次の２点を押さえる。a「忘れ得ぬ人々」の一人とは，「僕」が船上から見た「島かげ」の男であることは明らかであるが，その男はどのように描かれているか。b「忘れ得ぬ」の辞書的な意味は何か。aについては，淋しい島かげでひとり（黙々と）磯をあさっていることから素朴な生活者と見る。また，bは忘れることができない意で，「忘れてはならない」や「忘れるわけにはいかない」などは誤りである。とすれば，①・③はbで失格。④も「なぜか時々思い出す」が適切でない。次に，②・⑤のうち，②はその前半，特に「自分の老父に似た」は全く見当はずれであり，⑤はa・bともに妥当である。

答　⑤

出典：国木田独歩『忘れ得ぬ人々』

No.33

まず，第一段落の後半部の芭蕉の句や文章。ここでは，有名な「野ざらしを」の句（旅先で死に，骨を野にさらす覚悟をよんだもの）や，「道路に死なん，是天の命なり」（旅の途中，道路で死ぬようなことがあっても，これは天の定めである）の意味は，文字を見てその意味を何とか判読してほしいところ。次に第二段落では，安住の地を求めて旅に出るが，どこにも定着する場所はなく，しばらく留まっては去って行く。というのは，「真の漂白者」にとり，望郷の心情が生きがいであるから，定着してしまうことはとりもなおさず生きがいを失うことだから。だから，こういう人々は，さすらいつづけてやまないのだ。この矛盾を十分に理解してほしい。設問は，該当しないものを選ぶ。②の「敵と格闘」は，若い人のあこがれる漂泊である。

答　②

出典：島崎敏樹『生きるとは何か』岩波書店

No.34

登場人物は「私」と「家内」。「私」の視点で書かれた文章である。「初老の夫婦」とあるから，「私」は盛りをとうに過ぎた60歳前後。とすれば，「茫然と立っている」は，なすこともなくぼんやりと立っている，と解釈できる。①・②のような暗さは感じられないし，④ほどの年齢でもなく，重病人でもあるまい。⑤の「憎悪」などは全く当たらない。

答　③

出典：藤沢周平『小説の周辺』文芸春秋

No.35

各段落の初めと終わり，特に第二段落の終わりの「どういう態度で執筆するか………」，また，第三段落の終わりの「執筆姿勢の不安定さ………」にそれぞれ注意したい。①・④はその後半部が本文とは逆。②の「事実と意見の書き分け」はここではふれられていない。③は論外。したがって⑤が正解。第二段落の末尾の内容である。照らし合わせてほしい。

答　⑤

出典：中村明『悪文 裏返し文章読本』
ちくま学芸文庫

No.36

「作者の意味」があるのなら「読者の意味」

もあってしかるべきなのに，近代において政治が介入し，作者の意味＝正解，読者の意味＝異本的解釈＝誤解と決まり，読者の自由な解釈は排除された。作者はこれを「読者の不運」，「読者は生きながら死んだ」と悲痛なことばで表現している。正解である作者の意図をくみ取ることに心を砕くわれわれにとって，これは何とも痛快な「読者論」といえる。①は「読者の不運」が見当違い。②は言い過ぎ。③は「むしろ救い」が逆。⑤の結論部は論外である。

答　④

出典：外山滋比古『意味の弁証法』

No.37

美術館で日本画に続いて洋画を見たときの感想。第二段落の最後の一文，「しかし，その好ましい………熱気はさらになかった」に注目したい。要するに，（好ましいものも）小綺麗ではあるが，個性や創意に欠け，作家の内面からの熱気もまるでなかったと，悲観すべき感想が具体的に述べられている。第三段落には日本画よりましな側面が書かれているが，「一応の水準を保ってはいる」に変わりはない。①の前半部に「技法」とあるが，それをものにしているからこそ，小綺麗で一応見られるのである。書かれていない内容を含んでいたり，作者とは逆な解釈がなされていたりするものを消去していくとよい。

答　①

出典：安岡章太郎『父の酒』文芸春秋

No.38

言葉には限界性があることを前提にして，少なくとも文学においては日本流のほうが賢明な方法であると主張した文章。書き出しの「全体人間の言葉………できるものではない（言葉の限界性）」が，文章の中ほどの「愚かしい努力」の前提となっていることを押さえる。④の前半は，「言葉は万能ではない」を言い換えた叙述だが，後半の鰻の例が妥当ではない。

答　①

出典：谷崎潤一郎『現代口語文の欠点について』

No.39

第一段落の「言葉以上に顔の表情で交信し合っている→言葉以上に顔で語り合っている→顔はその人の感情の動きを的確に表現する」はすべて，同じ内容（顔の表情＝感情）を言ったものであることを押さえる。選択肢①は，表情と感情が相反している。③～⑤は，この文章の主題とは関係がない。したがって，②が正解。内なる心は表情となって外に表れるという意味で，本文の主題と一致している。

答　②

出典：森本哲郎『信仰のかたち』新潮社

No.40

三段落構成の文章。第二段落の初めの「しかし」に着目すれば，この段落は前段の反論であり，「志を抱いた人間」についての作者の主張が述べられていることがわかる。とすれば，第三段落はまとめ。「私の願い」の内容が簡潔に述べられている。①の「志を抱いた人間が少ないこと」は，本文の主題ではなく，②は「人間の生き方」についての内容が明らかではない。③は論理が逆。④の「歴史の主人公となって活躍できる」は，作者の主張から外れている。⑤は，「私の願い」の内容が正確に述べられており，これが正解。

答　⑤

出典：会田雄次『しなやかな歴史の知恵』
竹井出版

No.41

「邂逅」とは，思いがけなく会うこと，めぐりあい，の意。この意味は文脈を押さえ，第二段落の「全然会ったことのない」などに注意すれば，おおよその見当がつくはずである。この文章は，すぐれた古典の著者と書物を通じて心をふれ合うことこそ大事な邂逅であり，最も確実な幸福である，という趣旨のことを述べたものである。

①は，妥当ではない。兼好法師の著書『徒然草』については，全くふれられていない。②は妥当。選択肢の末尾に「永久に変わることのない幸福」とあるのは，文中の「最も確実な幸福」を言い

換えたもの。生きている人間どうしの関係は，とかく不安定であるが，時間と空間を超越して，古典の著者とその作品を通じてめぐりあう幸福こそ，永久不変だということ。③は妥当ではない。「現代は」以下は，本文ではふれられていない。④も妥当ではない。「見ぬ世の人」以下は，むしろ本文の逆のことを言っている。⑤も妥当ではない。「すべて人間は信ずるに足らず」は，言い過ぎで，そもそもこのようなことは述べられていない。

なお，「ひとりともしびのもとに」の文は，『徒然草』の第十三段の一節で，「ただひとり，燈下の下に書物をひろげて読み親しみ，それを書いた，見知らぬ昔の世の人を友とすることは，格別に心の慰めとなることである」というほどの意。

答　②

出典：亀井勝一郎『読書に関する七つの意見』中央公論社

No.42

近代以降，詩は生活や社会と断絶し，閉ざされた芸術（詩人の独善・詩の伝達機能停止）になってしまったことを批判した文章の一節。ここでは，文末の「到達するところは，詩人の独善意識と，詩の伝達機能の停止とである」をしっかりと押さえ，このような結末に至る経緯を読み取ること。「象牙の塔」「錬金の秘術」の意味・用法に注意。

①は妥当ではない。「拝金主義」以下のことは本文に述べられていない。「錬金の秘術」とは，古代ギリシア，中世ヨーロッパで，すべての物を製錬して，金に変化させようとした昔の化学技術。全く何の役にも立たない物から価値のあるものを作り出す意にも用いる。ここでは，詩の芸術的完成（金）を求めた詩人たちが，その技法の洗練などに心血を注いだことの比喩。「拝金主義」とは関係がない。②は妥当ではない。「詩の伝達機能の停止」の内容が抜けている。③の「ヨーロッパの浪漫主義にまどわされ」は，本文に書かれていない。「ロマンチシズムが，このような詩を合理化（正当化）した」とあるのみ。④は妥当である。⑤は妥当ではない。

「象牙の塔」とは，俗世間から離れて静かに芸術を愛する態度や，現実ばなれのした学究態度を，皮肉って言うたとえ。

答　④

出典：山本健吉『古典と現代文学』講談社

No.43

知識や見聞ではなく，初めてサフランを「我物」としたときのことを述べた随筆。「烟脂を……洗うように」の直後の「洗い立てをして」に着目。「洗い立てる」とは，内情や真相，特に他人の悪事や不品行をあばき出すこと。ここでは「無情な主人（＝作者自身）」が，サフランに水をやった「自分にも分からない」その動機を「蛙が腸をさらけ出」すようにあばき出すことを指している。とすれば，何かを明らかにしようとして洗い立てるのが「実証主義」で，ここまでやらなくてもという気持ちが読み取れる文脈であるから，⑤が正解。③は「実験主義」，④は「自然法則」が当たらない。

答　⑤

出典：森鷗外『サフラン』

No.44

伝統文化と西洋文化を，いわば“接ぎ木”した明治以来，日本の近代は文化的アイデンティティが動揺したまま，伝統主義と欧化主義との間を振り子運動して来たが，この悪循環を断ち切るには，日本文化を純粋化しようとする念願そのものを捨てることである――と，作者は主張している。この文脈を的確に読み取ること。①は作者の主張に反する。②は後半部「突発的に」以下が不適切。③は論外。④は文脈にぴったり合っている。⑤は文脈から全くはずれている。

答　④

出典：加藤周一『日本文化の雑種性』岩波書店

No.45

明治時代の西洋文化輸入の際に払われた犠牲や，日本がかぶった害悪について指摘した文章。①は，後半の「すべての文化の領域を支配するまでになった」が，答えのポイント。②と④は，

「西欧の……精神」が，大きな誤り。「ここに醸成された」の「ここ」は，当然「西欧」ではない。③は「科学」だけに限定しているところが不可。⑤は，「自分の考えを築く余裕すら与えられなかった」という叙述とは意味が離れている。

答　①

出典：中村光夫『「近代」への疑惑』穂高書房

No.46

「古典はつねに新しい」の意味をいろいろな側面から考察した文章。第二段落の「一つ一つの時代の眼に耐えて今日もなお新しい古典の姿」，および最終段落の内容などをしっかりと押さえて考えること。古典の要素としては，①長い時代の眼に耐えて（時代を超えて）生き続けている。②大きな容量を持っている。③読者に問題提起をする。（読者は古典につつかれゆさぶられる楽しみが生まれる）。以上の３点が満足させられるものは，②しかない。

答　②

出典：木下順二『議論し残したこと（古典はつねに新しい）』

No.47

導入部がなく，いきなり本文なので，ちょっと面食らうが，まず，文章の前半は「鄙夫の話」，後半は「孔子の思想」というように大まかにとらえるとよい。「鄙夫」は「ひふ」と読み，身分のいやしい男・知識のない男，の意。「実在」は，空想や幻覚などではなく，現実にある事や物，を意味する。

①は，後半部が誤り。「崇高な理念とはまったく縁がない」など，本文中に書かれてはいない。②は，「実在に正しく問うことだ。実在を解決することではない」とは，正しく問うのは，正しい知の働きを身につけるためであり，「問うこと＝解決すること」ではない，の意。したがって，「解決してはならず」は論外である。③は，正しい知識を子どもに与える必要性など，どこにも書かれていない。文章の冒頭の「出来上がった知を与えることが教えることでもなかろう」とあり，孔子の考えとは反対の方向と言える。④は，「知識に対する貪欲な好奇心ゆえ」が誤り。鄙夫は「至易至簡な智慧の働きという趣旨と，質問の意志との他余計なものは，一切心に貯え」ていない（人物）とある。「余計なもの」とは人から教わったりした既成の知識。孔子は，③でも見たとおり，「出来上がった知」に対して批判的な立場を取っている。⑤は妥当である。「正しく問う意志」がポイント。

なお，「鄙夫」の話は『論語（子罕（しかん）第九）』に出ており，ここで孔子は「私はもの知りではない。つまらない男でも，真面目な態度でやってきて私に質問するなら，私はそのすみずみまでたたいて，十分に答えてやっているまでだ」と言っている。

答　⑤

出典：小林秀雄『常識について』角川書店

No.48

第一段落，および第二・第三段落の初めと終わりの部分に特に注意して，作者の言おうとしていること（趣旨）をとらえよう。この問題は，全文の要旨を問うものである。

①は,「還元的感化」の起こる前提となる「文芸が極致に達したとき＝発達した思想と，完全な技巧と合した時」が欠落している。

②は妥当である。③は，単なる理想の説明に終始している。ここでは，趣旨（選択肢②の内容）が問われている。趣旨には，説明部分や具体例などをカットした，文章の骨組みに当たるものが該当する。④は，「秀でた文芸書」がピント外れ。これは，この文章の主題ではない。受験生は，ややもすればこの手の選択肢にひっかかりやすい。要注意。⑤は，「読者の知的レベルにかかわらず」が誤り。本文には「われわれの意識の連続が，文芸家の意識の連続とある度まで一致しなければ，享楽という事は行われるはずがありません。いわゆる還元的感化とはこの一致の極度において始めて起る現象であります」とあり，ここを押さえれば理解できるはずである。

答　②

出典：夏目漱石『文芸の哲学的基礎』

No.49

「芸術の虚構性」について述べた文章。各段落の初めと終わりの部分に注目して要旨をとらえよう。第一段落は，「たとえば……新聞記事には及ばない」の部分を（　）に入れると，「芸術はすべて一種の遊戯性（遊戯的性格）をもっている」という本筋が浮かび上がってくる。では，「遊戯性」とは何か。その内容を，第二段落から読み取る。冒頭の「フィクション（虚構）の世界＝遊戯性」を，まず押さえることが大事である。

①は，後半部の「現実とは何のかかわりもないものである」が誤り。「現実に立脚しつつそこに虚構を加え，現実の中から真実性を造型再現し」とある。②は，本文に「直接的な実用性はない。そしてこの無用性において……ゆとりというものが与えられる」とあり，「ゆとり」における実用性については記述されていない。③は，この解説の前半で指摘した（　）に入る部分。内容は書かれている通りだが，これは趣旨ではない。④は妥当である。①の解説参照。⑤は，「虚構」の説明の補足であり，（　）に入れてよい部分である。

答　④

出典：亀井勝一郎『日本の智慧』朝日新聞社

No.50

「無常」とは，生有るものは必ず滅び，何一つとして不変・常住のものはないということ。「諸行」は宇宙間の万物の意。したがって「諸行無常」は，万物は流転（るてん）するものであり，永久に変わらないというものは世の中に一つもない，の意。「無常観」の「観」は，物の見方・考え方，「無常感」の「感」は感じ，感覚。したがって，前者は哲学や論理としてのそれ，後者は情緒としてのそれ，であることに注意しよう。

①は妥当でない。日本人が思考力に欠けていることや，「いろは歌」を歌って仏教に帰依したことなど，本文に書かれていない。②は前半部は正しいが，後半部の「外来宗教の浸透力」については本文では取り上げられていない。③も妥当ではない。「諸行無常」の解釈は全く誤っており，「だからこそ」以下も当然間違い。④は妥当である。選択肢の前半部の内容については，この解説の前段で取り上げた，「観」と「感」の違いを指摘したものである。⑤は，仏教の語彙を借りて何を表現するか，その「何」が欠けているから失格である。

答　④

出典：唐木順三『無常』筑摩書房

No.51

まず，対比されている「汎神論」と「一神教」との違いを「価値観」という点から的確にとらえることが大切である。簡単に図示したり，メモを取ったりすると，「日本文化」との関連性なども容易に読み取ることができ，効果的である。

①は，「汎神論を信ずる我々日本人」が，まず妥当ではない。日本人が「汎神論」派であることは文脈から読み取れるが，汎神論の信奉者であることなどは明言されていない。また，「日常的な生活からの脱却」は誤り。「日常性をいとおしみ，……価値を見出す」は，「脱却」の逆である。②は，汎神論は「『ありのままの自然』がそのまま価値の彩りをもって」とあり，人間は自然の従属者，人間の都合によって自然の中に神々を造り上げた，などの解釈は成り立たない。③は，誤り。なぜなら，「『神』によって意味づけられた特定の行為，特定の存在だけが価値をもつ」とあるから，自分が「どのように輝くかということに価値」を生じることはない。④は，一神教が汎神論に変化していくなどという記述は，どこにも見当たらない。⑤は妥当である。

答　⑤

出典：見田宗介『現代日本の精神構造』弘文堂

第２章　古文の内容把握

（問題，本文 54 ページ）

No.1

【口語訳】　これも今は昔のことだが，ある僧が，人のもとへ出かけて行ったそうだ。（あるじは僧に）酒などを勧めたが，氷魚がはじめて出て来たので，あるじは珍しく思って，（僧に）ごちそうした。あるじは用事があり，奥の方へ入って，再び出てきたところ，この氷魚が，たいそう少なくなっていたので，あるじは，どうしたわけだろうかと思うけれども，口に出して言ってよい理由もなかったので，雑談をしているうちに，この僧の鼻から，氷魚が一匹，不意に出てきたので，あるじは不思議に思って，「あなたの鼻から氷魚が出たのは，どういうことですか」と言ったところ，すぐに，（僧は）「このごろの氷魚は，目鼻より降るそうですよ」と言ったので，回りの人々は皆，わっと笑った。

【解説】

皆が笑ったタイミングが読み取れるかどうか。僧が言ったことを聞いて，その後笑っているのである。

答　⑤

出典：『宇治拾遺物語』

No.2

答　④

出典：松尾芭蕉『おくのほそ道』

No.3

【口語訳】　夫婦が思ったことには，あの一寸法師めを，どこへでもやってしまいたいと思って（そのように）言っていると，すぐに，一寸法師は，このことをお聞きし，親にもこのように思われるのも，残念なことだなあ，どこへでも行こうと思ったが，刀がなくてはどう（しよう）かと思い，針を一本，母にお願いなさると，（母は針を）取りだしてお与えになった。そこで，麦藁で（刀の）柄と鞘をつくり，都へ上ろうと思ったが，もしも舟がないときはどうしようもないので，さらに母に「お椀と箸とを下さい」とお願いして受け取り，名残り惜しいと（父母は）止めるけれども，（一寸法師は）出発した。住吉の浦から，お椀を舟として乗って，都へ上っていったそうだ。

答　④

出典：『御伽草子』

No.4

【口語訳】　蝶をかわいがる姫君の住んでおられる隣に，按察使の大納言の姫君が（いらっしゃって），奥ゆかしく並み並みならぬ様子で，両親が大切に育てなさることはこの上もない。

この姫君のおっしゃることに「世の人々が，花よ蝶よともてはやすのは，全くあさはかで変なことです。人間とは，誠実な心があって，物の本体を追求してこそ，心ばえもゆかしく思われるというものです。」とおっしゃって，いろいろな虫で恐ろしそうなのを採集して，「これが変化する様子を観察しましょう。」と言って様々な虫籠などにお入れになる。なかでも「毛虫が思慮深そうな様子をしているのが奥ゆかしい。」とおっしゃって，朝晩額髪を耳にかきあげ，毛虫を手のひらの上に乗せて，あきずに見守っておられる。

若い女房たちは，恐れをなし途方にくれるので，男の童で物おじせず，取るに足らない身分の連中を身近に呼び寄せなさって，箱の虫を取り出させ，虫の名を問い尋ね，新種の虫には名をつけて，おもしろがっておられる。「人間は，すべて，とりつくろうところがあるのはよくない。」と言って，眉毛を全くお抜きにならず，お歯黒も「全くわずらわしい，見苦しい。」と言って，いっこうにおつけにならない。とても白い歯を見せてほほえみ，ひたすらこの虫たちを，朝に夕にかわいがっておいでになる。女房たちが，こわがって逃げ出すと，姫君は大変ひどく大声で怒った。このようにこわがる女房たちを，「不届きだ，はしたない。」と，姫君は黒々とした毛深い眉をしかめておにらみになるので，女房たちは一層心が乱れるのであった。

答　⑤

出典：『堤中納言物語』

No.5

【口語訳】 にくらしいもの。急用のあるときにやって来て，長話をする客。それが軽くあつかってもいい程度の人なら，「あとで。」などと言っても追い帰してしまうことができるであろうけれど，そうはいっても，立派な人の場合は，ひどくにくらしく困ってしまう。硯に髪の毛がはいって磨られている（のもにくらしい）。また，墨の中に石がはいっていて，きしきしときしんでいる（のもにくらしい）。

急病人があるので，修験者を探し求めると，いつもいる所にはいないで，別の所にいるのを探しまわっているうちに，待ち遠しくて長い時間がたつが，やっと待ち迎えて，よろこびながら加持をさせるのに，このごろ物の怪調伏に疲れ切ってしまったせいであろうか。座るやいなや読経が眠そうであるのは，ひどくにくらしい。

これということもない平凡な人が，むやみににやにやして物をさかんにしゃべっている。火鉢の火やいろりなどに，手のひらを裏がえし裏がえしして，しわを押し伸ばしなどしてあぶっている者。いったいいつ若々しい人々などが，そんな見苦しいことをしていたか。年寄りめいてみっともない人に限って，火鉢のふちに（手はおろか）足までもひょいとかけて，物を言いながら足をこすったりなどもするようだ。そんな不作法な者は，人の所にやって来て，座ろうとする所を，まず扇で塵を払って掃いてすてて，座り場所も定まらずにふらふらと落ち着かず，狩衣の前の垂れを，膝の下の方にまくり入れて座りもするようだ。こうしたことは，言うに足りない身分の者がすることかと思うけれど，いくらか身分がある者で，式部の大夫などといった人が，そうしたのである。

また，酒を飲んでわめいて，口の中をまさぐり，髯のある人はそれを撫でて，杯をほかの人に与える時の様子は，ひどくみっともなく見える。また，相手に「もっと飲め。」などときっと言うのであろう。身体を震わせて，頭を振り，口のはしを（だらしなく）下げて，子どもたちが「こふ殿にまゐりて。」などを歌うときのようなかっこうをする。それは，人もあろうに，ほんとうに身分の高い立派な人が，そうなさったのを見たので，気に入らないと思うのである。

答　③

出典：清少納言『枕草子』

No.6

【口語訳】「山の奥に猫またというものがいて，人を食うというそうだ。」とある人が言ったところ，「山ではないけれど，このあたりでも，猫が年をとって，猫またになって，人の命をとることがあるということですのに。」と言う人があったのを，何阿弥陀仏とかいう，連歌をやっていた法師で，行願寺のそばに住んでいた者が聞いて，ひとり歩きをするような自分の身には気をつけなくてはならないことであると思っていた。ちょうどそのころ，ある家で夜のふけるまで連歌して，たったひとりで帰って来た時に，小川のふちで，噂に聞いた猫またが，狙いはずさず，足もとへ寄って来て，すぐにとびつくと同時に，首のあたりにかみつこうとする。法師は，肝をつぶしてしまって，防ごうとすることもできず，足で立ちあがることもできず，小川へころげこんで，「助けてくれ。猫まただ，猫まただ。」と大声で叫んだので，あたりの家から松明などをともして大勢の人が走り寄って見ると，この辺で顔を見知っている僧である。「こりゃあどうしたのだ。」と言って，川の中から抱き起こしたところ，連歌の席の賞品を獲得して，その扇や小箱などを懐中に持っていたのまでも，水につかってしまった。やっとのことで助かったという様子で，這いずりながら，自分の家に入ってしまった。飼っていた犬が，暗い闇の中でも，主人を知って，飛びついたのだということである。

【解説】

選択肢はすべて「法師」についての記述。「法師」の行動に注目すること。

答　②

出典：吉田兼好『徒然草』

No.7

【口語訳】 昔，男がいたそうだ。（その男の）身分は低いが，母君は宮様（＝皇女）であった。その母は，長岡という所に住んでいらっしゃった。子は都の宮廷にお仕えしていたので，（母親のところへ）参上しようとしたけれど，そうたびたびは参上することができない。（そのうえ）一人っ子でもあったので，（母親が）たいそうお可愛がりなさった。そうしているうちに，十二月ごろに，急なことといってお手紙が届く。はっとして（手紙を）見ると，歌がある。

年をとってしまうと，避けられない別れがあるというから，いっそうお会いしたいあなたよ。
その子がひどく泣いて詠んだ歌。
世の中に避けられない別れなどなければよいのに。（親が）千年も（＝いつまでも）（生きていてほしい）と祈る子のために。

【解説】

母の歌，そして それを見て詠んだ子の歌を参考にしよう。

答　③

出典：『伊勢物語』

No.8

【口語訳】　世の中の男たちは，身分が高い者も低い者も，どうにかしてこのかぐや姫を（自分の妻として）手に入れたいものだ，結婚したいものだと，（そのすばらしい容貌を）うわさに聞いて心を乱す。その辺り（翁）の家の垣根にも，戸口にも，（翁の家に）住む人でさえ，（姫の姿などは）容易に見ることはできないのに，夜は安らかに眠ることもできず，夜の闇の中に出かけて行って，（垣根に）穴をあけ，のぞき見をして夢中になっている。この時から（女に求婚することを）「よばい」と言ったそうだ。

一般の人が行こうともしない場所に（男たちは）夢中で歩き回ったけれども，何の効果がありそうにも見えない。翁の家の人たちにせめて一言だけでも話そうとして，話しかけるけれども（家の人たちは）相手にもしない。（それでもなお翁の家の）近くを離れない貴公子たちで，（そのままそこで）夜を明かし日を暮らす（人が）多い。（しかし姫に対する熱意が）それほどでもない人は，「役にも立たない出歩きは，つまらないことだよ」と言って，（次第に）来なくなってしまった。

それらの人々の中で，やはり（かぐや姫に）求婚したのは，（世間で）「色好み（＝恋の情趣を解する人々）」と言われる五人だけで，（その五人は姫に対する）恋心がやむ時なく夜も昼もやってきた。（彼らは）手紙を書いて（姫のもとへ）送るが，（姫は）返事（さえ）もしない。恋の苦しさを読んだ歌なども送って来るけれども，（やはり返事もない。そんなわけでこれは）思ってもかいのない（恋だ）とは思うけれど，（それでもあきらめきれず）十一月十二月の（雪が）降り（氷が）張りつめ（る寒い時にも），六月の（日が）照り（雷鳴が）とどろく時にも，苦にせずに，（この五人たちは）やってきた。

【解説】

「色好みといはるるかぎり五人，思ひやむ時なく夜昼来けり」の解釈が重要となる。この五人が何をしているかを考えよう。

答　⑤

出典：『竹取物語』

No.9

【口語訳】　昔，（ある）男がいたそうだ。（その男は）東の（京の）五条あたり（に住む女のもと）に，たいへんこっそりと通っていった。（そこは）ひそかに通う所なので，門から入ることもできないで，子供たちが踏みあけた土塀の崩れから通っていた。（そこは）人目が多いわけでもないけれど，（男が通って行くことが）度重なったので，（その家の）主人が聞きつけて，その通り道に，毎晩番人をおいて見張らせたので，（男が女のもとに会いに）行っても会うことができないで帰った。そこで（男が嘆いて）詠んだ歌。

人目を忍んで私が通って行く道の番人は，毎夜毎夜，少しでも寝てしまってほしいものだ（そうすれば，女に会えるのに）。

と詠んだので，（この歌を聞いた女は）たいそうひどく心を傷めた。（そこで）主人は（娘の心をかわいそうに思って，男の通ってくるのを）許したということだ。

【解説】

話の展開，特に和歌を詠んだ前後の展開をしっかりととらえること。

答　⑤

出典：『伊勢物語』

No.10

【口語訳】 横川の恵心僧都の妹，安養の尼のところに，（盗人たちが）強盗に入ってしまったそうだ。品物をすべて盗んで出て行ってしまったので，尼上は，紙ぶすまというものだけをかぶり着て座っていらっしゃったところ，（尼上の）姉である尼のもとに，小尼君という人がいたが（その人が），走って行って見たところ，（盗人が）小袖を一枚とり落としていたのを（拾い）取って，「これを盗人が取り落としておりました。お召しください」と言って，持って来たところ，尼上がおっしゃったことには，「この小袖も盗んだ後は（盗人は）自分の物だときっと思っているだろう。所有者が納得していないような物を，どうして着たりしようか（そんなことはできない）。盗人はまだ遠くへは行っていないだろう。早く（小袖を）持っていらっしゃって，お渡しください」と言ったので，（小尼君は）門のほうへ走って出て，「もしもし」と（盗人を）呼び返して，「これを落とされました。たしかに差し上げましょう」と言ったところ，盗人たちは立ち止まって，しばらく考えている様子で，「まずいところに来てしまったものだ」と言って盗んでいたものをも，そのまま返し置いて帰ってしまったということである。

答　②

出典：編者 橘成季『古今著聞集』

No.11

【口語訳】（冠者が）成長していくにつれて，武勇の心勇ましく，弓矢の道も，他のものに比べて優れていたので，兼遠が妻に語ったことには「この冠者殿は，幼い頃より読み書きを学ばせていたので，（いづれは）学問もさせ，僧侶にでもして，（私たちに）本当の父母としての孝養をつくしてもらい，私たちの後生をとむらわせようと思っていたのだが，非常に素晴らしい心根を持っていたので，これは見込みがあると思えたので，ひとかどの男に（養育）した。誰が教えたわけでもないのに，弓矢を取った姿の良い（＝様になっている）ことよ。力も，同じ年頃の者と比べても勝っている。馬にもしっかりと乗り，空を飛ぶ鳥も，地を走る獣も，矢を狙ったところに来たものは，矢を外したことがない。徒歩での行動，馬上の風情も，まさしく天から授かったわざだ。酒盛りなどして，人をもてなし遊ぶ様子も，悪くない。しかるべき人の娘でも（あれば）なあ。（結婚話でも）話してみたいと思うのだが，それはさすがに無下なことになるのではないか，どうかな」とためらっていた。ある時，この冠者が「今はいつにするべきかともわからないのですが，自分が最も充実したときに，京都に上って，公家の方々にもお目にかかり，先祖の敵，平家を討ち取って，天下を取りたい（と思う）のです」と言うと，兼遠は，笑って「そのために，私はあなたをこれ程にまで養育したのですよ」と言ったのだ。

【解説】

冠者（木曾義仲）が「先祖の敵，平家を討ちて」といっているところをふまえ，全体の要旨から解答をさがすこと。

答　③

出典：『平家物語』

No.12

【口語訳】 今夜の雨に立ったまま濡れ続け，（雨）宿りがてらに（この家に）押し入ったのだが，自分は盗みをして，夜には潜み隠れるのが常なのだが，ここまで貧しくしていらっしゃる方がいるとは思いもかけぬことであった。銭金のないだけでなく，米すら一升もなくて，明日（煮炊きをすることで出る）煙は何によってでるのか。（それほどに食べ物がない）。外の家で取った物でもあればあげたいのだが，自分は何も持ってなくて（この家の）あるじには不幸なことだ。歌は好きで詠んでいるのだろうか。ほととぎすを待っているような顔をして，書く途中(自分の中に考えがあるまま)で寝ているよ。

深い闇夜に迷い込んでいる（鳥（ほととぎす）の初音は）忍ぶような静かな声だ。

（とあったので）自分は，これに（このように）つづけた。

なあほととぎすよ（ひと声といわず）ふた声は鳴いてくれ。

「忍び音」と詠んだ（この）ことこそが（まさに），自分が夜に隠れて人の道をはずれて歩いていることをいっている。昔はこのような（歌の）遊びを学問・教養として習ったが，酒という悪い友に誘われるがままによくないこと（＝盗み）をして，（いつ捕まったり死んだりしてもおかしくない）危うい命ではあるが，今日という日だけは，そこから逃れられたような気がするよ。

【解説】

和歌の上の句と下の句とが文中にある。このうち下の句について「我，これにつづけん」とある。ここから以下の文の中身を読み取れるかがポイントとなる。

答　③

出典：上田秋成『盗人入りしあと』

No.13

【口語訳】　木の花は，濃いのも薄いのも紅梅（がよい）。桜は，花びらが大きくて葉の色の濃いのが，枝も細く咲いている（のがよい）。藤の花は，花房が長く，色濃く咲いているのが，実にすばらしい。

四月の末，五月の初めのころ，橘の葉が濃く青いところに，花がたいそう白く咲いているのが，雨のざっと降った翌朝など（に見られるの）は，この上なく趣のある様子で，美しい。（白い）花の中から，黄金の玉かと見えるほど，（実が）たいそう鮮やかに見えているさまなどは，朝露にぬれている明け方の桜にも劣らない（美しさである）。その上，ほととぎすが身を寄せる木だと思うからであろうか，やはりいまさらにいうまでもなくすばらしい。

梨の花は，まったく興ざめのするものであるとして，身近に賞美せず，（枝に）ちょっとした手紙を結びつけたりなどさえしない。魅力のとぼしい人などの顔を見ては，（あの人の顔は梨の花のようだと）たとえていうのもなるほどそのとおりで，葉の色をはじめとして味気なく見えるが，中国ではこの上ないもの（として扱われるもの）であって，漢詩にも作るのは，やはりそうはいっても（それだけの）わけがあるのだろうとよくよく見てみると，花びらの端に美しい色合いがほんのりとついているようである。

【解説】

木の花について述べている。第一段の「いとめでたし」や，第二段の「いふべうもあらず」といった言葉から，前半のものについてはほめている。そして第三段では，「すさまじきもの」（＝興ざめなもの）として梨の花を見ているが，「唐土には限りなきもの」や「花びらの端に，をかしきにほひ」といった言葉で，よく見るとすばらしいものだといっている。

答　④

出典：清少納言『枕草子』

No.14

【口語訳】　そうして数年経つうちに，女は親が死んで生活のよりどころがなくなるにつれて，（男は）女といっしょにみすぼらしい状態で生活していられようか（いや，いられない）といって，河内の国の高安郡に通っていく（女の）家ができてしまった。そうではあったが，この前からの妻は，不愉快と思っている様子もなくて，（男を河内へ）出してやったので，男は，妻に浮気心があるので，このようなのであろうかと疑わしく思って，庭の植え込みの中に身をひそめていて，河内の国へ行くふりをして見ていると，この女は，とてもよく化粧して，物思いにふけりながら外を見つめて，

風が吹くと沖に白波が立つという，その「立つ」に関係がある立田山を，この夜中に今ごろあなたは一人で越えていることであろうか。（どうかあなた御無事でね。）

と詠んだのを聞いて，（男は）この上なくいとしいと思って，河内の女の所へも行かなくなってしまった。

【解説】

文中の「男，異心ありてかかるにやあらむと思ひ疑ひて」や，女の様子を表した「いとようけさうじて」，歌を聞いた後の「限りなくかなし」といったところから文意を読み取ろう。（その際に「かなし」の解釈に注意。）

答　③

出典：『伊勢物語』

No.15

【口語訳】 この男は，生まれつきけちなのではない。(処世)万般のやりくりで，人の模範にきっとなろうという願い（があって），これほどの身代になるまで，新年を迎えるわが家で餅をついたことがない。忙しい時に人を使うことや，(餅つきの）諸道具の取り扱いも面倒だといって，これも計算づくで，大仏前（の餅屋）へ注文し，一貫目についていくらときめ（て餅をつかせ）た。十二月二十八日の夜明け方に，（餅屋は）忙しそうに連れだって（餅を）かつぎこみ，藤屋の店先にならべ,「受け取ってください」という。餅はつきたての好もしい感じで，いかにも正月らしい感じに見えた。旦那（の藤市）は聞こえないふりをしてそろばんをはじいていたが，餅屋は時節がらひまを惜しんで，何度か催促するので，気のきいた手代が，杠できちんと重さを量り，餅を受け取って帰した。

二時間ほど経ってから，（藤市が）「今の餅を受け取ったか」と言うので，「すでに餅を置いて帰りました」（と答えた)。「この家に奉公するほどもない者だ。ぬくもりのさめない餅を（よくも）受け取ったものだよ」と（藤市が言うので)，また目方を量ってみると，意外に目方が減っていたことに，手代も恐れ入って，食いもしない餅に口をあけて呆れてしまった。

答 ①

出典：井原西鶴『日本永代蔵』

No.16

【口語訳】 九月ごろ，一晩じゅう降り明かした雨が，今朝はやんで，朝日がとても輝かしくさし出ているころに，庭の植え込みの露がこぼれるばかりにぬれてかかっているのも，とても趣深い。透垣の羅文や，軒の上に，張っていた蜘蛛の巣の破れ残っているのに，雨がかかっているのが，（まるで）白い玉を（糸に）貫いているように見えるのは，たいそうしみじみとした趣があっておもしろい。

少し日が高くなってしまうと，萩などが（露で）たいそう重そうだ（った）が，露が落ちると枝が少し動いて，人も手を触れないのに，すっと上のほうへはねあがったのも，とてもおもしろい，と（私が）言ったことなどが，（ほかの）人の心には少しもおもしろくないだろうと思う，それがまたおもしろい。

答 ②

出典：清少納言『枕草子』

No.17

【口語訳】 さて，冬枯れの景色は，秋にはほとんど劣らないだろう。池の水際の草に紅葉の散ったのが残っていて，（その上に）霜がとても白くおりた朝，遣り水から水蒸気が煙のように立つのはおもしろい。年がすっかりおしつまって，どの人も忙しがっているころは，この上なく情緒深い。殺風景なものとして見る人もない月が寒々と澄んでいる二十日過ぎの空は，心細いものである。御仏名や荷物の使いが出発するなどはしみじみと尊いことである。（宮中では）行事が多く，それが新春の準備と重ねて催し行われる様子は，じつにたいしたものであるよ。大晦日の追儺から（すぐに）新年の四方拝に続くのはおもしろい。大晦日の夜，とても暗い中に，たいまつなどをともして，夜中過ぎまで，人の家の門をたたいて走り回って，何事であろうか，大げさにわめきちらして，足も地につかぬほど忙しく駆け回るのが，明け方からは，なんといってもやはりしんと静かになってしまうのは，行く年の名残りが感じられて心細い。（この大晦日の夜を）死んだ人の霊が帰ってくる夜だといって行う魂まつりの行事は，このごろ都ではないが，関東のほうでは，依然としてやっていることであったのは，しみじみ感慨深かった。こうして明けていく空の様子は，昨日に変わっているとは見えないが，うって変わって珍しい気持ちがする。大通りの様子は，(家ごとに）門松を立て連ねて，陽気でうれしそうであるのは，また感慨深い。

答 ②

出典：吉田兼好『徒然草』

No.18

【口語訳】 薩摩守がおっしゃったことは，「長年の間，和歌のご指導をいただいてから，（和歌を）並々でないことに思い申しておりますが，この二，三年は，京都の騒ぎや，諸国の乱れが起こって，すべてわが平家の身の上に関係することでございますので，歌の道をおろそかに思ってはおりませんが，いつも参上するということもございませんでした。主君はもはや都をお出ましになりました。平家一門の運命はもはや尽きてしまいました。勅撰集が選ばれるはずだということを，うかがいましたので，一生の名誉として，たとえ一首でもお力添えによって私の歌を入れていただこうと思っておりましたのに，たちまち世の乱れが起こって勅撰集を選ぶご命令がございませんことは，ただもう私一身の嘆きに思っております。もし世の乱れがおさまりましたなら，勅撰集を選ぶご命令がございましょう。（そのときに）ここにあります巻物の中に適当な歌がございましたなら，たとい一首でもあなたのお力添えをいただいて，（載せていただいて），死後あの世でうれしいと思いますならば，遠いあの世からあなたの身の上をお守り申し上げましょう」と言って，平生詠んでおおきになった多くの歌の中で，特にすぐれた歌と思われるものを百首余り書き集めておおきになった巻物を，もうこれが最後と思って都を出発なさった時，その巻物を取ってお持ちになっていたが，それを鎧の引き合わせから取り出して，俊成卿にさしあげた。

答　④

出典：『平家物語』

No.19

【口語訳】　醍醐天皇が，世の中の風儀をお正しになったが，（世間の人々の）ぜいたくをやめさせることがおできにならなかったところ，この時平公が禁則を破った御装束で，格別立派なものを身に付けて，宮中に参内なさって，殿上の間にひかえていらっしゃるのを，帝がご覧になって，ご機嫌がたいそう悪くおなりになり，蔵人をお召しになって，「世間のぜいたくに対する禁制が厳しく出ている時に，左大臣が，たとえ臣下第一の身分の人とはいえ，美麗この上ない装束で参ったのは，不都合なことである。早々に退出すべきであることを命じよ」とおっしゃったので（その仰せを）うけたまわった蔵人は，「（こんなことをお伝えしたら）どうなることやら」と恐ろしく思ったが（時平のもとに）参上して，ふるえながら，これこれ（帝がこのように仰せである）と申し上げたところ（時平公は）たいそう驚き，かしこまって（帝の仰せを）うけたまわって，御随身が先払いするのもお止めになって，いそいで退出なさったので，先払いの者たちも変なことだと思った。さて，（邸に帰った時平公は）お邸の御門を一カ月ほども閉じさせて，御簾の外にもお出にならない。人々が参上しても「帝のおとがめが重いから」と言って，お会いにならなかったので，世間のぜいたくの風潮はおさまったのだった。内々に（私が）ようやくうかがったところ（によると，それは），それくらいにすれば（世間のぜいたくの風潮も）しずまるだろうと，（時平公が）帝とお心を合わせてなさったということである。

答　③

出典：『大鏡』

No.20

【口語訳】　そこで，（四条天皇崩御を知らせるために）早馬を仕立てて関東へ駆け下らせたところ，泰時はちょうどそのとき酒宴を開いて楽しんでいたが，このような（天皇が崩御された）ことと聞いて，黙ってついと立って，ぴしゃりと襖障子を閉めて中に入って，「これはどうしたものか。この泰時の運命はもはや極まってしまった。今の状況に何の手も打たずに宮廷のご処置のままに任せるならば，不都合な事態が起こるに違いない。（かと言って）何かお計らいしようとするならば，取るに足らない我が身がたちゆかないだろう，動きが取れなくなってしまった」と，三日三晩寝食を忘れて頭をひねったが，何はともあれ，土御門院のお血筋をたてよう，と心の中で考えはしたが，結局は神様のご判断に任せようということで，鶴岡八幡宮にお参りをしてくじを引いたところ，土御門院の皇子と出たので，「やはり私の愚考したことと同じだ」と思い，直ちに城介義景を使者として京都へ知らせに走らせたが，その義景がどこそこの岩屋とかいう所から駆け戻ってきたので，「またどんな一大事が起こったのか」と，泰時が騒いだところ，義景が「もしも朝廷のご処置によって，すでに順徳院の皇子が即位なさっていたら，どうしましょう」と申し上げたのを，泰時はたいそう感心して，「そのことを申し忘れていたわい。そなたを都へ上らせるのは，そのようなことのためなのだ。よく尋ねてくれた。何のさしつかえもあるまい。もしも順徳院の皇子がすでに即位なさっていたら，位からお下ろし申し上げればよいのだ」と申し聞かせた。

答　④

出典：『五代帝王物語』

No.21

【口語訳】　陰暦二月二十日過ぎの暁方，月の出とともに，（私は）都を出発いたしましたので，何ということもなく捨て果ててしまった住まいではあるけれども，再びここには帰ってこられるだろうかそれはわからないのが世の常であると思うと，袖の涙もさらに流れてそこに宿る月までも今日は涙顔なのだろうかと思われて，自分でも意志が弱く思われて，逢坂の関だと聞くと，「立派な宮殿もみすぼらしい藁屋も永遠ではないこの世では同じことだ」と和歌を詠んだというあの蝉丸の住まいさえも今はそこにはなく，関の湧き水に写る我が顔や姿は，旅の第一歩より早くも慣れない旅装束がたいそう痛々しくて，つい足も休みがちになっているところに，たいそう満開と思われる桜がただ一本あるのも私にはこれまでもが見捨てがたく思っていると，田舎人と思われる人で，馬に乗っている４，５人のこざっぱりとした人々が，この桜の木の下に立ち止まっているのも，私と同じ気持ちなのかと思われて，

旅行く人の心を引き留める桜であることよ。
桜はこの逢坂の関の関守なのであろうか。

などと思いつづけて鏡の宿という所に着いた。

【解説】

都を離れがたく思う筆者が「これさへ見捨てがたき」と桜の木に心を留める。「田舎人（と見ゆる）」と「きたなげならぬ」は同格で，「この花のもとにやすらふ」が主語。よって「同じ心」の主である。

答　②

出典：『とはずがたり』

No.22

【口語訳】　この夜，真夜中になってから，（師は）看病にお仕えしていた呑舟をお呼びになって，墨をする硯の音がからから聞こえてきたので，どのようなお手紙をお書きになるのだろうと思っていると，病気中に詠んだ句として

旅の途中で病気になって，床に伏してはいるが，夢の中ではなおも行脚して枯れ野原をかけめぐっていることだ。（とお示しになった。）

その後，私支考をお呼びになって「後半を『なほかけめぐる夢心』とする別の句も作ったのがある。どちらをとるのがよいか。」と申されたので，私は「その句の上の五文字はどのようなものか承りとうございます」と申し上げると，（病中で差し障りがあり）たいそう先生には面倒なことでございましょうと思って，「この句がどうして劣りましょう。旅に病んでの句は大変素晴らしい出来栄えでございます」と答えたのであった。しかし「なほかけめぐる夢心」の句もどのような妙のある五文字であったのだろうか，先生がお亡くなりになった今となってはお尋ねすることもできず残念なことだ。

先生ご自身おっしゃったことは「今また生死の境目にありながら，句を作る場合ではないけれども私はこの道に心を打ち込み年も五十を過ぎてしまったので，寝ても覚めても，朝の雲や暮れのもやの間をさまよい，山水野鳥の声に心を動かして来た。これを仏が妄執と戒めなさったがそれはそのまま今の私の身の上に思われることです。この後はただこれまでかかわってきた俳諧のことをすっかり忘れようと思うよ」と繰り返し悔やみ申されたことであった。

【解説】

死を前にした芭蕉には俳諧への執着はうかがえず，むしろ「妄執」と戒めている。よって②③は不適。④「なほかけめぐる夢心」の上の５文字は支考にはわからないままなので不適当。⑤支考の決意は書かれていない。

答　①

出典：各務支考『笈日記』

No.23

【口語訳】 東山の麓の鹿の谷という所は後ろは三井寺に続いていて，素晴らしい城郭であった。そこには俊寛僧都の山荘がある。その山荘にいつもは寄り集まり，平家を滅ぼそうとする陰謀をめぐらしていた。ある時，白河法皇もおいでになった。故少納言入道信西の子息浄憲法師がお供申し上げた。その夜の酒宴で，この陰謀を浄憲法師にご相談なさったところ「ああ，あきれたことだ。人が大勢聞き申し上げております。今にもこの話が漏れて天下の大事になってしまいましょう。」と，たいそう騒ぎ申し上げたので，新大納言（成親）は顔色が変わって，さっとお立ちになったが，御前にあった瓶子（酒の瓶）を狩衣の袖に引っかけて倒された，（その様子をご覧になって）法皇は「それはどういうことだ。」とおっしゃると，大納言は戻ってきて，「平氏（瓶子）が倒れました。」と申し上げなさった。法皇はお笑いになるのが止まらなくなりなさって（ご機嫌よく），「者ども参って猿楽をいたせ。」とおっしゃったので，平判官頼康が参って，「ああ，あんまり平氏（瓶子）が多くおりますので，酔ってしまいました。」と申し上げた。俊寛僧都が「それでは，それをどういたしましょう。」と申しなさったので，西光法師が「首を取るにこしたことはない。」と言って瓶子の首をとって奥へ入ってしまった。浄憲法師はあまりの驚きあきれたことなので，物も申されない。かえすがえすも恐ろしいことであった。

【解説】

重大な謀り事の場に初めて同席した浄憲法師の側にたっての作者の感想である。この場の雰囲気と事の重大さとから考える。

答　④

出典：『平家物語』

No.24

【口語訳】 雨が降っていた日に，ある人の家に気の合った者同士が集まって，和歌に関する古いいわれなどを語り出した機会に「ますほの薄とはどんな薄か」と言い合ううちに，ある老人の言うことには，「渡辺という所にこの事を知っている僧侶がいると聞きました。」とはっきりしないながら言い出したのを，登蓮法師はその中にいて，この事を聞いて言葉少なになって，また尋ねることもなく，主人に「蓑と笠をしばらく貸してください。」と言ったので，おかしいと思いながら取り出したところ，話も途中で聞くのを止めて，蓑を着て，わら靴を履き急いで出ていったのを人々は怪しがり，その理由を問うと，法師は「渡辺に参るのです。数年来不審に思っておりました事を知っている人がいると聞いて，どうして尋ねに参らないでおれましょうか。いえ，その人を探しに参らないではおれません。」と言う。人々ははっとしながら，「それにしても，雨がやんでからお出かけなさい。」と諫めたけれど，「なんとつまらないことをおっしゃいますね。命は私も人も雨の晴れ間など待ちません。何事も今は（急ぎますから）静かに。」とだけ言い捨てて去ってしまった。（登蓮法師は）たいそう風雅を志す人であった。そうして本来の目的通り探し当てて，（ますほの薄のことを）尋ねて，たいそう大事に持っていた。

【解説】

末尾の文に「さて本意のごとく」（＝そうして本来の目的の通り）とあるので登蓮法師の「本来の目的」を読み取る。６～９行目の法師の会話文がポイント。「渡辺」に向かったのは「いぶかしく思」っていた「ますほの薄」を知りたかったから。Aが決まれば自然と答えは②。歌道に関する秘伝が貴重なものとされたことは，この時代の一つの風潮であった。

答　②

出典：『無名抄』

No.25

【大意】 世間に順応して生きていこうとする人は，まず第一に潮時というものを知らなければならない。折りの悪い事は，聞く人の耳にも感じが悪く，気持ちも悪くさせその事はうまくいかない。そのような折節を心得るべきである。ただし，病気になったり，子を産んだり，死ぬことだけは，潮時とは関係ない。折りが悪いからといって止むことはない。物が生じ，持続し，変化して衰えて移り変わっていくという人生の本当の大事は流れの激しい川が溢れんばかりに流れるようなものである。少しの間もとどまっていないで，次々と実現していくものである。

【解説】

「～がごとし」は比況（～のようだ）の助動詞。「急ならざるに，覚えずして来る」に当てはまる比喩を選ぶ。①は早いことのみ。②は尊いさま。③は「たなごころ」＝手のひらで，「簡単」の意。④は漂泊，あてのないさま。

答　⑤

出典：吉田兼好『徒然草』

No.26

【口語訳】　白河院の御代のこと，法勝寺の九重の塔の金物を牛の皮でごまかして作ったということが世で噂になって，修理した人である定綱朝臣が処罰されるという話が広まった。仏師の何とかという者をお呼びになって「確かに，真偽を見て，ありのままに申せ」と院が仰せになったので，（仏師は）承って塔に上ったが，途中のあたりから帰り降りて，涙を流して，顔色を失って，「この身があって帝にもお仕え申し上げられるのです。肝も冷えて黒白を見わけることも出来そうもありません。」と最後まで言ってしまうことも出来ず震えていたのだった。院はお聞きになってお笑いになって，特別な処分はなく済んだということだ。

さて当時の人は，たいそう愚か者の例に言ったが，顕隆卿がこの話を聞いて，「こいつは必ず神仏のご加護があるやつだぞ。人が罪を被りそうで，罰を受けることを知って，自分からわざと馬鹿者のふりをしたのだ。見事な思慮深さだ」とほめなさったと言うことだ。

本当にその言葉どおり，この者は帝に長く仕え申し上げてつつがなくつとめたのであった。

【解説】

「をこのためし」は「愚か者の例」九重の塔に上った「仏師なにがし」の言動を指す。ただし，これは後の「顕隆卿」の言葉から「定綱朝臣」をかばっての芝居であったことがわかる。

答　②

出典：『十訓抄』

No.27

【口語訳】　近江の介中興の娘が，物の怪のために患って，浄蔵大徳を験者にして（祈祷してもらって）いたうちに，人が（二人の仲を）あれこれと言ったのだった。（その通り）やはり二人の仲は普通の関係でもなかったのであった。人目を忍んで日を送っていて，「人が噂しているのも嫌なものだ。やはり世間の目に触れるところにはおるまい」と思い，そう言って（浄蔵大徳は）姿を隠してしまった。鞍馬という所にこもって，たいそう修行をしていた。そうはいってもやはり，女のことが恋しく思われた。京を思いやりながらすべてのことがたいそうしみじみと心にしみて修行していた。泣く泣くうち伏せて，そばを見たところ，なんと手紙があった。「なんの手紙か」と思って取ってみると，この我が思う女の手紙であった。書いていることは

墨染めの…＝鞍馬山で修行をするあなたは（修行の途中でしょうが，私のために）道に迷いながら帰ってきて欲しいものです。

と書いていた。たいそう不思議で「一体誰を使って手紙をよこしたのだろう」と思っていた。持ってくるはずのつても思い浮かばない。たいそう不思議だったので，（浄蔵大徳は）又一人で迷いながら山を出てきてしまった。こうして，（女に会い，）また山に入った。そうしてよこした歌は，

からくして…＝やっとのことで思い忘れようとしているあなたへの恋しさを情けないことに鶯が鳴くようにあなたからのお手紙を読んでまた思い出してしまったことよ。

その返歌は，

さても君＝それでは，あなたは私のことを忘れてしまっていたのですね。鶯が鳴くように私がお手紙を差し上げた時だけ思い出すということでよいものでしょうか。

と言ったのだった。この女は（親たちが）この上なく大切に育てて，親王や上達部が求婚なさっても帝に后として差し上げようと結婚させなかったのだけれど，この事が起こってしまって，親も娘を見放してしまったのであった。

【解説】

「見る」はここでは「面倒を見る」「世話をする」

の意。直前の口語訳と,「この女」と「浄蔵大徳」との関係を読み取る。３行目「さすがにいと恋しうおぼえけり」，５行目「わが思ふ人」などの表現，また和歌の解釈も二人の仲を読み取るヒントとなる。主語を補いながら読み進めること。「行ふ」（仏道修行をする）も重要古語。

答　⑤

出典：『大和物語』

No.28

【口語訳】　夢よりもはかない亡き宮との仲を嘆き悲しみながら日を送っているうちに，四月十日あまりになってしまったので,（青葉が茂り,）木の下が次第に暗くなっていく。築地の上の草が青々としているのも，他の人はことさら目に留めないが，しみじみと物思いにふけりながらぼんやりと眺めている時に，そば近い透垣のあたりで人の気配がするので，誰であろうと思っていると，亡き宮にお仕えしていた小舎人童であった。しみじみと物思いしている時に来たので,「どうして長い間姿をみせなかったのか。お前を（月日が経つにつれて）遠くなっていく（亡き宮との）昔の思い出のよすがにとも思っているのに」などと（侍女に）言わせると,「これといって用事もございませんのに（伺いますのは）馴れ馴れしい様子であろうと遠慮しておりますうちに，その上この頃は山寺詣でに出歩いておりまして何かにつけて頼りなく所在なく思われますので御身代わりにもお仕え申し上げようと存じ，（弟宮の）師宮様にご奉公しております。」と語る。

【解説】

傍線部は「小舎人童」の会話文の言葉。つつまし＝遠慮される，気が引けるの意味で，馴れ馴れしいのではないかと遠慮しているのである。

答　③

出典：和泉式部『和泉式部日記』

No.29

【口語訳】「八幡の臨時の祭りの日は，終わった後がひどく所在ない気がする。どうして（賀茂の臨時の祭りの時のように）帰ってから又舞うようなことはしないのだろう。そうしたならば面白いだろうに。（ご褒美の）禄をもらって，後ろの方から退出していくのは心残りのことだ。」などと（女房が）言うのを天皇がお聞きになって，「舞わせよう」とおっしゃる。「本当でございましょうか。そうでしたら，どんなにすばらしいことでしょう。」などと申し上げる。喜んで中宮様にも「やはり同じように舞わせて下さいと，（天皇に）おっしゃって下さい。」などと集まってわいわいと申し上げたところ，その時は宮中に帰ってからまた舞ったのは，とてもうれしかったものだ。まさか，そんなことはないだろうと気を抜いてゆったりしていた舞人は，天皇がお召しだと聞いたところ，まるで物にぶつかるようにあわて騒いだのも全く正気ではないようだ。自分の部屋に下がっている女房が，舞が見られるといってあたふたと（清涼殿に）上がってくる様子は，人の従者や殿上人が見ているのも知らず，裳を頭にかぶるようにして参上するのを（人々が）笑うのもまたおかしい。

【解説】

さ・しも・や・あら・ざら・むと品詞分解でき，「そうであることはまさかあるまい。」と訳せる。「さ」の指示内容は「御前にめす」。再度の舞はないだろうと，「舞人」は「うちたゆみたる」という状態であったのだ。

答　⑤

出典：清少納言『枕草子』

No.30

【口語訳】　昔，惟喬の親王と申し上げる親王がいらっしゃった。山崎の向こうに水無瀬というところに離宮があった。毎年の桜の花盛りにはその離宮へおでかけになった。その時右の馬の頭（右の馬寮の長官）であった人をいつも連れておいでになった。ずいぶん時が経ったので名前は忘れてしまった。鷹狩りはあまり熱心にもしないで，酒を飲みながら和歌を詠むのにかかっていた。今鷹狩りをする交野の渚の家，その院の桜が特に趣がある。その木の下に馬から下りて座って，枝を折って頭にさして，身分の上の者も中の者も下の者もみな和歌を詠んだ。

馬の頭だった人が詠んだ歌，

世の中に…この世に桜が全くなかったならば，桜が散ることを心配せずに春の人々の心はどんなにのどかでありましょう。

と詠んだ。また別の人の歌は，

散ればこそ…散るからこそますます桜はすばらしいのです。悩みの多いこの世の中に，何が久しくとどまっているでしょうか。いえ，何もありません。

といって，その木の下は立ち去って帰るうちに，日暮れになってしまった。

【解説】

①３行目「狩りはねむごろにもせで」の「ごろ」は「熱心な様子」，「で」＝ずして。「酒を飲みつつ，やまと歌にかかれり」とあり，「熱中していた」のは和歌。②「上中下（＝身分の上の者も中の者も下の者も）みな歌よみけり」とあり，二人だけではない。③主語が誤り。「親王」となっているが，このように詠んだのは「馬頭なりける人」。

答　⑤

出典：『伊勢物語』

No.31

【口語訳】　そうして，庭には池のようにくぼんで，水がたまっているところがある。そのほとりに松もあった。（土佐任期の）５，６年のうちに千年が過ぎてしまったのだろうか，枝の片側はなくなっていた。今新しく生えた松がまじっている。庭のほとんがみな荒れてしまっていたので，「ああ（何という変わりようか）。」と人々が言った。思い出さないことはなく，様々に恋しく思う中にも，この家で生まれた女の子が一緒に帰って来ないので，どれ程悲しいことか。同船してきた人もみな，子どもが集まって，騒いでいる。このような様子を見ているうちに，やはり悲しさにたえられなくてこっそり私の心を知っている人と詠んだ歌，

生まれた娘も帰らないのに，私の家に新しく生まれた小松があるのを見るのが悲しいことよ

と言った。

【解説】

②「いつとせ，むとせのうちに」とあり，「10年も離れて」はいない。③２～３行目「おほかたのみな，あれにたれば」とあるので妥当でない。④４～５行目「ふなびともみな，子たかりて，のゝしる」の「のゝしる」は現代語の「悪く言う」意ではない。「大声で騒ぐ」。⑤娘は「かへらぬ」とあるだけで，ここでは読み取りにくいが『土佐日記』の作者の娘が任国土佐で亡くなったことは知っておきたい。

答　①

出典：紀貫之『土佐日記』

No.32

【口語訳】　今となっては昔のことだが，中納言藤原忠輔という人がいた。この人はいつも上を向いて，空を見るような格好ばかりしていたので，世間の人はこの人に仰ぎ中納言とあだ名を付けた。

ところで，その人が右中弁となって殿上人であったときに，小一条の左大将済時といった人が，宮中に参りなさったときに，この右中弁に会った。大将は右中弁の上を向いているのを見て，ふざけて「ただ今天には何事があるのですか。」とおっしゃったので，右中弁はこういわれて少し怒って，「ただ今天には大将に危害が及ぶことを表す星が現れましたよ。」と答えたので，大将はひどくきまりが悪く思われたが，冗談なので腹を立てることもできず，苦笑いをして終わった。その後大将は間もなく亡くなられた。そこで，右中弁はこの冗談のせいだろうか，と思い合わせた。

【解説】

「はしたなし」は，中途半端だ，きまりが悪いの意味で，現代語の意味とは異なる。「戯れなれば」（已然形＋ば……冗談なので）の原因理由の形，「え～ず」（～できない）が口語訳のポイント。

答　②

出典：『今昔物語集』

No.33

【口語訳】　「たいそうしみじみと趣のありまし

たことは，この天暦の御代に清涼殿の御前の梅の木が枯れたので，（天皇の御命令で）代わりの木を探し求めなさいました。何とかという者が蔵人の地位であった時，命令を受けたのですが，『若い者は木の善し悪しを見わけることが出来ないだろう。御前が求めよ。』と私(語り手)におっしゃったので，都中を歩き回ったけれども，ございませんでしたところ，西の京のどこそこの家に，色濃く咲いた枝ぶりのよい梅がありましたので，掘りとった所，その家の主人が，『木に，これを結び付けて持って参れ』と召使いにいわせなさいました。『何か訳があるのだろう』といって持って参りましたところ（天皇は）『何だ』とご覧になり，するとそれは女の筆跡で書いてありました。

勅なれば…天命なので恐れ多いことですが（毎年この梅の木にとまる）鶯が私の宿はと尋ねたらどのように答えたらよいでしょう。

とあったので，天皇は不思議に思われて『何者の家か』と尋ねなさった所，紀貫之の娘とわかりました。『遺憾の所行をしてしまったことよ』と恥じていらっしゃった。重木にとって今生の恥は，このことでございました。それで『思うような木を持って参った』といって，褒美に衣を賜り下さったのもつらくなった」といって細やかに笑いました。

【解説】

『大鏡』は平安後期の歴史物語。作者未詳。大宅世継と夏山繁樹の二人の老翁が若侍を相手に語る回想形式をとっている。本文は，清涼殿の枯れた梅の木に代わる木を，西の京のある家で譲ってもらおうとした時の話。梅の木に結びつけられた歌の解釈として正しいものを選ぶ。「勅」は天皇の勅命。「畏し」はおそれおおい。梅の木に毎年とまる鶯の宿がなくなることを，決して強い口調ではないが責める。その言い方がたいそう風流で，西の京はどちらかというとさびれたイメージであるのに，こんなところに，何者が住んでいるのかと疑問に思う。尋ねると貫之の娘だというのである。

答　②

出典：『大鏡』

No.34

【口語訳】　昔，高貴な身分の男がいた。その男のもとにいた女を，内記であった藤原の敏行という人が求愛した。しかし（その女は）まだ若かったので手紙の書き方もしっかりしておらず，言葉も知らず，まして歌など詠めなかったので，例の主人である人が，案を書いて書かせて敏行に返事した。敏行は大いに喜んだ。そうして男が詠んだのは，

つれづれに…これといってすることもなく眺める川は，(あなたを思う私の)涙で水かさが増し，袖がもう濡れて逢う方法もありません。

返歌は，例の男が女に代わって詠んだ。

浅みこそ…川が浅いからこそ袖が濡れるのでしょう。涙の川で身までおぼれ流されると聞けばあなたの私への思いを信じましょう。

と言ったところ，男（敏行）はたいそう素晴らしいとして，いままで巻いて文箱に入れてあるということだ。

また男が手紙を書いた。女を手に入れて後のことである。「雨が降りそうなのでお会いできないでいます。我が身に幸いがあるならば，この雨は降らないだろうに。」と言ったところ，例の男が又女に代わって詠んで贈らせた。

かずかずに…いろいろと思ったり思わなかったりあなたに尋ねにくいので，わが身を知る雨はどんどん降り続けるのでしょう。

と詠んで贈ったので，蓑も笠もとることも出来ずにびっしょり濡れて慌ててやって来た。

【解説】

若くて手紙や歌もままならない女の代わりに「あてなる男」が代作する，という人物関係が複雑なので間違えやすいが，「かかせてやりけり」「女にかはりてよみやらす」などに注目し，主語をおさえながら読もう。

答　④

出典：『伊勢物語』

No.35

【口語訳】　桜の花は満開の花盛り，月は澄みきった月ばかりを見て楽しむはずのものであろうか，いや何も美しいのはその時ばかりとは限らない。雨が降るのに対して月が見えたらと恋

しく思い，家に引きこもったままで春の暮れてゆくのも知らないでいるのもやはり趣深くしみじみと感じられるものだ。花の咲きそうな頃合いの梢や，散りしおれている庭なども見る価値の多いものだ。歌の詞書きにも，「花見に出かけましたところが，もう散り過ぎてしまっていたので」など，また「差し支えがあったため出かけなくて」など書いて歌を詠むのは「花を見て」と詞書きして歌を詠むのと比べて劣っていることがあろうか。花の散り月の傾くのを慕う習いは人情として当然のことであるが，ことに無風流な人に限って「この枝もあの枝も，もう散ってしまった。これではもう見るかいはない」などと言うようである。

【解説】

1行目の「見るものかは」は反語。花の盛りの時期，月の隈なきばかりを美しいとして見るものだろうか，いやそうではない。桜の花の満開でない時も，月が雲に隠れている時もしみじみと趣深いものだ，という主旨。兼好は完全なものだけを賞賛する態度をよしとしていない。よって①②は不適。③は4行目「花の散り，月の傾くを慕ふ習ひはさることなれど（＝もっともなことであるが）」より，間違い。④このようなことは本文にはない。

答　⑤

出典：吉田兼好『徒然草』

No.36

【口語訳】　同じ人の学説が，ある箇所とまた別の箇所でくい違っていて，同じでないのはどちらによるべきかと紛らわしくて，大体その人の説はすべていい加減なような気がするのは，一通りはもっともなことであるが，実はそうではない。最初から最後まで学説が変わることがないのはかえってよくない面もあるのだよ。最初に考えて決めたことがしばらく時期をおいて，また他のよい考えが出てくることは常にあることなので，最初と最後が食い違っているのはむしろよいことである。年を経て学問もすすんでゆくと学説は必ず変わらないではおれない。また自分の初めの頃の誤りを，後に気づいたならば，包み隠さないで，潔く改めるのも大変よいことである。

【解説】

Aは，3～4行目「はじめに定めおきつる事の」以降の文に合致。Bは3行目に「はじめより終はりまで，説のかはれることなきは，中々にをかしからぬかたもあるぞかし。」とあるので合致しない。Cは末尾の文に合致。Dは後半部分が本文にない。E「不変」が筆者の主張に合致せず不適。よってAとCの組合せ。

答　②

出典：本居宣長『玉勝間』

No.37

【口語訳】　人は容姿がすぐれているようなのが，望ましいだろう。ちょっとものを言ったのでも，耳障りでなく，魅力があって，口数が少ない人とは，飽きることなく向かい合っていたいものだ。（しかし）立派だと思っていた人が，（話しているうちに）劣悪な本性を見せるのは残念に違いない。

【解説】

①筆者が望ましいとしているのであって，「誰しも望む」という内容ではない。②外見が大切であると述べているので筆者の考えとまったく反対。③後半が誤り。④最後の文に合致。⑤「努力すべきだ」とまでは言っていない。

答　④

出典：吉田兼好『徒然草』

No.38

【口語訳】　五月雨の（雨の続く＝梅雨）晴れ間のない夜にこそほととぎすがやってくるはずだと，軒から落ちる雫を数えるともなしに起きていたのだが，いつのまにか眠ってしまった。（梅雨時期＝夏の）短い夜であったのですぐに夜が明けた。寝坊をした目をこすりつつ見ると，南の遣戸（＝引き戸形式の木の戸）が鍵がかかってないままになっている（ではないか）。明かり取りの障子さえも細くすきまができて開いていた。よくも風邪をひかなかったものだとして，静かに（障子を）開け放ってみると，とても不信に思えることに，濡れ縁の上に人の足跡が泥に染まって点々とついている（のを），さらに，周りを見渡してみると私の枕もと，（寝ていた）足もとにもたいそう多く（足跡が）染みていた。鬼（＝化け物，幽霊）でも来たのだろうかと胸騒ぎがして，あちらこちらと見て，どこから（足跡の方が）来たのかと，せまい庭を見回してみると土の垣根の土がこぼれて子どもがふみあけたようになっている（その状態の）ままに，雨に穴を開けられ（水が）ただよっていて，水たまりに流れこんでいる。これは盗人が入ったのだ。草庵（＝仮住まい）であるので（物を）奪い去られても惜しくはないし，命があっただけでもよかったと，ようやく心が落ちついた。柳葛籠の一つあったのを開けて，（盗人が）衣を一つ二つとあばきちらして，（何か盗む）物はないかと探したようだ。これらを取っていかなかったことを，かえって気恥ずかしいことだと思った。何もかも（ちらかした）そのままになっているのは，彼（＝盗人）にさえばかにされたこと（に他ならないの）でたいへん悔しい。

【解説】

8行目，「柳葛籠の一つあるを開けて～」から最後までを読めば，筆者のいいたかったことがわかる。

答　④

出典：上田秋成『盗人入りしあと』

No.39

【口語訳】　日もたいそう長い上に，何もすることがなく退屈なので，夕暮れの深く霞がたちこめているのに紛れて，例の小柴垣の所にお出かけになる。（供の）人々は帰しなさって，惟光の朝臣とのぞいてごらんになると，ちょうどこの（目の前の）西向きの部屋に，持仏をお置き申してお勤めをしている（人がいてその人は）尼なのであったよ。簾を少し巻き上げて，花をお供えしているようだ。中の柱に近寄って座り，脇息の上に経を置いて，ひどく大儀そうに読経している尼君は，ふつうの人とは見えない。（年齢は）四十過ぎ位で，とても色が白く上品で，やせてはいるが，顔だちはふっくらとして，目もとのあたり，（尼そぎの）髪がきれいに切り揃えられている端も，かえって長いのよりもこの上なく新鮮な感じのするものだなあと，しみじみとごらんになる。美しい感じの（女房）大人が二人ほど，それから童女たちが出たり入ったりして遊んでいる。その中に，十歳くらいであろうかと見受けられて，白い下着に，山吹襲などの柔らかく着ならしたのを着て，走って来た女の子は，大勢見えていた子供たちとは似るはずもなく，とても成人後の美しさが思いやられるほど，かわいらしげな顔だちである。

答　⑤

出典：紫式部『源氏物語』

No.40

【口語訳】　中宮様の御所にはじめて参上した頃は，なんとも恥ずかしいことが沢山あり涙も落ちそうなほどだったので，夜ごとに出仕して，三尺の御几帳の後ろに控えていると，（中宮様は）絵などを取り出してお見せ下さるけれど，（私は）手も差し出すことも出来なくてひどく困ってしまった。「これはこうで，あれはああである。それは，あれは。」などとおっしゃる。高坏にともし申し上げた大殿油なので，髪の毛の筋なども帰って昼よりもはっきりと見えてまぶしいけれど，我慢して見などしている。たいそう冷たい頃なので，（中宮様の）差し出しなさった御手がわずかに見えるのが，たいそう美しい色つやのうす紅色であるのはこの上なく美しいと思え，このような経験をしたことのない田舎者の私の心には「このようなお方がこの世におられたのだなあ」と，はっとするほどの気持ちでお見つめ申し上げる。

【解説】

①中宮が絵の説明をしてはいるが「批評し合いなさった」様子はない。②「念仏を唱えた」が誤り。４行目の「念じて」は，「がまんして」の意。③合致する。④前半はよいが，後半が誤り。５行目「いみじうにほひたる薄紅梅」は「にほふ」＝美しく輝く意。名詞「にほひ」（美しい色つや）と合わせて現代語と異なる意味を持つので注意して覚えておこう。視覚的に美しいのであって，香りではない。寒くて手が薄紅色になっているというのである。⑤「見知らぬ里人心地」とは筆者自身のこと。

答　③

出典：清少納言『枕草子』

No.41

【大意】　この里の比治の山の頂上に泉がある。その名を真奈井という。今はもう沼になっている。（昔）この泉に天女が八人降りてきて水浴びをした。当時，老夫婦がいた。その名を和奈佐の老夫，和奈佐の老婦という。この老夫婦は，この真奈井にやってきて，こっそりと天女の一人の衣を取って隠した。すぐに衣のある天女はみな天に飛び上がり，衣のない天女一人だけが取り残されて，体を水の中に隠して一人恥ずかしがっていた。そこで老夫が天女に言うには，「私には子供がない。お願いなのだが，天女よ，そなたは私の子となってくだされ」と言った。天女は答えて，「私一人が人間の世界にとどまってしまいました。あなたの言いつけには従わないわけにはいかないでしょう。どうか衣をお返し下さい」と言った。老夫は「天女よ，私をだまそうと思っているのではないか」と言うと，天女が言うには「おおよそ天人の心は，信頼ということを根本にしています。どうしてそのように疑ってばかりで，衣を返してくださらないのですか」と言った。老夫は答えて，「疑う事が多く，信頼しないのが，人間界では当たり前なのだ。だから，そういう気持ちから，衣を返すまいとしただけだ」と言った。結局は衣を返して天女を家に連れてゆき，それからいっしょに暮らすこと十数年になった。

さてその天女は，酒を造るのがうまかった。（彼女が造った酒は）一杯飲むと，すべての病気が治る。その一杯の酒に相当する財貨は，車に乗せて運ぶほど多くあった。というわけで，その家は金持ちになり，農地（＝土形）も豊かになった。そこで，その地を土形の里と呼んだ。

【解説】

天女が衣を隠されてからの展開と，「天女，よく醸酒をつくりき」，これによって「時にその家豊かに」という所を読めば，内容をつかめるはずである。

答　④

出典：『丹後国風土記』

第３章　漢文の内容把握

（問題，本文 90 ページ）

No.1

【書き下し文】

青山(せいざん)　北郭(ほくかく)に横(よこ)たはり　白水(はくすい)　東城(とうじょう)を遶(めぐ)る　此(こ)の地(ち)　一(ひと)たび別(わか)れを為(な)し　孤蓬(こほう)　万里(ばんり)に征(ゆ)く　浮雲(ふうん)　游子(ゆうし)の意(い)　落日(らくじつ)　故人(こじん)の情(じょう)　手(て)を揮(ふる)ひて　茲(ここ)より去(さ)れば　蕭蕭(せうせう)として班馬(はんば)鳴(な)く

【口語訳】

友人を送る

青黒い山が町の北に横たわり，白く輝く川の流れが町の東をとりまいている。

この地において君は別れを告げて，風に吹かれて飛んでゆくたった一つのよもぎのように，万里の彼方に旅立ってゆくのだ。

大空をあてもなくさまよう雲は，旅人である君の心。

沈んでゆこうとする太陽は，旧友である私の気持ち。

君が手をあげて振りながらここから去ってゆこうとすると，別れを惜しんで進みかねている馬も悲しげにいなないた。

答　④

出典：『唐詩選』

No.2

故郷の妻を思う夫の情を述べている（転句と結句）。

答　③

出典：王維『雑詩』

No.3

【書き下し文】

細草(さいそう)　微風(びふう)の岸(きし)　危檣(きしょう)　独夜(どくや)の舟(ふね)　星(ほし)垂(た)れて　平野(へいや)闊(ひろ)く　月(つき)湧(わ)きて　大江(たいこう)流(なが)る　名(な)は豈(あ)に文章(ぶんしょう)もて著(あらは)れんや　官(くわん)は応(まさ)に老病(らうびゃう)にて休(や)むべし　飄飄(へうへう)　何(なん)の似(に)る所(ところ)ぞ　天地(てんち)の一沙鷗(いちさおう)

【口語訳】

旅の一夜，心に浮かぶ感慨を書き記す。

かぼそい草がそよ風にゆらぐ岸辺，高い帆柱をたてた舟に，私ひとりだけが眠らずにいる。

星はその輝きを平野に垂らし，そしてその平野は限りなく広がり，月は大江からわき出たように思われ，そしてその大江は悠々と流れてゆく。
自分の名はどうして文学によって著されようか，いや著されない。
役人生活は，老いて病気がちな身にとっては，やめるより仕方がない。
転々とさすらうわが身は，いったい何に似ているのだろうか。
それはこの天地の間にさまよう一羽の砂浜のかもめといったところだ。

答　⑤

出典：『唐詩選』

No.4

【書き下し文】

涼州詞

葡萄の美酒　夜光の杯　飲まんと欲すれば　琵琶　馬上に催す　酔ひて沙場に臥すとも　君笑ふこと莫かれ　古来征戦　幾人か回る

【口語訳】

（西域の名産である）ぶどうの美酒を夜光の玉で作った杯についで，今しも飲もうとすると，馬上で琵琶をせきたてるようにかきならしている。したたかに酔ってとうとう砂漠に寝込んでしまったけれど，どうか笑わないでくれ。昔からこんな辺地に出征して，無事生還できた人がどれだけいるだろうか。

答　①

出典：『唐詩選』

No.5

【書き下し文】

鸛鵲楼に登る

白日山に依つて尽き　黄河海に入つて流る　千里の目を窮めんと欲して　更に一層の楼に上る

【口語訳】

鸛鵲楼に登る

西のほうには輝く太陽が山の端に沈んでゆく。
東の方には滔々たる黄河が遠く海に向かって流れている。
千里の眺望をきわめつくしたいと，私は楼をもう一階上にのぼるのだ。

答　②

出典：『唐詩選』

No.6

【書き下し文】

江雪

千山鳥飛ぶこと絶え　万径人蹤滅す　孤舟蓑笠の翁　独り釣る寒江の雪

【口語訳】

江雪

全ての山々に鳥の飛ぶ姿は見えず
全ての小道には人の足跡も消えてしまっている
（一面銀世界の中）一艘の小舟に蓑笠をつけた老人が
ただ，一人寒々とした川に降る雪の中で釣りをしている

【解説】

孤独感は詩全文から読み取れる。あとは，他に何が見て取れるか。人も鳥もいないような場所の様子を述べたものが答えとなる。

答　⑤

出典：柳宗元『江雪』

No.7

【書き下し文】

馬を走らせて西来　天に到らんと欲す　家を辞してより　月の両回円なるを見る　今夜は知らず　何れの処にか宿するを　平沙万里　人煙絶ゆ

【口語訳】

石のごろごろした砂漠で馬を走らせ西へ西へとやって来るといまにも天に着いてしまいそうだ。
わが家に別れを告げてから，これまで，二度月が丸くなるのを見た。
今夜はいったいどこに宿営するのだろうか。
見渡す限り平らに続く砂漠，万里の広きにわたって人の家の煙は見られない。

【解説】

後半二句が作者の心情を述べている。今夜の宿が決まっていないこと，人の気配のないことから感じると思われる心情はどれにあたるか。

答　③

出典：『唐詩選』

No.8

【書き下し文】

太祖の馬鞍庫に在りて，鼠の齧る所と為る。庫吏必ず死されんことを懼れ，議して面縛して罪を首さんと欲するも，猶ほ免れざるを懼る。沖謂ひて曰はく，「待つこと三日中にして，然る後に自ら帰せよ」と。沖是に於いて刀を以つて単衣を穿つこと，鼠の齧る者のごとくし，謬りて失意を為し，貌に愁色有り。太祖之を問ふ。沖對へて曰はく，「世俗以為へらく，鼠の衣を齧る者，其の主不吉なりと，今単衣齧らる。是を以つて憂戚す」と。太祖曰はく，「此れ妄言のみ。苦しむ所無きなり」と。俄にして庫吏鞍を齧らるるを以つて聞す。太祖笑ひて曰はく，「児の衣側に在るすら尚ほ齧らる。況んや鞍の柱に懸けたるをや」と。一に問ふ所無し。

【口語訳】

太祖（＝曹操）の馬の鞍が倉庫にしまってあったが，鼠にかじられてしまった。倉庫番の役人は，きっと死罪になるにちがいないと恐れ，あれこれ考えた末，自首して罪を謝そうとしたが，やはり死罪は免れないだろうと恐れていた。すると，曹沖が（庫吏に）「三日間待って，その後で自首せよ」と言った。曹沖はそこで，刀で自分の単衣を，鼠がかじったかのように切り裂き，わざとがっかりした様子をし，心配そうな顔つきをしていた。父の太祖が曹沖にそのわけを聞いた。すると曹沖は，「世間では，鼠が衣服をかじると，その持ち主に不吉なことが起こると考えております。今，私の単衣がかじられてしまいました。そういうわけで，心配し，恐れているのです。」と答えた。すると，太祖は次のように言った。「それは，でたらめにすぎない。苦しむことはない」と。しばらくして，倉庫番の役人が，鞍を鼠にかじられたことを報告した。太祖は笑って，「自分の子の衣服が身のすぐそばにありながらでさえかじられたのだから，まして倉庫の柱にかけておいた鞍ならかじられるのは言うまでもないことだ。」と言って，全く（一切）問いたださなかった。

答　③

出典：陳寿『三国志』

No.9

【書き下し文】

楚人に江を渉る者有り。其の剣舟中より水に墜つ。遽かに其の舟に刻みて曰はく，「是れ吾が剣の従りて墜ちし所なり」と。舟止まる。其の刻みし所の者より，水に入りて之を求む。舟は已に行けり。而も剣は行かず。剣を求むること此くのごときは，亦惑ひならずや。

【口語訳】

楚の人で長江を渡る者がいた。その人の剣が舟の中から水に落ちた。大急ぎで，その舟（の船べり）に印をつけて言った，「ここが，私の剣の落ちたところである。」と。舟は止まった。（その人は）その印をつけた所から，水の中に潜り剣を探した。舟は（流されて）すでに移動している。しかしながら，剣は（もとの位置にあり，舟の動きに合わせて）移動してはいない。剣を探すのに，このようにするということは，なんと融通がきかないことであろうか。

答　④

出典：呂不韋『呂氏春秋』

No.10

【書き下し文】

国破れて山河在り　城春にして草木深し　時に感じては花にも涙を濺ぎ　別れを恨んでは鳥にも心を驚かす　烽火三月に連なり　家書万金に抵る　白頭掻けば更に短かく　渾べて簪に勝へざらんと欲す

【口語訳】

国家が解体してしまったが，山河（や大地）はそのままそこにある。城壁に囲まれた町に春は（今年も）めぐって来て，人のいない城壁のそばには草木が（青々と）生い茂っている。時世のありさまに悲しみを感じて，（楽しかるべき）花を見ても涙を流し，人が散り散りになってしまった中では，（楽しくさえずる）鳥の声にもはっと心を驚かされる。あちこちにおこるのろしの火は，三か月も続いてまだやまない。（家族の安否を気にしていると，）家族からの便りは万金にも相当する貴重なものである。（憂いにまかせて）掻く白髪が，掻けば掻くほど抜けてうすくなり，簪もさせないようだ。

【解説】
自然の大きさに比較しながら，戦争のむなしさ，時世の悲しさ，戦火の中で離れた家族への思いを詩にしている。前半部分の意味を読み取ってほしい。

答　④

出典：杜甫『春望』

No.11

【書き下し文】
鉅公之を覚り，置酒し，汎く昔自り名流の後嗣類ね振はざるを引き，且つ曰はく，「名は，古今の美器にして，造物者深く之を吝む。前人之を取ること多ければ，後人豈に応に復た得べけんや。」と。
士人解悟し，其の跡遂に安し。

【口語訳】
ある有力者（鉅公）はこれをさとり，酒宴をひらいて，昔からの名流の後継ぎはたいしたことのなかったことを広く引用し，かつ「名声というものは，古今の美しい器のようなもので，これを作った万物の造成主はこれを深くものおしみする（のでなかなか得られない）。先人がこれを得ることが多いのであれば，後の時代の者が，どうしてこれを得られないことがあろうか（きっと得られる）」と言った。この人（＝招かれた客，先生）はそのことをさとり，その後は（教えるのも）うまくいった。

【解説】
ここで有力者，鉅公が客人に対し，なぜ昔の名流の後継ぎがたいしたことがなかったことを引用したのか，これを考えて選択肢を選ぶ。

答　②

出典：周煇『清波雑志』

No.12

【書き下し文】
因りて昼に語りて云ふ，「師は幾ど声明を失はんとす。何ぞ但だ工みとする所を以て投ぜ見れずして，猥に老夫の意を希へるや。人は各得る所有り，卒かに能く致すところに非ざるなり」と。昼は大いに其の鑑別の精なるに伏す。

【口語訳】
そのことについて（偉は）昼に語って言った，「先生（＝昼）はあらかた（先生の）名声を失いかけておられます。どうしてただ得意とするところに（自分の）身を投じようとせず，まげて（私のような）老人の好みにあわせようとなさったのですか。人にはそれぞれ得意とするところがあるのだから，すぐに（不得意なものが）よくできるようにはならないのですよ。」と。昼は偉の分析の鋭さに大いに敬服した。

【解説】
漢文そのものは読取りが難解であるが，前文の説明部分と選択肢を読み比べてみる。「伏其鑑別之精」とあるように，昼はなぜ偉の「鑑別」に「伏」したのかを考えてみよう。

答　④

出典：趙璘『因話録』

No.13

【書き下し文】
家塾を典るは其の人を難しとす。厳なれば則ち子弟に利あるも久しくする能はず，狎れれば則ち己に利あるも，其の父兄の託に負く。

【口語訳】
私設の塾をひらき経営することは，その人を悩ませる。（方針が）厳しいものであれば，その子弟にとっては利があるものの，長く（授業）することはできないし，なれなれしくすれば，自分にとっては利があるものの，子弟の父兄の期待にそむくことになる。

【解説】
文中の「難其人」や，「子弟而不能久」，「負其父兄之託」といった語句の意味を考えて選択肢を選ぼう。

答　①

出典：周煇『清波雑志』

No.14

【書き下し文】
告子曰く，性は猶ほ湍水のごときなり。諸を東方に決すれば，則ち東流し，諸を西方に決すれば，則ち西流す。人性の善不善を分かつこと無きは，猶ほ水の東西を分かつこと無きがごときなりと。孟子曰く，水は信に東西を分かつこと無きも，上下を分かつこと無からんや。人性の善なるは，猶ほ水の下きに就くがごときなり。人善ならざること有る無く，水下らざること有る無し。今夫れ水は，搏ちて之を躍らせば，顙を過ぎしむべく，激して之を行れば，山に在らしむべし。是れ豈に水の性ならんや。其の勢則ち然るなり。人の不善を為さしむべきは，其の性も亦猶ほ是のごときなりと。

【口語訳】

告子が言った。「人間の本性はぐるぐる渦巻いて流れる水のようなものだ。これを東に堰を切って落とせば東に流れていき，西に堰を切って落とせば西に流れていく。人間の本性もこれと同じで，初めから善悪の区別があるわけではなく，ちょうど水に初めから東に流れるか西に流れるか区別がないのと同じ（人間もどのようにでもなるもの）である」と。孟子が言った。「確かに水は東に流れるか西に流れるかの区別がないのは本当であるが，しかし，高い方に流れるか低い方に流れるかの区別までもないことがあろうか，いやそんなことはあるまい。人間の本性がもともと善であるということは，ちょうど水が本来低い方へ流れるのと同じようなものである。だからこそ人間の本性には誰しも不善なものはなく水には低い方に流れていかないものはないのだ。しかしもし，その水でも手で打ってはねとばせば，（その水しぶきは）人の額よりも高く上げることが出来るし，流れをせき止めて激しく逆流させれば，山の頂上までも押し上げることが出来るであろう。（だがしかし）それがどうして水の本性であろうか。いやそうではない。外から加えられて勢いによってそうなったまでのことである。人間を時として不善の行為に走らせることがあるのは決してその本性ではなくて，これと同じ（で利害や財物など外からの勢いにつき動かされるからつい不善の行いをしてしまうの）である」と。

【解説】

孟子の性善説は漢文の常識であり，この問題を考えるヒントにもなる。

答　⑤

出典：『孟子』

No.15

【書き下し文】

春夜雨を喜ぶ
好雨　時節を知り　春に当たりて　乃ち発生す
　風に随ひて　潜かに夜に入り　物を潤して
細やかにして声無し
野径　雲　倶に黒し　江船　火独り明らかなり
暁に　紅の湿ふ処を看れば　花は　錦官城に
重からん

【口語訳】

春の夜雨を喜ぶ
春の心地よいやわらかい雨はよく季節を知っていて，春になると毎年やってくる。このやわらかい雨は風と共にそっと夜にまぎれて降り注ぎ，すべての物を潤して，音もなく細やかに降る。野の小径も雲と共に黒々として，川にとまる船の明かりだけが明るい。夜明け方に雨に濡れたところを見ると，花は一層赤く錦官城の街に枝も重たげに咲くだろう。

【解説】

漢詩の基本的なきまりは覚えておくこと。この詩は五言律詩で偶数句末で押韻する（七言は初句末＋偶数句末）。生・声・城の音から空欄を含む六句の末尾は「明」。意味に惑わされず，押韻で答えを選ぶ。

答　③

出典：杜甫『春の夜雨を喜ぶ』

No.16

【書き下し文】

昭王賢者を招く。隗曰はく，「古の君に，千金を以つて涓人をして千里の馬を求めしむる者有り。死馬の骨を五百金に買ひて返る。君怒る。涓人曰はく，『死馬すら且つ之を買ふ。況んや生ける者をや。馬今に至らん。』と。期年ならずして，千里の馬至る者三あり。今，王必ず士を致さんと欲せば，先づ隗より始めよ。況んや隗より賢なる者，豈千里を遠しとせんや。」と。是において，昭王，隗の為に宮を改築し，之に師事す。是において，士争ひて燕に趨く。

【口語訳】

（燕の国の）昭王はすぐれた人物を召し集めようとした。（家臣の）郭隗は申し述べた。「昔の君主で，千金で召使いに一日に千里を走る名馬を買い求めさせた人がありました。（だが，その召使は）死んでしまった名馬の骨を五百金で買って帰ってきました。君主は怒りました。召使いは，『死んだ名馬の骨でさえ，これを買い取ったのです。まして生きている名馬なら，なおさら高い値段で買うに違いないとみなが思うでしょう。名馬は今にもやって来るでしょう。』と言いました。（はたして）まる一年もたたないうちに，千里の名馬が三頭もやって来ました。さて今，王がどうしてでもりっぱな人物を招きよせたいと望むのでしたら，まずこの私を優遇することからお始めください。（そうすれば）まして，この私よりもすぐれた人物が，千里の道も遠いと思わないで集まってくるでしょう。」と。さてそこで，昭王は郭隗のために住居を改築し，郭隗を先生として仕えた。そうなって（他国の）りっぱな人物たちは，争って燕の国へ集まってきた。

【解説】

「死馬の骨を買う」とは，賢人を求める手段として，「愚人を優遇する」の意味に用いられる。したがって，①・②・④は不適切。⑤は「自分のような秀才」が意味から外れている。なお，故事成語の「隗より始めよ」は，この文中の意味から発展して，「何事も自分自身からやり始めよ」，「言い出した者がまず実行せよ」などの意味がある。

答　③

出典：『十八史略』

No.17

【書き下し文】

葉公孔子に語りて曰はく，「吾が党に直躬といふ者有り。その父羊を攘みて，子これを証せり。」と。孔子曰はく，「吾が党の直き者は是に異なり。父は子の為に隠し，子は父の為に隠す。直きこと其の中に在り。」と。

【口語訳】

葉公が孔子に向かって，「わたしの村に正直者の躬という男がおりますが，自分の父親が，よそからまぎれこんできた羊を盗み取ったとき，子であるその男が（自分の父が盗んだと）証言したのです。」と。孔子が（それに応じて）言うには，「私の村の正直者は，それとは違います。父は子のためにその罪を隠し，子は父のためにその罪を隠します。（これは自然の情愛の発露であって，）正直さとは，こうしたことのうちにあるのであす。」と。

【解説】

孔子は，「父が子のために隠し，子は父のために隠す」ということは，人間の情愛として自然なことであり，そうした人間性を偽らない心情を「直」と見ていることに注意する。結びの一文，「直きことその中に在り」の意味をよく覚えておきたい。

答　⑤

出典：『論語』

No.18

【書き下し文】

日高く睡り足りて猶ほ起くるに慵し　小閣に衾を重ねて寒を怕れず　遺愛寺の鐘は枕を欹てて聴き　香炉峰の雪は簾を撥げて看る　匡廬は便ち是れ名を逃るるの地　司馬は仍ほ老を送るの官為り　心泰く身寧きは是れ帰する処　故郷何ぞ独り　長安に在るのみならんや

【口語訳】

日は高くのぼり，睡眠もじゅうぶんであるが，なお起きるのがおっくうである。小さな住まいではあるが，夜具を重ねて寝るので，寒さの心配もない。遺愛寺で打ち鳴らす鐘の音は，（寝たままで）枕を傾けて耳をすまして聞き，香炉峰の雪景色は（床の中にいて）すだれをはねあげて眺める。この廬山は，世俗の名誉や地位（などのわずらわしさ）からのがれ去るのに好都合な場所であり，司馬という官は，（ひまな職で）老年を過ごすのにふさわしい役職である。（このように）心も身もゆったりと安らかにくつろげるところが，つまり人間が安住できる境地である。（そうであれば，）自分の故郷はなにも長安だけに限ることはないのだ。（この地もわたしにとっては故郷同然である。）

答　②

出典：白居易『香炉峰下，新たに山居を卜し，草堂初めて成り，偶，東壁に題す』

第４章　空欄補充

（問題，本文 108 ページ）

No.1

Ａは直前の「耳に飛び込んできた」から,「片言隻句」か「一言一句」だが,「一言一句」は聞き漏らさずにしっかり聞く時に用いるもので,「たまたま」という表現にも合うのは「片言隻句」と考えられる。②④が残る。Ｂは俗信，迷信，慣習のいずれも不自然ではない。Ｃで判断する。②憤然（怒りいきどおるさま。）④憮然（不満を感じながらどうすることもできず押し黙るさま）のいずれが適するか。

答　④

出典：古井由吉『言葉の呪術』作品社

No.2

俳句の性格・特色・約束事などを，俳句を初めて学ぶ人にもわかりやすく解説した文章。

Ａは，文末の「最も短い詩」を押さえれば,「エッセンス」（最も大切な要素）をさらにちぢめて表現する，といった文脈をとらえることができる。②・⑤の「凝縮」は，単にちぢまるのではなく，広がって存在していたものが小さく固まる，の意。Ｂは，直前の「それ」が「俳句の約束事」を指していること, また, あとの「有季とは……定型とは……」の文型などに着目すれば容易。「季語を有する五七五」が「有季定型」である。Ｃは，直後の「それぞれ得手不得手がある」に着目すれば, 単なる「有能」ではなく，何でもできる，すべてにわたってすぐれた「能力」，つまり「万能」や「全能」などが有力候補だが，③「全能」はＢ「花鳥諷詠」が誤りのため，失格である。

答　②

出典：鷹羽狩行『俳句－世界で最も短い詩』

No.3

状況のあいまいな, ほんものの世界において,「考える」ことの重要性を強調した文章。

Ａは, 直後の「さきほど書いたしんどさとは, 要するに『考える』ことのしんどさのことなのであった」を，しっかりと押さえることが大切である。「考える」は，出題文の末尾にもう一度出てくるが，Ａはこの語（キーワード）が含まれている②～④に，まず注目すべきである。とすれば，Ｂも「考え」という語が含まれている②・③が正解の候補者。そこで，この観点からＡ・Ｂを見比べると，Ａは，④がこの文章の趣旨とは逆なことを言っているし，対応するＢの方に「考え」が欠けているから，④はＡ・Ｂとも失格。また，Ａの②は，「強調せねばならない」が③に比べて意見としては弱いから，失格。とすれば唯一③が残り，Ｂの「『考え』代行業」も正解だから, ③が正解となる。なお,「代行」も「代理」も，本人に代わって他人がすることであるが，前者は「当事者に支障がある時など」に用いられる。なお，本文の場合の「支障」とは，専門的知識・経験の欠如，多忙などがあげられよう。

答　③

出典：加藤秀俊『メディアの周辺』文芸春秋

No.4

第二段落の「（人は）自分の目以上に，自分のイメージで対象を見ているのである」が主題文。だから,「電線」が写っている遺跡の写真は「遺跡にあるまじき（あってはならない）風景」なのである。「先入観」なしに物を見たり，考えたりすることの難しさを言っている。「舌打ち」は，ここでは不備，いら立ち，の意。

Ａは，空欄以下が直前の「そして現実の事物が……非現実的のように思ってしまう」の要約であることがわかれば，①・③・⑤が入るという識別が成り立つ。②は順接，④は逆接である。Ｂ～Ｄは,「イメージどおり＝生々しい現実。イメージと反対＝非現実的」に照らして選べば容易。このように関連した複数の空欄補充は，最初の空欄が大切。ここを間違えると全体がくるってしまう。Ｂ＝現実，Ｃ＝現実的，Ｄ＝非現実的，が入る。

答　⑤

出典：森本哲郎『イメージからの発想』

No.5

最後の一文が文全体の主旨をまとめている。「僕等」（＝日本人）は「西洋の思想」に「揺り動かされて，（E）の心を大変微妙なものに」し，それに関する表現が出来ず，現代の日本人が「変わらぬ日本人（＝A）」の姿を捕らえあぐんでいるというのである。

答　③

出典：小林秀雄『満州の印象』

No.6

12 行目の「その社会」とは「戦後社会」を指し，Aを含む文は，２～３行目の「戦後社会を父母としていると言われたら」を言い換えている。「私どもを生んだ」に当てはまる表現は「母胎」。またBについても直後に，「逆の均一性」とあるので，これと意味が反対になる表現を選ぶ。

答　①

出典：司馬遼太郎『この国のかたち』文芸春秋

No.7

３行目「むき出しの金を渡すのは失礼になる。」，４行目「包み金でなくてはならない。」からAは「包む」が入る。Bについては「“言ひおほせて何かある”」の反語表現の訳（すべて言ってしまっては何の趣があろうか，いやない。）と，それまでの筆者の主張より③。

答　③

出典：外山滋比古『日本の修辞学』みすず書房

No.8

キーワードを答える問題。抽象的でやや難しいが，文脈を丁寧に読み取り，最も適当な語句を選ぶ。２～３行目で，（　　）の内容は「学問」，「芸術や趣味」，「倫理」の三つであり，これを「兼ねたとき初めて（　　）は完成される」としている。また，第二段落で「生き方を体得すること」，第三段落で「人間らしく生きること」が「目指す生き方」，第四段落で「最後の目的」として，「自己をはっきり把んで～意識すること」を挙げているので，この説明から最も適切なのは②の教養である。

答　②

出典：中村光夫『教養について』

No.9

空欄の前の文で筆者が「教育される側の条件」を重視していることが読み取れる。（A）を含む文は「だが（逆接）」で始まり，筆者の考えとは逆の方向に向かっている現代の教育論議のあり方なので①が正しい。

答　①

出典：森本哲郎『生き方の研究』PHP 研究所

No.10

文題どおり「わたしの書き方」について，気負いなく，率直に語った文章。指示語・接続語に注意して，文脈を正しく把握することが満点への近道となる。

まず，A。ここは，「実力のないものにかぎって出て来る［A］のようなもの」は，すぐ前の「そういう劣等感のようなもの」の言い換えであることに着目する。そして「そういう」が「おれの書き方は……おれの文体は……なるのだ，と言いたい気持ち」を指示していることを押さえれば，空欄Aには，楽天的なイメージの④・⑤は入らず，①～③が該当しそうなことがわかるであろう。Bは，③・④に「上手な文章」とあるが，「いい文章」と言っているから，これは失格。⑤はすでに落ちているから，①・②が候補。Cは，空欄の直前の指示語，「そういうの＝生まれつきいい文章を書く能力を持った人間」，「そうでない＝能力を持たない」などを確かめて文脈をとらえる。空欄のあとの部分は「努力の人を見習え」という趣旨だから，②・④が正解。①・③は逆。したがって，②が答えとなる。

答　②

出典：中野重治『わたしの書き方』

No.11

「自分たちの恋人が絶世の美女に見えるのは，彼女の実相（本当の姿）を見ていないからで，それは自分で自分の心をあざむく『自己欺瞞』のしわざである」というのが，この文章の趣旨である。なお，ここで引用されている「クレオパトラの鼻」は，大事に大きな影響を及ぼす些(さ)

細な物事のたとえとして用いられる。

Aは，各四字熟語の意味の確認が先決で，「自己暗示」は，自分で「わたしはこうである。こうなる」などと想像しているうちに，それをすっかり事実だと思いこむこと。「自己欺瞞」の意味は初めに書いたとおり。また「自己批判」は関係がないから，結局，④・⑤が入る。Bは，「十人十色」は「愛する女性」の説明には適しない。とすれば，まず，「古往今来」。これは，はるか昔から現在に至るまで，古今，の意。「古今東西」は，昔から今までと，東西のあらゆる場所，つまりいつでも，どこでも，の意。したがって，①・②・⑤は使える。Cは，直前の「何人の眼にも触れなかったであろう」に着目すれば容易。空欄Cを含む一文は，「まして，クレオパトラに心を奪われているアントニイの目に，彼女の鼻の曲がりなど触れなかったであろう」の意。したがって，③・⑤が該当するが，③は，すでに失格しているので，⑤が正解。

答　⑤

出典：芥川龍之介『侏儒の言葉』

No.12

「ギリシア的様式の否定のうちに活路を見いだし，独自の新しい様式を創造したミケランジェロの偉業」について述べた文章。

空欄には，ミケランジェロの「やり方」が入るが，正しい答えを見つけるためには，「ギリシア的様式」と「ミケランジェロの新しい様式」との対比を，「すなわち」「～に対して～」などに注意して的確に読み取ることが先決である。すなわち，「内」があますところなく「外」にあらわれるのが「ギリシア的」。「内」が奥にかくれ，しかも「外」が「内」を表現するのが「ミケランジェロ」。だから，ミケランジェロの様式の表面には，ギリシアのように「内」が現れないが，それでいて「内」が現れている（「精神の内的表現」）。ここを押さえれば，まず①・②・⑤は失格，③は「見えがくれする」が適切ではないから，④が残る。「包む」という表現は，いかにも巧みである。

答　④

出典：和辻哲郎『新しい様式の創造』平凡社

No.13

『趣味』とはどういうものか，類似する「気質」や「かん」と比較しながら論じた文章。Aは，直後の「それは，揺れ動く波を支へる静かな水の層のやうなもの」を押さえ，ここから「波紋→反能（影響）」の意味をとらえる。①・③が正解。Bは，あとの「むしろ」に着目すると，「しかし………むしろ」という逆接の文脈が浮かんでくる。③・⑤が正解。Cは，「気質に似てゐる」，「『かん』にも似てゐる」に注意。この二つは並立の関係。③・⑤が正解。よって全体に通じる正解は③。

答　③

出典：山崎正和『不機嫌の時代』講談社

No.14

父の思い出を語った文章。全く人を拘束しない温和な人柄をつかむ。Aは，あとの「すべて規範のように受けつがれた」に注意。ここから，父親＝全面的信頼・服従→信仰，の図式を読み取る。「世帯・年寄り」は，むしろ正反対な見方。したがって，②・⑤が正解。Bは「拘束のなさすぎる自由」に着目。このような環境は，まるで空気の希薄な無重力の世界。そこそこ圧力をかけてくれれば，それに対して反抗することもできる。②・④が正解。③・⑤は逆の現象。①は無関係。Cは，その父が，相手を全面的に容認することで，逆に，その抵抗を封じこめて平和を守ろうとする人間であることをつかむ。「道徳家」は，きびしい信念をもって主張するタイプ。①・②が正解。

答　②

出典：白洲正子『舞終えて』

No.15

題のとおりの雀の話。「決して馴れない」野生の雀との距離を，相手を絶対裏切らないことで少しでも縮めようとしている作者の愛情が主題となっている。Aは直前の「用心深く」を押さえる。一気に近寄っては来ない。十分に周囲への警戒をおこたらず餌皿に近づく様子は，⑤（＝左を見たり右を見たりして）が，一羽の雀のとる態度としては最適。②「右往左往」は，複数のものの混乱であるが，一応候補としておく。B，雀にとって人間は，例外なく敵。しかも，相手を「見別けられないから」②・⑤。Cは，餌は皿に入れるのだから③は失格。①は他への注文。②の「顔を見せてくれ」より，⑤の「餌を作ってくれ」が直接的だから，⑤が正解。結局，全体を通して⑤が最適となる。

答　⑤

出典：志賀直哉『雀の話』

No.16

過度に敏感になった病人の心理を描いた文章。書き出しの「利己的である………気にしていた」の一文を押さえること。Aは，直前の「先輩と自分との境遇の相違という立場から」に着目。これが「彼」の弁明の前提になっている。つまり，それが先輩なりの処置であり，活動はしていないが，自分は自分なりの処置。とすれば，いずれも正解ということになり，②・⑤が正解。①・④の「不問に付す」とは問題として取り上げないということだから，これは「弁明」を避けた態度となる。Bは，あとの「効果」の意味に注意。この「効果」とは，「二人が帰って」以下の彼に与えた痛烈な打撃を指している。だから，④は明らかに不可。また，①・②は致命的。とすれば③・⑤が正解。全体を通しては，⑤が正答となる。

答　⑤

出典：寺田寅彦『球根』

No.17

広告文化について論じたもの。物とイメージとの価値が転倒し，人間はイメージを一方的に押しつけられ，われわれの精神が侵され，むしばまれていると述べている。Aは，同じ文の初めの「商品を売るための手段なのではなく」に着目すれば，②・④は逆であり，また「手段」の対義語は「目的」であることから①・③が正解であるとわかる。Bの主語は「精神」であることと，イメージの製造者＝虚構の演出者を押さえれば，③以外（もちろん①も）は当たらないと理解できる。

答　③

出典：加藤秀俊『情報行動』中央公論社

No.18

思想家と「大衆」，「社会」との関係が述べられている文章。Aは，１行目の「彼等」に着目すれば，複数である「大衆」が適当。他の二つもこれを入れて問題ない。Bは，「どんな［B］でもこの世にその足跡」を押さえれば，これは「個人」であり，Cは，「自分の生きてゐる［C］」「［C］に負け」るなどから，これは明らかに「社会」が入る。つまり，A＝大衆，B＝個人，C＝社会が適当。よって正解は④。

答　④

出典：小林秀雄『Ｘへの手紙』角川書店

No.19

「人間は利己心の存在を否認することはできない」ことを述べた文章。空欄Bは，「こうして見てくると」に着目すると，第一段落の要旨が入りそうである。

まず，A。これは空欄の直後の「の規準というものもなく，何をしでかすかわからない」に着目すると，このようなちゃらんぽらんな人間には，決してぐらつかない，しっかりした規準が必要ということになる。とすれば，②・④が最も近くて有力。⑤は「物事に変化がなく，面白味がないこと」の意だから失格。そこで，Bの考察に移ると，選択肢の②・⑤は，利己心肯定，③・④は否定，①の，「あさましく醜いもの」は，「利己心」の一側面で，「本体」とイコールではない。一方，この文章は，書き出しで「その（利己心の）存在を否認することはできません」とあり，また，利己心を「世界の維持のための一つの柱」としてその存在を是認しているから，醜くあさましいと排斥しながらも肯定していることがわかる。したがって，Bは②か⑤，⑤はAで失格しているから，答えは，②ということになる。

答　②

出典：手塚富雄『自己の認識について』

No.20

「『ジキル博士とハイド氏』は，人間の心の中にある二面性を普遍的な問題として追求したものであるが，この方法では人間の真の姿がとらえられず，社会の問題も追求されなければならない。この意味で，ユーゴーやゴーリキーやゾラの作品は，人間の心と社会をめぐる本当の姿をとらえたものと言える」が，この文章の要旨。空欄Ａ～Ｄのうち，Ａ～Ｃは部分問題，Ｄは要旨にかかわる重要問題である。まずＡ。ここは「愛と憎しみ」「神と悪魔」などが，対義語どうしの組合せになっていることに着目すれば，①と④は明らかに失格。②・⑤は正解，③は疑問符ということになる。Ｂは「人間の～に迫る」という形だから，人間の何に迫るのか考えると，①・③は無理。「本当の姿」の意味，あるいはそれに近い②・④・⑤，特に⑤が有力。Ｃは「人間が二つのものの間に～」という文脈であり，これは一人の人間がジキルとハイドによって引き裂かれる，と理解されよう。とすれば，ここも②・⑤が正解。Ｄは，第三段落の書き出しの「直ちに現れてくるのは社会の問題である」に着目すれば，「心と社会」の対比が見られる④・⑤が正解。しかし，④はすでに失格しているから⑤が正解である。

答　⑤

出典：野間宏『人生と文学』

第５章　文章整序

（問題，本文 128 ページ）

No.1

必要以上に健康を意識しすぎることを「健康強迫症」とし，それは「異常」を探し出し排除しようとする「いじめの構造」と似ているとして問題提起をした文である。（Ⅰ）の筆者の素朴な疑問をＢＣと引き継いで，「正常」が存在しうるための「異常」という構図を説明（Ｅ）している。残るＡＤＦについてはＦの「この構造」がＡ「健康強迫症」を指し，その相同的である点について，Ｄ→（Ⅱ）と説明している。

答　④

出典：森毅『はみだし数学のすすめ』講談社

No.2

選択肢から判断して最初に来るのはＣかＥ。Ａは文頭に「けれども」（逆接）があり，Ｃ→Ａは内容的につながらないので③⑤は不適当。同様にＥ→Ａもつながらず④も不適当。筆者は一貫してヨーロッパを「農業地帯」としている。Ｄだけが工業地帯について述べているのでＤ→Ａ。

答　②

出典：堀田善衛『日々の過ぎ方―ヨーロッパさまざま―』新潮社

No.3

Ａの「新たな名文」はＦ「その奇蹟こそは新たな名文である。」を受けている。Ｆ「その奇蹟」はＣの「奇蹟」のこと。よってＣ→Ｆ→Ａ。Ｄは「すなわち」で始まり，前の文Ａを言い換えている。ＢはＤをさらにすすめて「もっといえば」としている。したがって，Ｅ→Ｃ→Ｆ→Ａ→Ｄ→Ｂ。

答　①

出典：井上ひさし『自家製文章読本』新潮社

No.4

Ａ「その事実」「二方向」に注目。二方向とはＤ「一つは」，Ｇ「いま一つは」を指し，「その事実」は，Gの中にある，「『甘え』が人間心理に普遍的なものに根ざしながら，日本語での方が英語よりも表現しやすいという事実」のこと。これは「アメリカ留学」での「カルチャ・ショックの体験」の具体的な内容である。よって，B→F→A→D→G。この後まとめとしてE，その理由Cが続く。

答　④

出典：土居健郎『信仰と「甘え」』春秋社

No.5

一つの番組でのエピソードから，筆者の教育に関する意見が述べられる文。Gが筆者の考えの中心。選択肢より最初はD，次に「その親は」と続くE，さらに，筆者とのやりとりであるB。ここまで決まれば答えは⑤となる。

答　⑤

出典：村上龍『だまされないために、わたしは経済を学んだ』日本放送出版協会

No.6

小説が事実そのままでないことが「嘘」として非難されない，という特殊な事情を確認した文。Eに対して予想される反論G，それを受けて「私」の考えD，さらに，その根拠を述べている。A「だれも事実そのままとは信じない」それどころか，C「もっと正確に言えば」「意識にのぼってこない」と，畳みかけるように述べる。

答　①

出典：中村明『悪文 裏返し文章読本』ちくま学芸文庫

No.7

まず，文頭の決定。これはFとDを比べてみると，Dが該当することは明らか。そして，DからFへ続ける際，その間にBを挟むことを忘れてはならない。また，EはCの「そういう風景」に当たるから，「A－E－C」のまとまりは動かせない。「D－B－F」についても同じことが言える。なお，Eは唯一，「緑の町」の風景描写であるから，特に注目したい。①や③のように，この文で終わることなど考えられない。

答　④

出典：高田宏『ことばの処方箋』角川書店

No.8

本当に死んだ経験をした人はいないわけであるから，それは想像してみる以外になく，実体がつかめないために人間に与える恐怖は大きくなる，と述べている。文頭E・B・Cのうち，Eは明らかにBを受けたもの，Cの「もっとも」は，副詞ではなく接続詞であるから文頭にはふさわしくない。したがってB（設疑法）が文頭。「D－F」は，いずれにも「想像力」という語が入っているから，この結び付きは動かせない。③は，「B－C」が明らかに誤り。

答　④

出典：亀井勝一郎『考えることから死ぬことまで』

No.9

日本の文化の面における近代化は，まだできていないと主張した文章。文頭のBは，いきなり「文化や芸術」を取り上げており唐突。これは，Dの「産業や経済」と対応しているから「D－B」の流れが妥当。また，Aも唐突で，これは「B－A－E」と続く文脈。Eの「いわゆる“近代化”」とは，表面だけの近代化（工業化）を指している。また，「C－F」の比喩，および「D－B」の逆接の関係は，動かせない。したがって，②が最も適当である。

答　②

出典：外山滋比古『省略の文学（俳句における近代と半近代）』中央公論社

No.10

どこかに旅行してみたくなった時，案内書（ガイドブック）に頼るわけであるが，その案内書にも限界があることを述べている。「百聞は一見にしかず」である。Cに続くものとして，EとAがあるが，Aは「しかし」が全く意味をなさないから，①・④の「C－E」についてのみ考える。とすれば，Eの次はGかDか，Gの「そういう時に」に着目すれば，「E－G」が成り立ち，Dは，Eに直結せず，Gを挟んで「E－

Ｇ－Ｄ」という流れになる。したがって,「Ｃ－Ｅ－Ｇ－Ｄ」の①が正解。「Ｆ－Ｂ」も動かせない。案内書の限界である。映画などの予告にも，実際見なければわからない部分が隠されているのと，共通するところがないとは言えない。

答　①

出典：寺田寅彦『案内者』

No.11

みせかけだけの批評のための批評の横行を批判した文章。まず，文頭の決定。Ｃ・Ｇ・Ｄのうち，Ｃは接続語「また」が意味をなさず，Ｇはこれは，この文に対する主語がない。初めに置くべきものではない。とすれば，文頭はＤとなり，これに続くＢ・Ｆのうち，Ｆは文脈が成り立たない。次に,③の「Ｂ－Ｃ」か,⑤の「Ｂ－Ｆ」か。③は,Ｃの「また」が浮いた感じだが,⑤は，ＦはＢの発展として適切だから，⑤が正解。なお,「Ａ－Ｃ」は，接続詞「また」が生きており,「Ｅ－Ｇ」もＧが上の内容を総括したものであり，いずれも動かしがたい。

答　⑤

出典：小林秀雄『私の人生観』大和出版

No.12

問題文は，あとの［　　］の文の内容なども考慮すると，要するに「日本では，世界史等で見られるタイプの『英雄』のいなかった理由」を述べた文章である。

まず,Ｃの「この場合」に着目すると,これは,Ａで「アメリカ人の学者が指した『英雄』のことを言っている」ことは明白である。すなわち,「Ａ→Ｃ」のつづき方であり，選択肢中の「Ｂ→Ｃ」「Ｅ→Ｃ」は，前者は内容的にズレており，後者はＥですでに世界史的典型について述べているところから，いずれも妥当ではない。しかし,「Ａ→Ｃ→Ｅ」というつながりはできる。また，次にはＢの「言いかえれば」に着目して考察すると，Ｂの「天下という『虚』なる主人」とは，Ｄの「天下は公だった」の言いかえのような意味を持っていることがわかる。そして,「Ｃ→Ｅ」は，①のみにあるから,「Ａ→Ｃ→Ｅ」のつながりと「Ｄ→Ｂ」のある①が正解ということになる。

答　①

出典：司馬遼太郎『この国のかたち』文藝春秋

No.13

この問題は,文頭をＣに選び,それをＥの「それゆえ」につなぐことができれば，ほぼ成功であろう。そのあとの作業は，文章の展開が“尻取り式”になっていることに気づけば，非常に楽になる。すなわち,「言葉の<u>選択</u>は……<u>対象</u>に適しているかどうかを<u>基準</u>にして……<u>基準</u>はあくまで描こうとする<u>対象</u>の方にある」など，同じ言葉を繰り返しながら論が進められてゆく。能率的に解こうとすれば,「対象」に着目して，Ｇ→Ａ→Ｄのグループを発見するなどが効果的である。なお，文頭であるが，Ｄの文末の「～のである」は要注意。これが文末に置かれると，文がどっしりとし，安定感を生む。逆に文頭に持ってゆくと，逆三角形となり，安定感を欠く。ただし，この話は文末表現だけを取り上げたもので，内容の吟味が大切なことは言うまでもない。

答　④

出典：野間宏『小説の構造について』

No.14

文題の『秋成の歌』の「秋成」は，江戸中期の人。あの怪異小説『雨月物語』の作者。歌人でもある。さて，問題だが，文頭のことは後回しにして，言葉のグループを作ってみる。Ｃの「目安」に着眼すると，Ｆにもある。また，Ｃの「意外性」は，Ｆでは「『おや』と思わせる」と言い換えられている。Ｆの文頭に「ほかにもいろいろ」とあるから,「Ｃ→Ｆ」と続くことは明らか。さらにＧを見ると「これは」とあり，この指示語は「Ｃ・Ｆ」の内容を受けているらしい。さらにＧの文末の「案外そうでもない」に着目すれば，これは，古歌に苦労する人もいることが暗示されているようだ。とすれば「Ｃ→Ｆ→Ｇ」のグループが誕生。さらに,Ｂの「その証拠」に着目すると,「Ｃ→Ｆ→Ｇ→Ｂ」が完成し，これが適当とすれば，文末はＤと決めてよいであろう。とすれば，正解は③しかない。

答　③

出典：大岡信『秋成の歌』

No.15

「わたし」が，御坂峠の天下茶屋から富士を見て，それがあまりにも通俗的（ふろ屋のペンキ絵）なので，こっちが恥ずかしくなった――という文章。この場面では，まず作者の位置が明らかにされなければならない。とすれば，F「ここから見た……」が文頭に来るのは当然。次にFの文末に着目すると「あまり好かなかった」とあり，Eに，それをじかに受けた「好かないばかりか」があるから，まず，「F→E」がつながる。次に，その好かない富士山の景観がDに描写されているが，これは「E→D」とつながり，「A→C」に続けたいところであるが，それだとGがおいていかれる感じになる。そこで選択肢を見ると，④のみ「E→G→D」があるから，とりあえずこれを取る。さらに，C「わたしは，一目見て」に着目すると，これは「D→C」となるべきで，これは④と⑤のみ。しかし，⑤は文頭で失格しているから④が正解。⑤は，結びも「A→B」だが，これも関係がない。よって④が正解となる。

答　④

出典：太宰治『富嶽百景』岩波書店

No.16

寺田寅彦は，地球物理学・気象学などの研究者であるが，夏目漱石に師事し俳句・写生文などを発表した。「科学随筆」の草分けとしても多くの作品を書き，高く評価された。

まず，文頭であるが，これはB。なぜならFは，Bの内容の補足で，BとFで一つの文であっても不思議はない。なお，どちらにも「言葉」という語が使われ，「B→F」と意味が続いており，さらにDにも「言葉」があり，「B→F→D」とつながる。次に，Cの「逆に」に着目すると，「消滅」とは反対に「～得ないものは一つもない」現象を述べたCが続く。とすると，「B→F→D→C」となり，残るところAが先かEが先かということになる。ここは「定理」を押さえると，当然，Aが前，「A→E」ということになる。よって，①が正解。②は「D→C→A」が「A→D→C」になっており，意味が通らないため失格である。

答　①

出典：寺田寅彦『科学と文学』角川書店

No.17

「彫刻」が動くという不思議（神秘的）な話が書かれている。種を明かせば，観る者が動くからそのように見えるのだという。観る者が彫刻の前に立ってから，その周りを一周するまでの彫刻の微妙な変化が，作者（彫刻家）の鋭い目を通して描かれている。

この文章は三つの段落に分かれている。すなわち，第一段落＝C（前置き），第二段落＝E→（B・F）→A→D（人の動きと彫刻の動き），第三段落＝G（彫刻の四面性），のようになる。これを図式化すると，

C→〔E→<u>（B→F）→A→D</u>〕→G

（注）――線は，このまま固定，前後入れ替えることはできない。

したがって，④が正解。

答　④

出典：高村光太郎『能の彫刻美』河出書房

第２編　文章理解（英文）

第１章　内容把握

（問題，本文 144 ページ）

No.1

サンフランシスコについての記述。②の記述については２行目の大意，「サンフランシスコにはアメリカ国内から，海外から多くの人々が訪れる」という箇所に反する。

答　②

No.2

後半の文中に，「父は娘を何よりも愛していた。娘を返してくれたら，お前らに宝物を全部やろうと言った。」と書いてある。

答　①

No.3

【全訳】　最も大きくて，最も速くて，最もぜいたくな船を造ろうとして，イギリス人たちはタイタニック号を造った。それは海にいる他のどの船よりも優れていたので「沈まない船」と呼ばれた。船の持ち主もそのことを大変確信していたので 3,500 人もの乗客を乗せられるのに対してたった 950 人用の救命艇しか乗せていなかった。

たった２日間航海し，英国と目的地のニューヨークの間の半分を少し行っただけで氷山にぶつかった晩には多くの乗客が乗船していた。そのぜいたくな船は大変速く走っていたので，ぼんやり見える氷山を避けることはできなかった。火が消されなかったこともまた船が沈没するのを助長することになってしまった。人々が冷たい海に飛び込んだり，救命艇に乗れる少数の人々の中に入っていこうとして，けんかをしたといったパニックのせいで，犠牲者の数が増えた。災難の４時間後，カーペシア号という別な船が生存者を助けたが，それはもともと乗船していた人々の３分の１にもならなかった。

不名誉なタイタニック号は 1912 年の処女航海でたった２日間栄光にあふれて航海したばかりで，ニューファンドランドの海岸の近くの 12,000 フィートの海に沈んでしまい，今日でもそこに横たわっている。

（語句）

superior to…「…より優れる」

So sure of this were the owners that

→ The owners were so sure of this that　強調のための倒置構文。

主語は the owners only two days at sea 「航海してたった２日で」

contribut to…「…に貢献する，…を早める」

casualties「犠牲者」

a third of…「…の３分の１」

where it lies today「そこに今沈んでいる」

答　①

No.4

答　②

No.5

【全訳】　以下はヨーロッパ人のジョークである：

ドイツ：もしある行為がはっきりと許可されていなければ，それを禁止されたものとして取らねばならない。例えば，ある公園で，もし『芝生内立ち入り可』の立札がなければ，芝生には入れない。

英　国：もしある行為がはっきりと禁止されていなければ，それは許可されていることになる。もし『芝生内立ち入り禁止』の立札がなければ，芝生内に入ってもよいことになる。

オーストリア，イタリア，フランス：その行為が禁止されていようが許可されていようが，ただ自分の好きなようにしなさい。

答　③

No.6

【全訳】　あなたの好きな色は何ですか。黄色ですか，だいだい色ですか，それとも赤色ですか。もしそうだったら，あなたは楽観論者，指導者，人生や人々との交わりやわくわくするような事を楽しむ活動的な人に違いありません。灰色や青色の方が好きですか。そうだったら，おそらくあなたは静かで内気な人で，人を指導するというより，むしろ人についていきたい方でしょう。あなたには悲観論者の傾向があります。少なくとも，これは心理学者が我々に教えていることで，彼らは色が人間に及ぼす影響ばかりでなく，色の好みの意味について真剣に研究しています。とりわけ，彼らが教えていることは，私たちは成長するにつれて好きな色を選ぶのではなくて，生まれながらに色の好みを持っているということです。あなたが茶色が好きだとしますと，あなたが初めて目を開いた時に茶色が好きだったのです。

答　③

No.7

【全訳】　父も母も楽しく過ごすのが好きだった。楽しく過ごせるダンスパーティーや夕食会に出かける時，父も母も機嫌が良かった。父も母も喜びをはっきり表に表したし，気分爽快で帰宅した。

しかし，次の１点で父と母は全く異なっていた。それは母はいつも出かけたかったのに，父は全然そうでなかったことだ。母はいつも自分たちは出かけるのが好きだと確信していた。父はお母さんはどんなパーティーでも楽しいと思っていると言っていた。父にはもっと分別があった。父はパーティーは嫌いだと言った。どんなパーティーでも。父はどこにも行くつもりはないといつも言っていた。

答　③

No.8

【全訳】　東京のような都市にしばらく住んだ後，帰郷するアメリカ人は自国の人々が全然親切でないと多分感じるだろう。親しさがあるだけでなく，東京は，ニューヨークよりはもちろんのこと，実際，他のアメリカのどの都市よりもはるかに安全な都市である。ニューヨークは多分外部から来た人が最も不安に感じるアメリカの都市であろう。東京はまたニューヨークより穏やかな都市である。

答　④

No.9

【全訳】　見知らぬ人と話し始めるのに，天気について述べるのは良い方法です。私は言葉の分からない外国へ行く時は「おはよう」「今日は」「いい天気ですね」「どうぞ」「ありがとう」とかいう言い方を覚えるようにしています。人々は黙っている見知らぬ人を不審に思うからです。

答　④

No.10

この文の趣旨としては英語と米語の関係について述べ，かつ両国語がどのような方向に進んでいるかを表しているものが正答である。

【全訳】　イギリス英語とアメリカ英語の違いは，私たちがしばしば想像するほど多くはないし，深いものではない。あるいはまた，かつてはアメリカ英語の典型と思われたのが，今日では同じようにイギリス英語の典型と思われるようになっているのかもしれない。というのは，言語は，それを話している人間と同様に，常に変化しているものであり，その人たちも常に相互に影響を及ぼし合っているのだ。

答　④

No.11

【全訳】　イギリスではマッチを買わなければいけません。日本のようにバーや喫茶店でかわいいマッチを無料でくれることはありません。銀行ではカウンターで小切手を出せばすぐに現金をくれます。日本のように椅子に座って，名前を呼ばれるまで待つことはありません。熱帯魚やテレビもありません。

イギリスのホテルでは夜ドアの外に靴を置いていてもかまいません。どんなに良い靴でも盗まれることはありません。靴がなくなったとしても警察へ電話してはいけません。靴みがきの少年が，靴をみがくために持ち去っているだけなのですから。翌朝出発する時には，ちゃんとそこにあるからです。

答　②

No.12

【全訳】　AさんはB会社に雇われていました。1967年の9月のある日，残業を命じられたのです。その命令は普通の勤務時間の終了15分前にきました。Aさんはその晩，人に会う約束がありました。1時間ほど残業をして，それから，その約束を守るために退社しました。次の夜，その仕事を終えるため9時まで働きました。残業命令を断わった罰として，2週間の停職になりました。

これには，まだ続きがあります。B会社は，Aさんがその行為を後悔しており，二度と残業を断らないことを約束するという文書を書くように要求しました。Aさんは会社には協力を惜しまないが，被雇用者は残業を断わる権利はない，という文書に署名するつもりはないと言いました。Aさんはこのために解雇されたのです。

答　③

No.13

【全訳】　もしレストランの食べ物がまずければ，イギリス人は何も言わないで勘定を払い，二度とその店には行かない。フランス人は支配人を大声で呼び，そしてベルギー人は火山のように激怒すると言われている。彼らは他人が自分達を見ていることなど気にしない。実際のところ，彼らは楽しんでそうしているのかもしれない。彼らはそのレストランの食べ物の水準を上げるためにたいした事をしており，他のお客もこのことを高く評価するだろうと思っている。それはイギリス人のつれにとってはまったく困ったことである。というのは，恐らくイギリス人は子供のころから人前で大騒ぎをしないように教えられてきているからである。

答　②

No.14

「倉庫番はライオンを警備の手助けとして飼育した」と書かれている。

答　①

No.15

【全訳】　近年，世界の多くの国々が，労働者を如何に効率よく働かせるかという問題に直面している。解決策は，仕事の多様化だと主張する専門家もいる。しかし，多様化で生産性が上がるだろうか。仕事の変化は確かに労働者の生活を楽しいものにするが，意外にも，労働意欲の増進につながらないことを示す証拠がある。したがって，生産性の向上に関するかぎり，仕事の多様化は重要な要因ではない。

また，労働者に仕事を自己流に行う自由を与えることが重要だと考える専門家もいる。言うまでもなく，全くその通りである。問題は一定方法で稼働する複雑な機械装置を備えた近代的な工場で，この種の自由の享受は容易ではないということである。したがって，選択の自由は重要だが，それを造り出すことはほとんど不可能である。

賃金の増加は生産性をどの程度上げるだろうか。労働者は確かにお金が重要だと考える。しかし，多くの賃金を求めるのは仕事が退屈だからだろう。お金があれば，余暇をもっと楽しめるようになるだけである。労働時間の短縮の要求についても同じようなことが言える。仕事を楽しいものにすることに成功すれば，労働者は多くの賃金を望まないし，労働時間の短縮はそれほど重要ではないからである。

答　⑤

No.16

授業中，アメリカ人は日本人と違い，友達にこっそり答を教えてもらったりせず，自分が納得するまで教師に食い下がる。

答　④

No.17

【全訳】　言葉は，他の人を理解する時には，確かに重要な要因である。私は日本語の能力が上達するにつれて，日本人についての理解も深まっている。このことは大学院で専攻したフランス語の学習にも当てはまることであった。フランス語が流暢に話せるようになって初めて，フランスの人々を知り理解するようになった。いつもそうだと言うつもりはないが，しかし，言語がわかっていれば，わからない場合には無理と思える外国の文化を見抜く力を確かに与えてくれる。礼儀正しさと協調の気持ちを表に現すことを重要視する日本人の場合にはことにそうである。

しかし，日本人の特質という主題に戻るなら，日本人の特質と他の国民の特質とは程度の差にすぎないかもしれないが，ただ多少日本人の特質のほうが目立っていると言えるだろう。全ての国民が民族主義と愛国心をある程度感じるが，しかし日本ではこういった感情は，恐らく一層深く，主観的である。必要なのは民族主義を合理的な人道主義に変えることであり，それは日本だけでなくアメリカも同じであり他の諸国にも言えることである。〈他の言語ではなく他の人たちの理解〉

答　①

No.18

出典はグリム童話の「蛙の王子」で最後は醜い蛙の姿から美しい王子が誕生する。

答　③

No.19

【要約】 毎日午後，子供たちは学校の帰りに巨人の庭に行って遊ぶのが常だった。そこには美しい花が咲き乱れ，多くの鳥が美しい声で歌っていた。ある日，巨人が帰ってきて子供たちを庭から追い出した。それ以来庭では小鳥たちは歌うのを止め，木も花を咲かせなくなった。そんなある時，巨人は寝床で久しぶりに小鳥の声を聞き，たいへん感動した。

『出典』Oscar Wilde: The Selfish Giant

答　④

No.20

Her mother made her do all the hard work.

「make ＋人＋動詞」は（人）に～させる。

答　③

No.21

【全訳】 アメリカの先生はクラスの生徒達が両手を組んで黙って座っていて欲しくない。先生は生徒たちが注意深く聴き，質問をし，質問に答え，自分の意見を言うことを願っている。生徒たちが本から学ぶことが大切だと思っている。また学んだものを自分の成長や発達のためにどう使うかを知ることが必要だと思っている。

答　⑤

No.22

【全訳】 君たちは，夜よく夢を見ますか。大抵の人は見ます。彼らは，朝目が覚めると，「なんて変な夢を見たのだろう。なぜあんな夢を見たのだろう」と独り言を言います。

時には，恐ろしい夢であることもあります。恐ろしい動物が私たちを脅かし，追いかけてきます。時には，夢の中で願いがかなうこともあります。空中を飛んだり，山の頂から空を舞うこともできます。またすべてが混沌としている夢に悩まされることもあります。私たちは道に迷って家へ帰る道が見つからないのです。世界が逆さまになり，すべてがわけがわからなくなるのです。

答　⑤

No.23

【全訳】 私が日本に住むようになって何年にもなります。ですので勿論，私には奇妙に思われるような事も数多く見てきました。例えば，私が初めて日本に来た時，私は日本人の家庭に住みました。この家庭の母親の子供たちの扱い方に私はびっくりしました。彼女はカナダの母親とは非常に違っていたのです。カナダでは，子供たちはなにかの仕事をしなければなりません。しかし，この日本人の母親は子供のために何もかもすべてやってあげたのです。彼女はあまりにも多くの事をやりすぎたと，私は思います。

答　③

No.24

Mary は his lost son's daughter である。

答　①

No.25

【全訳】　彼は休む間もなく働き，しかも少食だった。仕事が終わると，静かに腰をおろし，上の方をながめていた。めったに町へ出かけることもせず，必要な時だけ口をきき，冗談も言わずに笑うこともなかった。

答　⑤

No.26

【全訳】　生命の神秘の一つとして，緑色植物が光エネルギーを使って栄養を作りだす過程が挙げられる。緑色植物は光合成と呼ばれる作用によって葉の中で栄養分を作りだす。植物は光と，空気中の二酸化炭素と，地中の水と塩分を必要とする。それぞれの葉が小さな工場のような働きをする。一枚一枚の葉の中には，光エネルギーを利用して二酸化炭素と水を糖の一種に変える特別な細胞が含まれている。

答　②

No.27

【大意】　私達が暮らす現代社会は祖父母が若かった時代とは異なっている。機械の使い方を学ぶことは，今日ではとても重要なことだ。1世紀前，ほとんどの仕事は手でなされていた。今日，私たちはすべてを機械で行うことができる。機械はすべての世界の人々の生活に影響を与えているのだ。

答　②

No.28

5行目の 'Tis shame はみっともないの意味。('Tis = It is)

答　②

No.29

(語句)

・none other than A　まさしくA，Aに他ならない　none = no one

・nothing other than A　ただAのみ，Aだけしか

答　④

No.30

starting point = modesty, enemy = conceit したがって，②が正解。

(語句)

・ideal　理想　　・ability　能力

・fault　欠点　　・failure　失敗

【全訳】　有名なイギリス人のユーモアの感覚の出発点は，謙虚な態度であり，最大の敵はうぬぼれである。その理想とするところは自分自身を－自分の欠点や，失敗や，当惑や，自分の理想さえも－笑える能力である。

答　②

No.31

A reserved person is one who does not talk very much to strangers とある。

(語句)

・reserved　控えめな

〔参考〕動詞　reserve 取っておく，残しておく

名詞　reservation　保留，予約

・seldom　めったに…しない

・for years　何年も

・tend to…　…しがち，傾向がある

【全訳】　他のヨーロッパ人にとって，イギリス人の最もよく知られている特質は「控え目な態度」である。控え目な人とは，知らない人とはあまり話をしない，感情を表に出さない，めったに興奮しない人のことである。控え目な人を知るようになるのは難しい。というのは，控え目な人は自分のことは決して何も話さない，何年も一緒に仕事をしていても，どこに住んでいるのか，子供は何人か，趣味は何か，まったく話さないからである。イギリス人にはこのような傾向がある。

答　①

No.32

今日的な話題に関する理解を深め，単語を覚

えること。
(語句)
・ag(e)ing　年をとること（＝高齢化）
・population　人口
・so that　そのために
・over the course of　…の間に
・in the case of　…の場合
【全訳】 人口の高齢化には二つの要因が挙げられる。まず第一に，出生率の低下傾向，そのために全人口において高齢者の割合が子供の割合よりも大きくなっている。第二は，平均寿命が伸びたことである（イギリスの場合，20世紀中に20年伸びている)。　答 ①

No.33

By intelligence we mean 以下に答えがあり，さらに最後の行でも繰り返されている。論理的思考と常識で迫って行こう。
【全訳】 私たちが知性について語るとき，ある種のテストで高得点を取る能力を意味するわけではなく，学校でよい成績を修める能力のことを意味しているのでもない。そのような能力は，もっと大きく，より深く，そしてはるかに重要なものの判断材料になるにすぎない。知性は，生き方，すなわちさまざまな状況，特に，新しくなじみのない，問題の多い状況においてどのように行動するかを意味する。どのくらい知性があるかということは，物事のやり方をどのくらい知っているかではなく，どのように行動したらいいか分からない状況に直面したときに，どのように行動するかで，決まってくる。
答 ④

No.34

文末に，「理由を解明しようと努めてきた have long tried to find」とあるが，「解明した have found out」とはない。
(語句)
・No creature exhibits a preference「…に対する preference を示す生き物はいない」
・entire　全体の，全＝（whole）
・prefer-preference
・reach for…　…に手が届く
・race　人種，種族
【全訳】 あらゆる種の中で，人間以外のどんな生き物も，一方の手(あるいは爪のある足)を(他方より）優先させて使うものはいない。個々の動物では，一方の足を他方より好んで使うかもしれないが，それは彼らが取ろうとするものがどのような位置にあるかといった状況に簡単に影響されるのである。しかしながら人間は，世界中の全ての人種，文化にかかわらず，たいてい右利きである。科学者たちは長いことその理由を見つけようとしてきた。
答 ③

No.35

単語は難しいが，文型はやさしい。文脈をていねいに追っていこう。
(語句)
・attitute to life　人生に対する態度（生き方）
・rather than…　…よりむしろ
・cruel　残酷な
・disrespectful　不敬な
・a disabled person　身体障害者
【全訳】 ユーモアの感覚とは，単に冗談を聞いて笑う能力よりはむしろ人生に対する態度である。この態度は決して残酷でも不敬でも悪意のあるものではない。イギリス人は身体障害者や精神障害者や悲劇や名誉ある失敗を笑ったりしない。芸術的な技能に対して笑うより共感や賞賛の気持ちのほうが強くなるのだ。
答 ①

No.36

前半は日本人と会社の関係－密着型，後半はアメリカ人と会社の関係－分離型。現象だけを述べている。

後半の文の構造は，Americans (S) prefer (V) the freedom (O_1) (enabled... 以下，修飾句) and being able to (O_2)「enabled された自由と，…できることを，より好む。」文末の it は，to change their circumstances
(語句)
・take comfort from…　…に心地よさを感じる
・security provided by…　…によって与えら

れる保証

・add *A* to *B*「*A* を *B* に加える」

・keep A separate「Aを切り離しておく」

【大意】 日本人は，個人と会社の関係によって得られる保証に心地よさを感じる。この関係によって人生に安定感も加わる。一方，アメリカ人は会社とは一歩距離を置いた関係を好む。仕事と個人のアイデンティティを切り離した状態にしておくことによって可能となる自由と，必要だと信じたら，その時には環境を変えることができることを，はるかに好む。

答 ③

No.37

（語句）

・national income　国民所得

・health care　医療費

・predict　予測する

・by the year 2020　2020 年までには（期限）

・above all　とりわけ，特に

・private savings　個人の貯蓄

①誤－大半ではなく 41％

②誤－ this will have serious results

③誤－ it will squeeze the private savings

④正しい

⑤誤－何も言及されてない

【全訳】 日本は現在，医療費と年金に国民所得の 41％を費やしている。経済学者の予測では，この数字は 2020 年までには 60％以上になる。そうなれば，日本の経済は大変なことになる。特に，地方自治体の予算が圧迫されることになる。また，現在 14％の個人の貯蓄率，つまり過去には経済投資のために費やされた金額も圧迫されることになる。

答 ④

No.38

Nobody knows「誰も知らない」と対比 everybody knows「誰もが知っている」

as if it were…「まるで…であるかのように」

問題の it が含まれる文の中で，language がもたらす（可能性のある）良い面 harmony と，悪い面 discord が言及されている。話の展開を丁寧に追えば，難しい設問ではない。

【大意】 言語は，人類の物語の中で最も洗練された創造物だ。誰が，いつ，どこで言語を作り出したかは誰も知らないが，「なぜか」は誰でも知っている。必要に迫られたのだ。人間はコミュニケーションを図る必要があり，分かり合いたいとも思っている。言語は貴重だ。人はよく，言語が天与のもののように言ったりする。人は言語がもたらす調和を愛し，言語が拡散する不調和を恐れてきた。

答 ②

No.39

先進国のゴミ問題がテーマ。文型は，The amount ... is enormous. produced in the industrialized societies は amount を修飾する。

次の行も同じ構造。

The volume is ... so large が文型

discarded 以下は volume を修飾

（語句）

・domestic　家庭内の

（例：domestic violence 家庭内暴力）

・throw-away societies　使い捨て社会

discard　捨てる（＝ throw away）

・as a matter of course　当然のこととして

【全訳】 先進工業社会において毎日出される家庭からの廃棄物の量はとてつもない。先進工業社会に属する国は「使い捨て社会」と呼ばれることがある，というのは，そこでは，当たり前のように捨てられる物の量が莫大だからだ。例えば，食料はたいていの場合，パック入りで買われ，そのパックはその日のうちに捨てられる。再処理，再利用できるパックもあるが，ほとんどは再処理，再利用できない。

答 ②

No.40

文型は One problem ... is environmental pollution. we all face は problem を修飾。

（語句）

・no matter …　どんなに…でも

・no matter where　どこに…でも

・no matter how　いかに…でも

・than ever before　これまでにも増して

・travelers on "spaceship earth" は比喩。人類は運命共同体であることを示唆する。
【全訳】 わたしたちみんなが共通に直面する問題のひとつに環境汚染に関するものがある。地球上の社会は以前にも増して相互依存の度合いを深めている。"宇宙船地球号"で旅する者として，どこで生きていようと，わたしたちは環境汚染の脅威にさらされている。

答 ④

No.41

(語句)
・lately（= recently）最近
・sign　しるし，徴候
・according to…　…によれば
・research　調査
・office worker　会社員
・come along　（むこうから）やってくる

下線部は仮定法の文。right opportunitiy これは（いいぞ）と思える機会。

人材会社は働く人の転職を手伝って，成功報酬を得て成り立つ業種なので，encourage this trend.

【全訳】 最近，日本では終身雇用制度に少し変化の兆しが見られるようになってきた。日本マンパワー社の調査によれば，日本の会社員の60%が，これはと思える適切な機会が来れば転職したいと思っている。日本マンパワー社やその他の人材スカウト会社は，この傾向を助長しようとしている。

答 ②

No.42

日本人の旅行の特徴について述べている。
The most famous（characteristic）among them is the group trip...
group trips（such as ...）are still so common that...

S + Vは，それぞれ上記の通り，so ... that の構文も見逃さないこと。

(語句)
・a lot of　多くの
・seem to（think）（考える）らしい

選択肢③は，事実に反するとはいえないが類推の範囲で，これに当たる記述はない。

【大意】 日本人の旅行の最大の特徴は，国の内外を問わず，団体旅行だ。最近は個人旅行も少しずつ人気が出てきているが，それでもまだ，修学旅行，職場旅行などの団体旅行が幅をきかせていて，日本の有名観光地に行くと，どこも団体だらけだ。どうやら日本人は，旅行といえば，団体旅行と思っているようだ。

答 ③

No.43

これは，くまのプーさんの話。話のおかしさを理解すること。

Christopher Robin が South Pole が存在するという知識をどこかで得て，それなら East も，West もあるに違いないと思いこんでいる。

(語句)
・talk about…　…の話をする，噂をする
・think of　思いつく
・by himself　ひとりで

【大意】「南極点というのがあるんだ，ということは，東極点や西極点だってあるに違いない。あんまりその話をしているのを聞いたことはないけど」クリストファー・ロビンが言った。

プーはこの話を聞いて大興奮，ぜひ一緒に東極点を見つけに行こうと誘ったが，クリストファー・ロビンは他の用事を思い出したので，プーは一人で東極点発見の旅に出た。

答 ②

No.44

働く男女の，衣服購入に関する記述。男性と女性の対比。衣服を多く買うのはどちらかを読み取れば，質を重んじるのは，量を重んじるのは，の答がみえる。

(語句)
・even thought（= even if）…だとしても
・as a result　その結果
・quantity　量
・quality　質
・as…as possible　できるだけ…な
・put emphasis on　…に重きを置く

【大意】 人々が買う衣服について研究するのは興味深い。働く男性は概して，毎日違う服を着る必要はないと考えている。だから，服を沢山は買わないにしても，買うときは出来るだけ良い服を買う傾向がある。一方，働く女性は，同じ服ばかり着るのは，きまりが悪いと思うようで，結果的に質より量を重視することになる。

答 ③

No.45

数字を順に追うと理解しやすい。

(語句)

・otherwise　そうでなければ
・according to …　…によれば
・the latest figures　最新の数字
・double the figurse　2倍の数字
・active　活動的な（＝身体を動かしている）

【全訳】 アメリカは，文字通り，絶えず動いている国である。あらゆる年齢層の人々が，走ったり，歩いたり，泳いだり，スキーをしたり，そうでなければ何らかの運動をして自分なりの健康増進に努めている。

最新の数字によれば，アメリカ人の大人の59%が定期的に運動をしている。この数字は，ちょうど2年前より12%増，25年前の2倍以上の数値である。運動をしていない人でも，もっと身体を動かせば，魅力が増して自信がつくだろうと思っている。

答 ⑤

No.46

【全訳】 15世紀に，アメリカは香辛料探しの結果，発見されたのである。当時ヨーロッパは東洋との安全な貿易ルートを確立したいと思っていた。そういうわけでコロンブスが西方向に出帆したのであった。彼は自分の目的は成就しなかったけれども，ヨーロッパで見られなかったような食物が発見された。今日アメリカの農産物の半分は新世界で発見された植物から成っていると推定されている。

答 ②

No.47

(語句)

・stand on your own feet　自分の二本の足で立つ，自立する
・move out of　…から出る
・as soon as　…するとすぐに
・grown-up　成人した
・something shameful　何か恥ずかしいこと
～ thing に係る形容詞は後にくる。
（例） Anything cool to drink
　　冷たい飲物なら何でも

Many parents feel … の文の中は，the presence … is something shameful.

選択肢⑤の学校教育の成果については，本文で言及されない。

【大意】 アメリカ人は，自分たちを独立した人民だと考えている。だから，子供にも早くから自立することを教える。子供たちは学校を卒業すると，両親の家を出て独立することを考え，親の方でも，成人した子供が親の家に居るのは恥ずかしいと思う。どちらの場合も，若い人は独立することを学ぶべきだという考えによるものである。

答 ⑤

No.48

【全訳】 私は少年のころ，自分がどんなに喜んでいるかを両親に見せて，彼らを喜ばせることをしばしば怠ったことを，今よりもひどく後悔することが私の一生のうちにあるのかが心配だ。今になってわかるのだが，親が私のために計画してくれた楽しいことに，十分に反応を示さなかったことで，当惑と落胆と胸が痛むような失望を，度々彼らに与えたに違いないのである。

答 ④

No.49

【全訳】 私は学校に行くようになってからずっと昼食には家に帰っています。私はカフェテリアで食べるのが好きではありませんでした。もっとも，中学1年生の時に他の男の子たちはみんなしているし，かっこいいと思ったので，

無料のランチと交換に，ときどき，中学校のランチルームで皿洗いをしたことはあります。でも，私はお昼に家に帰るのが好きなのです。

答　③

No.50

【全訳】「私はこれを読んだ」とか「あれを読んだ」とか言う千人の人のうち，自分が読んできたものに関して聞く価値がある意見を述べることができる人は，ひょっとすると一人もいないだろう。生徒が，自分はある書物を読んだと言うのを何度も何度も私は聞くのだが，私がその書物についていくつかの質問をすると，何の返答もできないか，せいぜい自分が読んできたと思っている事柄について，誰か他の人が言ったことを繰り返しているにすぎないことが分かる。

答　②

No.51

著者の名づけの経緯が話題。

(語句)

・severely　ひどく
・name after　人の名前をとって同じ名前を付ける。
・suggest（ion）　提案（する）
・speak of　口にする，声に出して言う
・at last　ついに
・at once　すぐに
・something wrong　何かしら良くない
・sound　感じがする

【大意】　私は少年のころ，父と同じクリストファという名前を付けられた為に，人生で不利を受けた気がしていた。母に名づけの理由を聞くと，母は「私が選んだのじゃない，お父さんにありとあらゆる名前を提案しても，なにか気に入らないことがあるらしく，納得しなかった。ところが，最後に，お父さんの名前を取って付けたらと言うと，すぐに賛成，とても良い提案だね，まさにぴったりの名前だね，と言って，決まり」と母が教えてくれた。

答　③

No.52

(語句)

・little　ほとんどない
・nevertheless　それにもかかわらず
・not necessarily　必ずしも…でない（類似：not always）
・This is because…　これは…だからである

【全訳】　地球上には雨がほとんど降らない場所もある。それにもかかわらず，そういった場所が必ずしも砂漠になるわけではない。これは，草や他の植物が，その地で生育できるからである。乾燥した気候の地域では，そのような草木がとても大切なのである。

答　③

No.53

英文では文章の最初にテーマ（主旨）を述べることが多い。また，最後にそれを繰り返すことも多いが，ここでは最後は具体例であるので，②を選ばないこと。

【全訳】　ほとんど私が言う必要もないが，イギリスにおける最大の力は世論，つまりある時点でのある問題についての一般的な国民の意見，もしくは感情とも言えるものである。時々この世論は間違っているかもしれないが，正しいか間違っているかはここでは問題ではない。それは，戦争に賛成か反対かを決める力であり，改革に賛成か反対かを決定する力なのである。またそれはイギリスの外交政策にかなりの影響を与える力をもっているのだ。

答　③

No.54

【全訳】　ピーチと呼ばれたいですか，それともナッツと呼ばれたいですか。とても魅力的で好感の持てる人は「ピーチ」と呼ばれ，「ナッツ」とは少し変わっていておかしな人のことを言います。とても奇妙な人は“as nutty as a fruitcake”と呼ばれます。（下線部の形容詞を確認すること）

答　④

No.55

【全訳】 アメリカの学校を他の多くの国々の学校と比較した場合の違いは，ここ（アメリカ）での教育は特権階級のエリートのためだけでなく，万人に向けられているという事実にある。学校は能力に関係なく全ての子供の，そしてまた社会自体の必要を満たすように期待されている。このことは，税金でまかなわれている公立学校は一般教養の科目以上のものを提供することを意味している。多くの人がここ（アメリカ）に来て，高校が数学，歴史，言語のような伝統的な一般教養の科目に加えて，タイプ，裁縫，ラジオ修理，コンピュータ・プログラミングや自動車の運転練習のような教科を提供しているのを知って驚くのである。学生たちは，自分の興味，将来の目標，能力の程度に応じて，おびただしい数の寄せ集めの科目の中から彼らのカリキュラムを選ぶ。アメリカの教育の基礎となっている目的は，すべての子供をその可能性がどれ程大きかろうが小さかろうが，その可能性を最大限引き伸ばし，子供たち各自に市民やその地域の一員としての意識の観念を与えることである。

答 ②

No.56

問題文５行目後半“But if we do not know the answer we should say so; ...”の say so（そう言う）とは「わからないと言う」ことである。

【全訳】 好奇心は子供が発達するにつれて，形を変える。２，３歳の頃は，「これは何？あれは何？」と質問する，というより知的な形を取る。４歳になると子供は物事の理由を知りたがる。「あれは何に使うの？パパはどうして働きに行くの？ママはどうして顔にお粉をぬるの？」もちろん，子供の質問には答えてあげるべきである。というのは，子供の好奇心や知識欲を励ますのは良いことだから。しかしもしその答えがわからないならば，そう言う（わからないと言う）べきである。もしくは，もっとよいのは，子供と一緒に調べて答えを見つけ出すことである。こうすることは，自分自身の知識が深まるだけでなく，子供にもよい習慣をつけることになる。

答 ③

No.57

【全訳】 どんな（any）子供も，どんな（any）言葉でも覚えることができるということは本当である，十分に早く始めさえすれば。しかし，子供たちは専門家からの継続的で長期にわたる授業（周りの大人たちが時間をかけて日常的に話しかけてあげること）がなければ，言葉を全く身につけることはないだろうということもほぼ確かなことである。実際，幼児の発育しつつある頭脳には，経験によって話をする能力を身につけることができる重大な（critical）時期がある。もし子供が，およそ７歳という年齢以前に話をする人々と接触を持たなければ，後に言葉を学ぶときに最も大きな困難を経験するであろう（⑤不可能とは言っていない）。

答 ⑤

No.58

【全訳】 ケイトはヨハネスブルグの北 70 マイルの小さな村に車で連れて来られた。運転手は小さな農家の前に車を止め，ケイトは中へ入って行った。バンダが彼女を待っていた。彼は彼女が最後に会った時と全く変わっていなかった。彼は 60 歳にはなるに違いないとケイトは思った。彼は何年もの間警察から逃亡中であったが，落ち着いて平静に見えた。

バンダはケイトを抱きしめて言った。「君は会うたびますますきれいになるね。」彼女は笑って言った。「私も年をとっているわ。あと数年で 40 歳になるのよ。」「年なんて君には関係ないよ，ケイト。」

答 ②

No.59

(語句)

・go through…　…を経験する
・get along（with …）（…と）うまくやる
・refuse to …　…するのを拒否する
・be ready to …　…する準備ができている
・put it all behind him　すべて済んだことにす

る

・too stubborn to back down　あまりに頑固で引きさがらない

【全訳】 婚約者のボブと私は2年近く一緒にいますが，私たちは今困難な状況にいます。私の父とボブがこの数か月うまくいっていないのです。今ではボブは私の家族が関わる出来事には参加することを拒否します。実のところ，私の父は全てもう済んだことにし，もっといい関係を築こうという心積りでいるのですが，ボブはあまりに頑固で引き下がろうとしないのです。

ボブが私の家族と仲良くできないことはとてもつらいものです。私のおば，おじ，いとこ，祖父母も彼のことをとても気に入っています。でも今は彼はその誰にも会おうとしません。私はボブをとても好きだし，私たちは二人とも若い（20代になったばかり）ですが，多くを費やしこの関係を築いてきました。今回のことは私たちが直面してきた中でも大きな問題です。アドバイスをいただけたらと思います。

答　③

No.60

（語句）

development　発展・発達・展開

本文では状況の変化を言っている。①の「平均寿命が延び」，②の「充実してきた」という説明は本文にはない。

【全訳】 今日，高齢者は社会福祉事業に対して重要な課題と好機を提供している。彼らは社会福祉事業にとって最も重要な問題の一つになってきているのだ。人口統計学，世論，法律の変化に伴ういくつかの力が組み合わさって，この動きを援助してきている。

答　③

No.61

【全訳】 アメリカ合衆国は広大な国で，世界で4番目に大きい。その国境内では，気候・地理・歴史的経験という点で大きな地域的差異がある。合衆国のそれぞれの地域はたいていその地域独自の習慣や考え方があると考えられている。そしてそれぞれの地域の人についての決まりきった型ができてきた。例えば，ニューイングランドの人々は頑固で自己信頼性が高く，南部の人々は優しくのんびりしている。また西部の人々は気さくで親しみやすいと言われている。

しかしながら，ほとんどの地域差は現代の輸送，伝達，大量生産によって消えてきている。

答　③

No.62

1～3行目に出てくるoneは（一般の）人を意味する。

（語句）

・keep O C　OをCの状態に保つ

・allow 人 to …　人が…するのを許す，可能にする

【全訳】 テレビは人に現在の出来事を知らせ，科学や政治の最新の発展を随時知らせ，絶えることなく情報を提供してくれる，とよく言われている。最も遠い国や最も珍しい習慣が居間へと直接届けられる。ラジオもこれとちょうど同じ役目を果たしていると言うことができるが，テレビでは全てがよりずっと生き生きしており，よりずっと現実的である。

答　①

No.63

①，③に関しては本文にそのような記述がない。②は全訳の下線部と合致しない。

【全訳】 ビル・テイラーは駅まで行くのにタクシーを呼んだ。

タクシーが着いた時，雨が降り始めた。大きな雨粒がワイパーを濡らした。タクシーはゆっくり動き始めたが，すぐにスピードを増した。道路はとても滑りやすいように思われたが，運転手は運転が上手なようであった。ビルの家から1マイルほど来た時，急なカーブにさしかかった。運転手はハンドルを回し，カーブを回り始めた。突然，タクシーは濡れた道路でスリップし，道路を横切って壁にぶつかり，横転した。近所の家から人々が出て来て，すぐに人だかりができた。

ビルと運転手はタクシーから出ようとした

が，ドアが重くて開かなかった。これを見た数人の男がタクシーに這い上がり，ドアを開けてやった。そしてビルと運転手が出るのを助けてやったのだ。

答　⑤

No.64

【全訳】　数年前，イギリス人の娯楽についての調査が行われた。テレビは疑う余地なく，①労働者階級のサンプルのほとんど全ての家庭において，娯楽の主役の座を勤めていた。このサンプルでは，ただ②１軒の家庭だけがテレビを持っていなかった。「③女主人が（テレビを持つことを）許してくれないから」」ということであったが，このことが，その家庭が引っ越したいという理由の一つであった。④79％の人が毎晩テレビを見ると言い，多くの人は一日中テレビをつけっぱなしにしていた。（それぞれの選択肢と下線部を比較すること）

答　⑤

No.65

【全訳】　アメリカ人はたいていのヨーロッパ人よりも，より多くの友人を自分の家に招待する。子供や大人のためのパーティーは，普通何か飲み物があって，絶えず暇な時間をふさいでいる。アメリカの新興の郊外では，人々はたいへん付き合いがよく，もてなし好きである。彼らはまたお互いに非常に関心を持ち，新しい家族が郊外へ引っ越してくると，近所の人は何か手伝えることはないか確かめるためにすぐにその家を訪れるであろう。

答　①

No.66

最初の一文がテーマである。選択肢から，本文最初の choosing an occupation と，最後の choice of vocation は「職業選択」であることがわかる。

（語句）

・in …ing　…する時

・determine = decide　決定する

・depend upon（on）…　…次第である

【全訳】　職業を選ぶ際には，自分の人生における幸せや満足に関わる多くのことを決定しなければならない。あなたが築く家庭，住むであろう地域社会，維持する生活水準，求める娯楽，そして子供が育つ環境，それらは大きくあなたの職業選択にかかっている。

答　③

No.67

【全訳】　エスキモーたちはいつも十分な視野を持ち，北極の気候によく適応している。目はあまり見開かず，さらに雪で目が見えなくならないように，彼らは木や骨を切って，のぞいて見えるように狭い切れ目をほどこした雪眼鏡を使っている。しかし近代文明との関わりによってもたらされた食生活の変化が，多くのエスキモーたちの視力を低下させている。カナダのエスキモーたちの目の調査で，エスキモーの子供が町に移り住み，炭水化物を多く含みたん白質の少ない食生活を送ると，その子供たちは近くのものしかはっきり見えないようになる，ということがわかってきている。

答　④

No.68

（語句）

・result from …　～の結果として生じる

・not so much *A* as *B*　*A* というよりむしろ *B*

・the way automobiles are＝in the way automobiles are produced　自動車が生産される方法で

【全訳】　トレイラー産業の成長は，トレイラーを休日用として使う結果によるものというよりはむしろ，それを住居として使うことが増えた結果である。トレイラーは自動車が生産されるように生産される。実際，トレイラー業は自動車及びトラック産業の付属物である。さらに，トレイラーは永久的な家を建てることによるあらゆる困難から人々を解放している。

答　③

No.69

【全訳】　本を所有することの意味を履き違えて

いるために，人々は紙や装丁や活字に対し誤った尊重を示すようになっている。物質的なこと，つまり著者の才能よりむしろ印刷者の技術を尊重するのである。人々は，表紙の内側に蔵書票を貼って所有権を明示しなくても，偉大な本が持っている考えを習得したり，そのよさを自分のものにすることができるということを忘れている。立派な蔵書を持っていることが，その所有者の心が本によって豊かになったことを証明するのではない。それはただ，彼もしくは彼の父親か奥さんがそれらを買うだけお金を持っていたことを示すだけである。

答　④

No.70

【全訳】　よくできる生徒であることは，自分自身の心の状態や自分自身の理解度がわかるようになることである。よくできる生徒は，わからないとよく言う生徒であるかもしれない。それは単純に自分の理解度を絶えず確かめているからである。あまりできない生徒，いわば自分自身が理解しようとしているのを確かめない生徒は，たいていの場合自分が理解しているかどうかがわからないのである。したがって，問題はわかっていることとわからないことの相違を彼らに気づかせることである。

答　③

No.71

【全訳】　駅馬車は通りすぎるイングランドの町や村に新しい生活をもたらした。駅馬車の登場は昔ながらの田舎の遅れた生活に活気を与えるのに大いに貢献した。また，ちょっぴり陽気な気分と冒険心をももたらした。近づいて来る駅馬車の角笛の音で，村の全ての娘の胸の鼓動は速まり，農夫は畑仕事の手を休め，馬車が通りすぎるのを見ようと顔を上げた。どこへ行っても，駅馬車は笑顔を引き出し，歓迎の手が振られた。駅馬車はスピード感と自由の息吹，そして何よりニュースをもたらした。

答　③

No.72

（語句）

・take in　だます

①④⑤はいずれも後半の内容がおかしい。

【全訳】　このように本に書き込みをするという作業は，読書のスピードを落としてしまうとお考えになるかもしれない。おそらくそうなるでしょう。それこそが書き込みをする理由の一つなのです。<u>たいていの人は，読書のスピードは知能の尺度だという考えにだまされているのです。知的な読書のための適切なスピードなどというものはありません</u>。本の中には速く楽に読まれるべきものもあれば，ゆっくりと入念に読まれるべきものもあります。読書の時の知能の印は，いろいろな本をその価値に応じていろいろな方法で読む能力なのです。

答　③

No.73

①は後半が，②は前半がおかしい。本文では I think... とあるので，④のように断定はできない。

【全訳】　私は愚かにも傲慢だったので，人の価値を知的な能力や業績によって判断したものだった。論理のないところにどんな善も，学問のないところにどんな魅力も見いだすことができなかった。今は，知性の二つの形態を区別しなければならないと考えている。頭脳の知性と心の知性で，私は二つ目（心の知性）がよりずっと重要だと考えるようになってきた。

答　⑤

No.74

指示語は，基本的にはすぐ前の語句または文章を受けていることがほとんどである。

【全訳】　75万年もの昔，ある原始人たちが火を使うことを覚えた。<u>このこと</u>は大きな精神的進歩を意味していた，というのは，あらゆる動物が火を恐れることは当然のことだからである。そして，習得した知識を結びつけ，次に伝えることによってのみ，人はこの恐怖心を克服し，恐怖の原因であったものを自分自身の利点に変えることができたのだ。

答　③

No.75

２文目 If all the land in Mexico were low and flat. it would be … は仮定法（現在のことに対する仮定）。

（語句）

・equator　赤道

・temperature　気温，体温

・depend upon（on）　～次第である

・altitude 高度，標高　altitude はやや難しい単語であるがすぐ後ろに，the height of the land と同格の表現があるので土地の高さのことだとわかる。

【全訳】　メキシコは合衆国の南にあるので，多くのアメリカ人はメキシコ全体が暑いに違いないと思っている。もしメキシコ全土が低く平らであれば，とても暑い国であろう，赤道からも遠くないので。しかし，気温は高度，つまり土地の高さによるものである。平均気温は高度が3,000 フィート増すごとに約 10 度下がる。

高度の違いのために，メキシコは温度の異なる３つの地域がある。暑い土地は沿岸地帯やユカタン半島の大部分のような高度 3,000 フィート以下の地域を含む。

答　①

第２章　空欄補充

（問題，本文 192 ページ）

No.1

【全訳】　これらとは別に彼女はときどき評判がよいと，耳にした小説を読んだが，希望をもって読んだのでもなければ，満足をもって読んだのでもなかった。

⑴　She belived は挿入句で，which would state と続く。state は述べる，明記するの意味。

答　⑴④　⑵①

No.2

答　④

No.3

答　②

No.4

答　④

No.5

答　②

No.6

答　①

No.7

【全訳】　1「いや，たいしたことじゃないんだけどね。うその言いわけをしてるんじゃないよ。のどが本当に痛むんだ。とっても痛いんだよ」

2「電話であなたの秘書に今日は休むって言ってあげましょうか」

3「私にうそをつかせたいの。あなた寝てないじゃないの」

4「じゃ，そのたばこを口から出しなさいよ。のどが痛いのにたばこをすうなんて馬鹿よねぇ」

5「いいよ，そうしてくれ。彼女に，私は風邪をひいてのどが痛いと伝えてくれ。しかし，１日か２日したら出社できると思うよ。寝ていると言ってくれないか」

答　③

No.8

【大意】　観光バスは乗客の協力を得ながら混雑した通りを抜け出ることができた。

（A）pass through　（B）got off

（C）picked up　（D）on the sidewalk

（E）move forward

（F）put the car back

答　①

No.9

答　③

No.10

答　①

No.11

答　⑤

No.12

正しくは His good advice was always helpful to me.

advice は複数形にならない。

答　④

No.13

not so much *A* as *B* = *A* よりはむしろ *B*,「彼は詩人というよりはむしろ小説家だ」という文を作る。

答　④

No.14

未来完了形である。

答　④

No.15

答　④

No.16

② In Japan you have to get used to driving on the left.

be [get] used to ～ing，または名詞　～に慣れている，慣れる

答　②

No.17

答　③

No.18

① from は不要

②正しい

③ with は不要

④ to は不要

⑤ demand には目的語として人物は入らない

答　②

No.19

① take care of ～

② my duty to him

④ used to ～

⑤ be made from ～

答　③

No.20

答　②

No.21

答　①

No.22

【全訳】　ベンジャミン・フランクリンは有名な政治家であるだけでなく，偉大な科学者でもあった。彼は新しいことを学び研究することが好きだった。ある日彼は友達から黒いものは白いものよりも熱くなるということを聞いた。彼はそれが本当かどうか明らかにしたかった。

答　④

No.23

(語句)

・scarcely *A* before *B*　*A* するやいなや *B*

答　⑤

No.24

答　②

No.25

（語句）

・listen（耳を傾けて）聴く

・hear（自然に）聞こえる，の違いを理解すること。時制は過去。

〔参考〕watch　よく観る

see（目に入るものを）見る

答　④

No.26

A．It…（for 人）to 不定詞の構文

B．It… to 不定詞の構文で，性格，性質が補語にくるときは，of＋人

答　③

No.27

仮定法の基礎を復習しよう。

答　④

No.28

（語句）

・This is partly because　その理由の一つは

・for one reason or another　何らかの理由で。one-another または one-the other

・would have hired　仮定法過去完了　雇っただろう。条件は，some years ago

【大意】　以前はイギリス人にとって，家は自分の城であったが，今となっては仕事場になってしまっている。その理由は，まず，イギリス人は手仕事に熱心ということがあるが，別の理由として，経済的な理由からか，数年前だったら専門家を雇ってしてもらったような家の仕事を，自分でやらないといけないと感じているからである。

答　⑤

No.29

動名詞 calling が続く。動名詞の主語は所有格 your で示す。また代名詞の所有格のような短い語は間にはさむ。例えば，call him up, pick you up, send me off 等。

答　④

No.30

A．saw at Osaka Sta. と is still in Guam の矛盾から推測。「見たはずがない」の意味

B．先行詞を含む関係詞 what「そういうところからして，ピクニックには行きたくないのね」

答　⑤

No.31

（語句）

・borrow（無料で）借りる

・lend　貸す

・use（電話，トイレなどを）利用する，一時的に借りる

・rent（家，土地などを）借りる

【全訳】　1　兄の友達に私のコートを貸したが，そのコートを二度と見ることはなかった。

2　太郎は図書館から借りた本をまだ持っているのか。

3　ロンドンに住んでいた時アパートを借りていたが，家賃が高かった。

答　④

No.32

この程度の単語は覚えておこう。④は反意語。

答　④

No.33

①　同，同

②　同，同

③　反，同

④　反，反

⑤　反，反

答　③

No.34

「前に」は，過去には ago，完了形には before。「すでに」は，肯定形は already，否定形は not yet（まだ）。

答　①

No.35

（語句）

decide, manege, hope は，不定詞を目的語にとる。

・keep + *doing*　…の状態にしておく
・keep me waiting　私を待たせる
・look forward to + *doing*　成句「…を楽しみにする」 この to の後は必ず ing 形。

答　⑤

No.36

（語句）
・speak ill of　悪口を言う
・be satisfied with　…に満足する
・result in　…の結果になる
・pay for　…の支払をする
・congratulate A on B　AにBを祝う

答　⑤

No.37

一つの単語のいろいろな使い方を整理して記憶すること。

（語句）
・at first　最初は。　反対句は at last
・first of all　なによりもまず
・firstly　まず第一に，その続きは secondly
・for the first time　初めて

答　②

No.38

1．a．身体の具合が悪いのは，something is wrong. 反対語は good-bad, right-wrong
2．f．場所を借りるのは，use
e．advise（動詞）－ advice（名詞）

答　⑤

No.39

Practice には，①，②，⑤などの意味があるが，文脈から類推する。

【全訳】 もの心ついた頃からずっと私は本が大好きだった。最初のきっかけは，両親が沢山の本を読み聞かせてくれたことにあった。その頃そんなことは珍しい習慣だった。当時，1940年代のアメリカの，ごく普通の考え方は幼い時に知的なものに触れる機会を持った子供は，学校に入る頃には興味を失うというものだった。

答　⑤

No.40

人の右脳と左脳の働きの話。自分の知識も合わせて考えるとよい。2行目の but 以下に対比する言葉で，together に続く動詞。

【全訳】 人間の脳は，右脳と左脳の，二つの側に分けられている。二つの部分は協力して働いているが，それぞれが特定の思考方法が出来るように，専門的な役割を担っている。左脳は分析的機能，たとえば計算に関する機能を担っており，一方，右脳は想像力などの，創造的な事柄に関する機能を担っている。

答　②

No.41

よく使われる熟語は覚えること。

（語句）
・more or less　だいたい
・for some reason　どういうわけか（わからないけれど）
・so does everyone = everyone looks more or less the same

【全訳】 若い頃，私は年齢を言い当てるのがかなり得意だった。今はもうだめだ。20歳と40歳の間の人は，私には皆だいたい同じに見えるし，40歳と60歳の人もみんな同じだ。しかし，どういうわけか，子供の年齢はたいへん正確に言い当てることができる。3歳半と4歳，あるいは8歳と9歳の見分けがつくのだ。

答　③

No.42

どれも意味は，（彼はその仕事が）できる
be able to　不定詞
be capable of + ing
possible for 人 to　不定詞

答　①

No.43

文脈からAは明確な返事（clear answer），Bは声に出して言う（speak aloud）

【大意】 子供の頃，母に年齢を聞くと口を濁して，その話題を避けようとするので，わが家では女の人の年齢は決して口に出して言わなかった。一方, 父は年齢を自慢するのが好きだった。どうも自分の年齢と自分の持つエネルギーの組合せが重要と思っているふしがあった。

答 ①

No.44

(語句)

・Do-It-Yourself（DIY）movement 日曜大工運動

・spread into （にまで）広まる

・there seems to be very few things that… …のようなものは，ほとんどない

・of all ages あらゆる年齢層の

・all you need is… 必要なのは…だけ

・It（is easy）… to（build）の構文

【大意】 日曜大工運動は家のペンキ塗りから始まり, 次第に広い分野に広まっていき, 今となってはDIYで出来ないものはほとんどない。いろいろな雑誌や手引書が出ていて，あらゆる年齢層の器用な人たちに，小はコーヒーテーブルから，大はヨットにいたるまで作るのが，どれだけ簡単かということを説明している。必要なものは，金づちといくつかの釘だけだ。

答 ⑤

No.45

値切り交渉の場面を想像して状況をつかむこと。

(語句)

・happen to… 偶然…する

・keep＋…ing …しつづける，ずっと…する

・watch to see… 見て…を確認する

【大意】 ある晩私は偶然，ある骨董店に足を踏み入れた。その時，見かけた一枚の油絵が非常に気に入り，半年の間その店に足しげく通い，ついに意を決して店主に値段を聞いた。最初は15万円。けれども，店があまり繁盛している様子もないので，日本ではあまり値切ったりしないのは承知していたが，意を決して11万円にならないかと言ってみた。結局折り合ったのは13万円だった。

答 ②

No.46

意味を順に追って行く。中国語の次に英語が話されているのだが，…という逆説の接続詞howeverを選ぶ。最後は再確認でin fact。

A．さらに，そのうえ　B．しかしながら

C．結局　D．実際　E．そのために

【大意】 中国の人口は非常に多いので，中国語を話す人口は，他のどの言語を話す人口より多い。中国語の次に多くの人に話されているのは英語である。B．だからと言って，英国人が多いというわけではない。D．実際，英国の人口はかなり少ない。

答 ④

No.47

最初の（　）には副詞，次の（　）には接続詞。despiteは前置詞「…にもかかわらず」

(語句)

・throughout …じゅうで

・throughout the world 世界中で

・imaginary 想像上の

・horrible 恐ろしい

・fear 恐怖

・It seems that… …らしい

【全訳】 世界中で，人々は想像上の怪物について, いろいろ話し合う。それは得体の知れない, 恐ろしい身体をした生き物であることが多い。そのような怪物は，私たちの心の底の恐怖に触れるけれども,（なぜか）とても人気がある。人々は怖がらせられるのが好きらしい。

答 ①

No.48

(語句)

・desire for …を熱望する気持ち

・lasting（peace） 永続する, 永続きする（平和）

・understanding ←→ misunderstanding

⑴は文脈から「しかしながら」D．thoughが入る。なお，butは不可。butは，単独で文中に挿入されることはない。⑵は理由の意味を表す前置詞句で，A．because ofを入れる「…のために，…が原因で」。

【大意】 平和への願いは全人類に共通だ。しか

しながら，歴史が示しているように，人間同士，国と国の間の意見のずれや誤解のために，永続きする平和を実現するのは至難のわざだ。

答　②

No.49

(語句)

・make *one do*　（したくないことを）させる
・let *one do*　（したいことを）させる
・allow *one* + to *do*　（したいことを）させておく

Allow me to wish you a Happy New Year !

答　①

No.50

a.「…するどんな－でも」関係形容詞。「どれでも気に入っている服を着なさい。」
b.「なんという，なんと」感嘆を表す疑問形容詞。「なんて素敵な家だろう！」
c.「私は君に話したことを彼に話した」。関係代名詞。
d.「…するだけの」疑問形容詞。「貸せるだけのお金を貸してください。」
e.「…するもの」関係代名詞。「彼が言うことは本当だ。」

答　②

No.51

(語句)

・sacrifice　犠牲にする
・fire　解雇する

前半は，個人の会社に対する態度，後半は会社の個人に対する態度について述べている。

従って，答えは，④ In return「その代わりに」1行め，require されるのは to show loyalty と to sacrifice life である。

① in addition　それに加えて　② in fact　実際　③ in other words　言いかえれば　⑤ in conclusion　結論として

【全訳】 終身雇用制度では，被雇用者（従業員）は会社に対する強い忠誠心を示し，会社のために個人の生活を犠牲にすることが要求される。その代わりに，会社は従業員をいわば「家族」の一員と考えているので，決して解雇などしない。

答　④

No.52

A. There was no one　...who did not　二重否定で，肯定「みんな泣いた」
B. I never see　...　without thinking of「（見た）ときは，必ず…する」
as soon as　…するやいなや
whenever　…のときはいつでも

答　③

No.53

A. The number of traffic accidents（　is　）on the increase.
B. I as well as she（　am　）tired of the work.
C. Not only my parents but also my sister（　is　）against my opinion.

(語句)

・on the increase　増加傾向に（ある）
・be tired of　…にうんざり
・against one's opinion　（人の）意見に反対
・mind + ing　…を気にする
　would you mind + ing　…してくださいませんか
・enjoy + ing　…を楽しむ

答　①

No.54

文脈から，A. 特に especially，B.（持ってくるのは）きれいな pure（水），C.（取り除くのは）汚い dirty（水），D. 入るのは動詞 live「住むようになる」。

(語句)

・get rid of　…を取り除く

【全訳】 汚染は新語でも新しい概念でもない。特に，水の汚染は大昔からの問題である。きれいな水を見つけて人々のところに運んできて，汚い水を取り除くという問題は，人類と同じくらい古い。多くの人が狭い地域に住むようになると，この問題がより重要になる。

答　④

No.55

①は正しくは，…my sister doesn't, either.
「…もまた」：肯定は too（…もまた－である），否定は not either（…もまた－でない）。

答　①

No.56

（語句）
・criminal case　犯罪
・ambulance　救急車

答　④

No.57

答　④

No.58

（語句）
・few　ほとんど…ない
・a few　少しは…ある
・not a few　かなりの
・quite a few　かなり多数の
・no fewer than…もの＝as many as
④かなり多数の友達が出席した。

答　④

No.59

A．B．とも make oneself＋過去分詞の形。自分（自身）を…してもらう
A．英語で話して通じる？
B．少年は大声で叫んだけれど，誰にも聞いてもらえなかった。

答　①

No.60

ア．know の目的語で，しかも先行詞を含む関係詞。what
イ．two Englishmen come face to face … の先頭につく関係詞「時」。when
ウ．two Englishmen が先行詞，動詞は have never met の主語になる関係代名詞。who
face to face　対面する，顔をつき合わせる
find the subject interesting　（V＋O＋C）その話題が面白い

【大意】　見知らぬ二人のイギリス人が列車の客室で顔を合わせるとどうなるかは，誰にでも分かる。（たぶん）天気の話をする。場合によっては，本当に天気が気になるから，その話題になるということもある。

答　②

No.61

③は同意語。⑤ generous　気前の良い，greedy　けちな，強欲な

答　③

No.62

（語句）
・make fun of　からかう
・catch up with　追いつく
・run out of　なくなる（使い果たす）
・turn off　消す，止める
・learn by heart　暗記する，覚える
・by tomorrow　朝日までに（期限）
どれも基本的な熟語なので，Let's learn by heart！

答　①

No.63

（A）be good at …　…が得意である
（B）は文意により「…より前に」
（C）deal with …　…を扱う，処理する
【全訳】　私は，13 歳か 14 歳になるまでには，自分自身を知ろうとし始めた。自分がどういう種類の人間か，どんなことを成功させることができるのか，自分が全く不得手なことでそれに無駄に時間を費やしてはならないことは何かということを。私は自分が頭の回転が速い方ではないことを知っていた。つまり，ある問題をどのように対処するかを決める前に，その問題を注意深く見つめる時間が必要だということだ。

答　②

No.64

問題文を読んだ後，A～Dを読む前に，①～⑤の選択肢を見ると，最初にくる文章は，BかCだとわかる。そこでB，Cを読むと，C（西洋の人々はこれを当たり前だと思っている…）から，B（しかし，その考えは他の多くの文明にとっては慣れないものである）へと続く

ことがわかる。次に，A：Thus（このように，したがって）やD：Thereのような指示語に注目する。DのThereはBのmany other civilizationsを受けていると考えられる。
C：take … for granted「…を当然のことと思う」
【全訳】 全ての科学的説明は，自然界には人間の知性で理解可能な秩序があるという考えに基づいている。（C：西洋の人々はこれを当たり前だと思っている。なぜならその考えは長い間彼らの文化的遺産の一部となっているからだ。B：しかし，その考えは他の多くの文明にとっては慣れないものである。D：そこでは，一般的に自然現象の根底には何かの謎があるという信念がある。A：このように，芸術や文学は花開いたが，法則のある自然という概念が存在しない偉大な文化が存在してきた。）そして，これらの文化では科学は発展しなかった。

答 ⑤

No.65

（語句）

・in order that S may …　Sが…するように
ア：前の一文（意思の疎通）とは逆説的（誤解の源）に論旨が展開していくので「しかしながら」を選ぶ
イ：both *A* and *B*：*A*と*B*の両方
【全訳】 言葉は人々がお互いに意思の疎通を行うために存在している。（しかしながら）しばしば言葉は誤解の源になるかもしれない。個人間でも国民間でも（両方）で。もちろん，この理由の一つは，世界にはとてもたくさんの言語があるということである。ほとんどの言葉は，一つ以上の意味を持っており，もし通訳が間違った意味を選んだなら，国際的な危機を引き起こすかもしれないのだ。

答 ④

No.66

【全訳】 マイク：やあ，アン。
アン：今日は，マイク。その袋をどうするの。
マイク：（この通りにあるリサイクルセンターに持って行くのさ。）
アン：まあ，近くにリサイクルセンターがあるなんて知らなかったわ。
マイク：今週始まったばかりさ。使用済みのアルミ缶やブリキ缶，それにビンも持っていくようになるんだよ。
アン：（使用済みの電池をどうすればいいのかわかればなあと思うんだけど。）テレビの特別番組で，水銀がいかに危険で，電池を他のごみと捨てないことがどんなに重要かをやっていたの。
マイク：（これがその答えだよ。）これからは毎月第1土曜日に使用済みの電池を同じセンターに持っていくんだよ。「電池」って書いた特別な入れ物があるんだ。
アン：本当に最新情報を知っているのね。どうもありがとう。でもいつリサイクルに関心を持つようになったの。あなたが飲み物の缶を車の窓から捨てたり，キャンパスのいたる所に紙くずを落としていたのを，覚えてるわ。
マイク：（その通りだよ。）僕はひどく軽率だったよ，そのゴミを片付けなければならない周りの他の人たちのことを全く考えていなかったんだ。

答 ④

No.67

【全訳】 A：受付です。ご要件をお伺いします。
B：ええ，（私宛に郵便が届いてないか）と思って。小包が届くことになっているの。
A：調べてみます。はい，あなた様宛の小包がございます。
B：よかった。受け取りに降りていきます。

答 ④

No.68

（A）に入りそうなのは，④「銀行員の職を見つけることはもはや不可能だ」か，⑤「国の経済状況はより悪くなっている」と考えられる。（B）に当てはまるのは②「仕事を首になったことは最高の出来事だ」か，⑤「レストランのシェフになったことは一番の幸運だ」のどちらか。“（B） that ever happened to her”は「今まで起こったなかで」というのだから（B）には最上級の形がくるはずである。したがって⑤が適している。

【全訳】 友人のサラは信託銀行に勤めていたが，約半年前に失業した。約３か月間同じ分野での職を探してみたが（A）だということがわかった。彼女は料理が上手で常々料理の勉強をしたいと思っていた。そこでサラは２か月間パリの有名な調理学校に行った。今はニューヨークに戻り，小さいが繁盛したレストランのシェフとして働いている。彼女は人生の転機をとても喜んでいて，自分にこれまで起こったなかで（B）だと言っている。

答 ⑤

No.69

（　　）を含む文章の主語が何であるかを頭に入れて読んでいくこと。ここでは，道具であるハンマー・ショベル・ナイフを，人間の体の一部と比べている。

(語句)

・permit 人 to ～　人が～するのを許す，可能にする

【全訳】 人間は道具を使う動物として定義されてきた。先史時代の人類の最古の証拠を見ると，道具が人類の生活の一部であることがわかる。文字通り人類の一部と言ってもいいほどである。ハンマー，ショベル，ナイフは人間の腕の延長であり，人間が自分のもともとの（歯や爪）でするよりも，より効率的に仕事をすることを可能にしている特別な付属品なのである。道具は人間が持つ能力以上の仕事をさせ，素手で作ったものを完成させるのである。

答 ③

No.70

（ア）therefore（それ故）は，このように文の途中に挿入されることがよくある。（ ）の前後をよく読むこと。「生きた言語は実際にある地域社会で話されている→（ア：それ故）ラテン語を話す国はないからラテン語は死んだ言語である→（イ：しかし）ラテン語はまだ話されている…」と展開している。（ウ）even if = even though …「たとえ…でも」

【全訳】 実際，言語を「生きている」言語と「死んだ」言語に分けるのは全く間違ったことである。生きている言語とは個々の人がお互いを理解するような地域社会で話される言葉であり，（それゆえ）ラテン語は死んだ言葉である，なぜならラテン語を話す国はないから，と言う人がいるかもしれない。（しかし）ラテン語はいまでもローマカトリック教会の社会の一部で話されている。人が死ぬとその人たちの思いまで，（たとえ）それらが書き留められていても一緒に死んでしまうと考えるのはばかげている。

答 ③

No.71

ウエイターが冷めたスープを持ってきた時，それは我慢の限界だったので，私は支配人に文句を言った。

①寝ている犬は寝かせておけ（寝た子を起こすな）

②同じ羽の鳥は集まる（類は友を呼ぶ）

③出るくいは打たれる

④最後の１本のわら（我慢の限界を意味する）がラクダの背骨を折る

⑤手の中の１羽の鳥はやぶの中の２羽に値する。

答 ④

No.72

ア：ピクニックは珍しい雪のせいで台なしになった。（spoil だめにする／甘やかす） イ：彼の妻は車の事故でけがを負い，病院にいる。（injure　傷つける） ウ：彼の車は駐車場にバックで入れている時に，ひどく破損した。（damage　被害を与える）

答 ②

No.73

① What do you call ～ ?　～を何と言いますか ②私がここに住むようになってから３年になる。It is three years since …ともいう。③ look forward to ～ ing　～するのを楽しみにして待つ ④否定文の中では，too ではなく，either を使う。私は猫が好きでないし，姉も好

きではない。 ⑤ decide to … …することを決める

答 ②

No.74

最後のBのせりふから，否定的な言葉が入るはず。①は「良くも悪くもない」 ④の so so は「まあまあ」 ⑤「素晴らしいわよ，部下全員の羨望の的よ」

【全訳】 A：新しい所長が赴任してからのオフィスはどう。

B：(②ひどいわよ，みんなが彼を嫌ってるわ。)

A：なんで。How come? は「なぜ」という意味。

B：いつも陰で私たちの批判をするのよ。

答 ②

No.75

【全訳】 A：ブラウン事務所です。ご用件は何でしょうか。

B：はい。こちらは ABC 銀行のジョン・ハワードですが，ブラウンさんはいらっしゃいますか。

A：申し訳ございませんが，(ただ今席をはずしております)。伝言を承りましょうか。

B：ええ，お願いします。今日の午後，電話をいただきたいとお伝えくださいませんか。

Bが最後に this afternoon と言っていることから，電話に出られないのは一時的なことだとわかる。② in：在室中で right now：ただ今 (「今すぐ」の意味もある)

答 ②

No.76

① too ～ (形容詞／副詞) to ... (動詞)：あまりに～なので…できない，girl が不要。② When did you see him last ? が正解。③ My wallet was stolen ...もしくは I had my wallet stolen ...が正解。盗まれた物は wallet (財布) なので I was stolen ...とは言わない。④ came home が正解。home は「家へ」という副詞。⑤過去のある時点から「～年前」と言う時は before を用いる。ago は「現在から～前」。

答 ⑤

No.77

指示語に注目する。Aの They，Bの there (タンガニーカ湖を指す)，Dの they。Dの they はBの Arab traders を，Aの They はCの The explorers を指すので，B－D，C－A となる。後は本文の最初の一文とB，もしくは，C：ナイル川の源と証明したかった→A：間違い→本文最後の一文：実際は大西洋に注いでいる，という流れを確認する。

【全訳】 1858 年にバートンとスピークが東アフリカのタンガニーカ湖を探検した時，二人はそうしようとした最初の部外者ではなかった。( ) 650 キロに渡る湖は実際には西側に流れ出し，大西洋に注いでいる。

A．彼らは間違っていた。

B．アラビア商人たちはそこですでに 50 年も前から象牙や奴隷の売買を始めていた。

C．この探検家たちは，タンガニーカ湖がナイル川の源であると証明したかった。(最後の一文：実際は大西洋に注いでいる，という流れを確認する。)

D．事実，彼らはイギリス人探検家たちを案内しただけでなく，食料や装備も提供した。

答 ②

No.78

「2，3分の歩行が彼を動物園へ連れてきた」と考える。

A few minutes' walk brought him to the zoo.

答 ③

No.79

アメリカで語学教室に通う日本人生徒Bが，その授業の中で日本人生徒の英語力が他の国の生徒よりも劣っていると感じ，がっかりしたことを話した時にAが言った言葉である。

①転がる石に苔は付かない ②習うより慣れろ (練習が完璧を生む) ③好機を逃すな (日の照っているうちに干草をつくれ) ④必要は発明の母 ⑤たで食う虫も好き好き (人の好みは説明できない)。

答 ②

No.80

①そのやり方を知っている人は少ししかいない（ほとんどいない）。
few は「ほとんど，少ししか～ない」

答　①

No.81

He could not help getting angry at her words.
・cannot help ～ ing = cannot but 原形～：～せずにはいられない

答　⑤

No.82

始めに「二つの実験が…」とあるので，D：In one（一つにおいては），C：In the other（もう一方においては）が，それぞれの実験の説明の始まりであるとわかる。またBの In this latter case（この後半の場合では）から，これは二つ目Cの実験結果である。Aは一つ目Dの実験結果であろうと考えられる。

【全訳】 新生児がどんな味を好むのかについて二つの実験が行われた。（D：一つでは，赤ん坊は真水と砂糖水を異なる時間に与えられた。A：赤ん坊は真水を受け入れるが，いつも砂糖水をより一生懸命に飲もうとした。C：もう一方では，砂糖水を与えたすぐ後で真水が与えられた。B：この二つ目の実験では，赤ん坊は甘くない水を拒もうとした。）これらの事実は，非常に幼い赤ん坊でさえ，甘い味を強く好むことを示している。

答　②

No.83

【全訳】 A：おじいさんの家で楽しい時を過ごしたかい。
B：わくわくするような面白いことはなかったよ。ただ穏やかで静かなのさ。
A：穏やかで静か。a：それはつまらなかったんじゃないのかい。
B：いいや，退屈じゃないよ。d：することはたくさんあったんだ。
A：c：じゃあ，穏やかってどういうこと。
B：ああ，周りに人や車があまりいないんだよ。
b：ずいぶん離れた田舎なのさ。

答　②

No.84

通りの交通量が多いとき，英語では the traffic is heavy と言います。（heavy traffic「激しい交通」）　※ a traffic jam「交通渋滞」 a busy street「にぎやかな通り」

答　⑤

No.85

まず，問題文の（　）の前後に目を通して，選択肢を見る。「常に何らかの形で教育というものは存在してきた。しかしいつも学校があったという訳ではない。」，で本文は始まり，（　）の後，「村の農夫は農業の技術や技巧を学んだ。大地や空や生物についての多くの伝統的な知恵とともに。」と続いている。選択肢Aは「しかしこの読み書きの能力（literacy：読み書きの能力）がなかったことが，人々に教養がなかったということを意味する訳ではない。」B「400年前，イギリスの人々で学校へ行ったり，読み書きを習ったりする人はほとんどいなかった。」C「いくつかの点では彼らは今日の彼らの子孫よりもより教養があった。」下線部の指示代名詞に注目する。

答　⑤

No.86

【全訳】 X：こんにちは。ジャック自動車修理サービスです。どうかされました。
Y：ええ，お願いします，（ア）C：ハイウェーで車が故障してしまったの。誰か助けをよこしてくれるかしら。
X：すぐにトラックを行かせましょう。（イ）D：どこにいらっしゃいますか。
Y：ハイウェー 102 よ。スプリングフィールドの２，３マイル北の，ちょうど橋を過ぎたところよ。（ウ）B：白のステーションワゴンを探してちょうだい。
X：お車は何が悪いかわかりますか。
Y：（エ）A：全くわからないわ。突然止まって，エンジンがかからないの。

答　⑤

No.87

（ア）it is possible for 人 to …　人が…するのは可能である

（イ）be capable of … ing　…することができる

（ウ）put … in order　…を整頓する，順番に並べる

【全訳】 現代の科学技術の最大の進歩の1つは，コンピュータの発明である。コンピュータはすでに産業や大学において幅広く使われており，普通の人でも同様にコンピュータを使うことが可能な時代になった。コンピュータは全ての学問の分野において非常に複雑な作業をすることができる。最も複雑な数学の問題を解いたり，何千もの関連のない事実を順番に並べ替えることができるのだ。

答　②

No.88

①褒める　②驚かす　③励ます・勇気付ける
④しつける　⑤落胆させる

【全訳】 アメリカでの親が子供をしつける方法と日本でのその方法には面白い違いがある。アメリカでは子供が何か悪いことをしたら，たいてい子供部屋に入れられ謝るまで部屋から出ることは許されない。しかしながら日本では，親は子供を家から出し，謝るまで中に入れない。アメリカ人にとって，部屋の中に閉じ込められることは子供から自由を奪い取ることである。しかしながら日本の子供にとっては，家屋の温かさと安全を奪われることが自由がないことよりももっと恐ろしいことなのである。

答　④

No.89

(1)…を探す　look for …

※look forward to …(名詞)　…を楽しみにして待つ，look after …　…の世話をする

(2)の後，店員がそのドレスの素材の特徴や手入れの仕方を説明しているので，ア「麻は手入れが難しいかしら」を選ぶ（take care of …　…の世話をする，ここでは「手入れする」という意味だろう）

(3)の後，店員がfitting room(試着室)は…と言っていることから，試着する：try onの表現を選ぶ

【全訳】 A：いらっしゃいませ。何かお探しですか。

B：ええ，息子の卒業式に着ていくドレス（を探しているの）。フォーマルなもので，でも地味すぎないものがいいわ。

A：素敵なドレスがいくつかございますよ。この季節でしたら明るい色の麻のスーツがおすすめです。お客様のサイズのものを一つお持ちしましょうか。

B：ええ，ありがとう。12号です。(麻は手入れが難しいでしょうか)。

A：これはお手入れもとても簡単です。この生地はリンネルとポリエステルの混合ですから，リンネル100%のもの程簡単にはしわになりませんし，ほとんどアイロンがけも必要ありません。手洗いかもしくは洗濯機の弱流で洗えます。生地は丈夫で手入れもとても簡単だとわかると思いますよ。

B：よさそうね。手触りもとてもいいし，この季節にいいわね。(試着してもいいかしら)

A：もちろんです。試着室はこちら左手にございます。

答　②

No.90

(語句)

ア　故障する：break down／beak up：(人の仲）がこわれる

イ　…を廃止する：do away with …

ウ　(人のところ／場所）へ立ち寄る：drop in on 人／drop in at 場所

エ　世話をする：look after／look for：探す

答　⑤

No.91

「彼は他人の悪口を言う最後の人である」と考える。

He is the last person to speak ill of others.

※ the last person to …　…する最後の人→決して～しない人
※ speak ill of …　…の悪口を言う

答　⑤

No.92

①あなたの都合のいい時に，お越しください。when it is convenient for you が正解。②忘れる前に，彼の住所を書きとめておかなければ。before I forget it が正解。③ウサギの耳は，猫の耳よりも長い。those of a cat の those は the ears を指している。④彼女が自殺したなんてあり得ない。It is impossible that she killed herself. が正解。⑤彼女は金持ちの男と結婚していた。be married to …　…と結婚している

答　③

No.93

①時間ほど貴重な（precious）ものはない（時間が一番貴重である）　②彼が言うことはうそである。what…は「…すること，もの」の意味の関係代名詞　③例外のないルールはない。but…は「…しない」という意味を持つ関係代名詞　④ unless…：もし…でないなら（＝ if not…の意）　⑤もし鳥なら，君の所へ飛んでいくのに（仮定法過去は現在のことに反する仮定）

答　④

No.94

Ｂで「一つの経験がある」と言っておいて，ＣとＡでその具体的な内容を述べている。

【全訳】　身振りというものは文化が違えば意味も違うことがあり，この身振りを誤解すれば，ときどき気まずい思いをすることがある。（Ｂ：私にはかつて決して忘れられない経験がある。Ｃ：数年前，少数の外国人学生のグループを京都に連れて行った。Ａ：私は彼らを人指し指で数えた。それは日本では一般的なことである。）しかし彼らの一人が黙りこくり困惑した表情を見せた。彼にどうしたのかと聞くと，彼はこのように答えた。「私の国では人を数えるときは目で数えます。指は豚を数えるのに使います。」

答　③